개정판

역량 기반 교육과정의 이해와 설계

-Understanding and Designing of Competency-Based Curriculum-

백남진 · 온정덕 공저

교육아카데미

(개정판) 서 문

저자들이 초판을 펴낸 지 어언 2년이 지났다. 초판을 낸 것이 얼마 되지 않은 것 같은데 벌써 개정판을 발행하게 되었다. 2015 개정 교육과정 개발 과정에 연구진으로 참여했던 저자들로서는 역량을 우리나라 교육과정으로서 최초로 표방한 2015 개정 교육과정은 남다르게 생각될 수밖에 없었고, 2015 개정 교육과정이 시행되는 현 시점에 개정판을 출판하게 되어 그 감회가 더욱 새롭다.

그동안 역량 교육에 대해 많은 분들의 관심이 증대되었다는 것을 실감한다. 저자들의 대학에서의 수업뿐 아니라, 교사 연수 및 현장 관련 연구를 통해서도 이러한 관심을 실제로 느낄 수 있었다. 하지만 많은 분들이 학교 현장에서 역량을 실현하는 데 있어서는 여전히 어려움을 겪고 있는 것처럼 보인다. 우리나라에서 이전부터 이루어진 역량에 대한 많은 연구들을 기반으로 역량에 대한 이해가 많이 진전되어 있는 상황이기는 하지만, 아직도 역량이란 무엇이며, 역량 기반 교육과정을 어떻게 설계하고 실행할 것인지, 평가는 어떻게 해야 할 것인지의 문제들이 제기되고 있는 상황이다. 역량에 대해서는 아직도 학자들, 교육과 관련된 인사들이 더욱 탐구해 나가야 할 것이 많다고 할 수 있다.

이러한 질문들은 저자들이 관심을 가지는 것이기도 하였고, 이러한 관심은 초판을 낸 이후에도 시간이 허락하는 한 짬짬이 연구를 하게 하였다. 어느덧 그간 공부한 것을 모아 아주 적은 부분이긴 하지만 초판을 보완하여 개정판을 출간하게 되었다.

개정판에서는 초판의 내용을 기반으로, 역량 기반 교육의 역사적 맥락(제1장), 역량의 의미(제2장), 역량 기반 교육과정의 설계(제3장), 교수 · 학습 및 평가(제4장), 한국의 역량 기반 교육과정 설계의 과제(제5장)의 내용이 제시된다. 특히 개정판에서는 초판과 달리, '제6장 역량에 기반한 교사 교육과정 설계'를 추가하였다. 학생에게 역량을 함양하기 위해서는 이를 지도할 수 있는 교사의 역량이 중요하다. 6장에서는 역량 기반 교육을 위해 요구되는 교사 역량의 탐색 및 설정 동향을 살펴보았다. 이와 함께 1장에서는 최근 OECD의 역량 연구 동향을 반영하여 'OECD 학습틀 2030'과 교육과정 재설계 센터(CCR)의 '21세기 교육 틀'을 추가하여 살펴보았다.

그간 우리나라에서 학교 교육의 문제점으로 지식 위주의 교육, 분과 위주의 교육 등이 자주 지적되어 왔는데, 역량 기반 교육은 이러한 문제점에 대해 하나의 대안이 될 수 있다. 하지만 역량 기반 교육은 지식 교육을 경시하지 않는다. 역량 기반 교육은 지식 그 자체만을 위한 교육을 중시하기보다는 지식 교육이 어떻게 학습자에게, 그리고 사회에 대해 적합할 수 있을지 그 방안을 탐색해야 한다고 본다. 역량 기반 교육은 개인의 지식, 기능, 가치 및 태도를 통합하는 총체적인 전인교육을 지향할 뿐 아니라, 교과 내용 간, 교과 간, 학교급 간, 학교와 사회 간 서로 연계되고, 학생의 경험이 현실 생활과 연계될 수 있는 가능성을 제공한다. 역량에 기반하여 교육과정을 설계하는 것은 좀 더 큰 시각에서(big picture) 학교 교육과정을 설계하는 것이다.

역량에 대한 탐구는 현재 적용되고 있는 2015 개정 교육과정의 시행에 국한되지 않고 향후에도 우리나라 교육이 지향해야 할 방향을 위해 지속적으로 이루어져야 할 것이다. 이러한 탐구는 학자, 교육자 등 여러 관련 주체가 더 많은 관심과 노력을 기울일 것을 필요로 한다. 저자들은 이 저서를 통해 이러한 탐구에 부족하나마 하나의 디딤돌을 제시하는 것이며 저자들의 탐구도 현재 진행 중이라고 할 수 있다. 역량에 대해 더욱 다양하고 발전적인 논의가 이루어지길 기대한다.

2018년 8월 무더운 여름 날

저 자

서 문

지식기반시대와 글로벌 경제 체제에서의 사회 변화는 학교 교육의 변화를 요청하고 있으며, 미래 사회의 변화에 대비하기 위한 주요 관심 중의 하나는 학생들에게 지식을 전달하거나 소유하도록 하는 것이 아니라 역량을 개발할 수 있도록 도와주는 것이다. 학생들의 역량 함양을 목표로 하는 교육은 국제적인 동향이 되고 있고, 우리나라에서는 2015년 9월 개정·고시된 2015 개정 교육과정에서 모든 학생이 길러야 할 핵심 역량을 국가 교육과정 수준에서 설정하였다. 역량을 강조하는 교육의 동향은 역량 기반 접근, 역량 기반 교육, 역량 기반 교육과정 등으로 불리는 다양한 용어들로 나타나고 있다.

우리나라에서 역량에 대한 연구는 개인 및 기관 등의 차원에서 많이 이루어져 왔다. 하지만 저자들은 교육과정 전공자로서 그동안 대학과 대학원에서 학생들을 가르치며 역량에 대해 다루며 역량에 기반한 교육과정은 무엇이고, 어떻게 설계해야 할지에 대해 학생들에게 체계적으로 설명해 줄 수 있는 저서가 있었으면 좋겠다고 느껴 왔다. 그리고 저자들은 2015 개정 교육과정의 총론 및 각론 개발 과정에 참여하게 되었는데, 이 과정에서 역량에 대한 연구를 통해 알게 된 것을 교육과정 전공 학자, 일선 학교 교사, 대학과 대학원의 학생들과 공유하고 싶었다. 이에 집필을 시작했고 드디어 이 책으로 결실을 맺게 되었다.

이 책에서 역량 기반 교육과정이란, 교과 교육과정의 개발과 교수·학습 및 평가에 이르기까지 학교 교육의 전 과정이 역량에 기반하여 설계된 교육과정을 의미한다. 이 책에서는 역량 기반 교육과정에 대한 이해를 위해 다음과 같이 장을 구성하였다.

1장에서는 역량 기반 교육이 역사적 맥락에서 어떠한 교육과정 사조 혹은 관점과 관련되는지를 개관한 후 학교에 대한 책무성과 수월성을 강조하는 기준 운동과 21세기 핵심 역량의 해외 동향 및 그 특징을 제시하였다.

2장에서는 학교 교육의 맥락에서 논의되는 역량의 의미를 이해하기 위해 기존의 연구들에서 제시된 역량에 대한 정의를 살펴보고, 이와 함께 역량 기반 접근의 특징, 역량의 차원, 역량과 관련하여 사용되는 용어 등에 대해 살펴보았다.

3장에서는 역량 기반 교육과정의 설계를 이해하기 위해 하향식 설계 방식과 역량에 기반하여 하향식 설계된 사례들을 살펴보았다. 또한 역량 기반 교과 교육과정의 설계에 대해 교과 특수 역량을 이루는 차원 및 교과 특수 역량을 반영한 교과 기준의 사례를 살펴보고, 역량 기반 교육과정 설계의 방향을 제시하였다.

4장에서는 역량 함양을 위한 교수·학습 및 평가와 관련하여 학교 혹은 학급 수준에서 활용 가능한 교육과정 설계 모형으로 백워드 설계를 제안하고 교수·학습 및 평가의 특징과 시사점을 제시하였다.

5장에서는 우리나라에서 이루어진 핵심 역량 연구와 함께 2015 개정 교육과정에서 역량을 총론 문서와 교과 교육과정 문서에 어떠한 방식으로 반영하고자 하였는지를 살펴보고, 우리나라에서 역량을 기반으로 교육과정을 설계할 때 함께 고민하고 해결해야 할 과제를 제시하였다.

이 책은 저자들이 역량에 대해 학생들을 가르치고 국가 교육과정 개발 과정에 참여하며 고민하고 숙고해 왔던 문제와 생각들로부터 나오게 되었고, 실제로 저자들이 기존에 수행한 연구 논문들에서 많은 부분이 반영되기도 하였다. 집필을 마치고 보니 처음 집필을 하고자 했던 때와 달리 아쉽고 부족한 부분이 많다. 하지만 이 책을 계기로 저자들과 마찬가지로 역량에 대해 알고 싶어 하고 고민하는 연구자, 교사, 학생 등 여러 분들의 역량에 대한 시각이 한층 더 깊어지고 넓어져서 역량과 관련하여 발전적인 논의와 탐구들이 많이 나올 수 있기를 기대한다.

이 책이 나오게 되기까지 표지를 디자인해 준 김예림, 김예원 디자이너, 격려를 아끼지 않았던 가족들에게 감사의 마음을 전한다. 또한 저자들의 대학원 강의를 들은 현직 교사들의 도움으로 구체적인 사례들을 부록에 제시할 수 있었다. 마지막으로 책의 출판을 도와주신 교육아카데미 김의용 대표님과 편집부 직원 여러분들에게도 심심한 감사를 드린다.

2016년 2월

저 자

Contens

목 차

Contens

CHAPTER 1

역량 기반 교육의 역사적 맥락

역량이라는 용어는 주로 기업이나 직업 교육의 분야에서 주로 논의되어 왔지만, 최근에 논의되는 역량은 모든 사람들에게 필요한 생애능력의 의미로 사용되며, 지식기반사회의 등장과 함께 모든 사람들에게 요구되는 기초적이며 보편적인 성격을 띤다(소경희, 2009). 이와 같은 일반적 능력으로서 이해되는 역량 기반 교육에 대한 논의는 20세기 전후의 현대 학교 교육과정의 성립 과정에서 이루어진 다양한 논쟁으로 거슬러 올라갈 수 있다.

19세기 말과 20세기 초 미국의 사회를 살펴보면 산업화가 가속되고 있었고 다수의 이민자들의 유입으로 인해 학교에 오는 학생이 다양해졌으며 그 수 또한 폭발적으로 늘어났다. 게다가 학교의 수업연한이 길어지고 교과가 팽창하고 증대함에 따라 학교에서는 '무엇을 어떻게 가르쳐야 할 것인가', '왜 그것을 가르쳐야 할 것인가'에 대한 논쟁이 시작되었다. 이 시기에는 '무엇을 가르쳐야 할 것인가'에 대한 답을 서로 다른 집단들이 다른 관점에서 찾기 시작했고, Kliebard는 이들 집단을 대체로 네 집단으로 분류할 수 있다고 보았다(김경자, 2000).

첫 번째 집단은 전통적 인문주의자들로서, 이들은 인문학적 지식과 전통적으로 내려오는 가치 및 문화의 전수가 학교 교육과정의 핵심이어야 한다고 보았다. 두 번째 집단은 아동중심주의자들로서, 교육과정의 내용은 아동의 발달에 관한 연구 결과에 기초하여야 하고, 아동을 학교에 적응시켜야 하는 것이 아니라 도리어 학교가 아동에게 맞추어야 한다고 보았다. 따라서 학습 속도가 빠른 아동과 느린 아동에게 서로 다른 교육과정을 제공해야 한다고 주장하였다. 세 번째 집단은 Bobbitt으로 대표되는 사회적 효율성을 추구하는 이들이며 교육과정은 자라는 세대에게 새로운 산업사회에서 필요로 하는 성인의 역할을 준비시켜주는 효과적인 장치라고 보았다. 마지막은 Rugg로 대표되는 사회개혁주의자들로서, 이들은 교육과정을 학생들에게 사회정의와 평등에 대한 새로운 전망을 가르쳐 사회를 변화시키는 수단이 되어야 한다고 보았다.

역량 기반 교육과정은 전통적 인문주의자들이 주장하는 자유교양교육과도 맥이 닿아 있으며, 다른 한편으로는 사회적 효율성의 전통 및 아동중심주의의 전통과도 관련이 있다. 이 장에서는 역량 기반 교육이 역사적 맥락에서 어떠한 교육과정 사조 혹은 관점과 관련되는지를 개관한 후 학교에 대한 책무성과 수월성을 강조하는 기준 운동과 21세기 핵심 역량의 해외 동향 및 그 특징을 제시하고자 한다.

1. 인문주의

학교에서 전통적인 인문교과를 가르쳐야 한다고 주장한 대표적인 사람은 하버드 대학의 Eliot와 콜롬비아 대학의 Butler이다. 교과가 팽창하고 전통적인 교과에 대한 불만이 증대하자 미국교육협회가 세 개의 위원회를 구성하여 학교에서 가르쳐야 할 교과를 연구하게 되었다. 세 개의 위원회는 15인 위원회(The Committee of Fifteen), 10인 위원회(The Committee of Ten), 대학입학요강 위원회(The Committee on College)이다.

15인 위원회는 초등학교를 10학년에서 8학년으로 낮추었고, Harris의 철학에 기초하여 정신을 도야하는 데 가장 가치 있는 초등학교 교과로 문법, 문학, 산수, 지리, 역사를 추천하였다. 새롭게 학교교과로 거론되고 있는 대부분 과목들은 거부되고 일부 수용된 과목들에는 상대적으로 적은 시간이 배당되었다. 15인 위원회가 제안한 초등학교 교육과정의 교과목은 읽기, 쓰기, 철자법, 영문법, 라틴어, 산수, 대수, 지리, 자연과학과 위생학, 미국사, 미국헌법, 일반역사, 체육, 성악, 그림, 공작 또는 재봉, 요리였다.

10인 위원회는 중등학교 교육과정 개발을 위해 Eliot를 위원장으로 하여 8명의 대학 대표자와 대학 진학을 준비하는 사립학교 관계자 2명으로 구성하였다. 이 위원회에서 추천한 9개 교과는 라틴어, 그리스어, 영어, 기타 현대 언어, 수학(대수, 기하, 삼각법, 고급 대수), 자연과학(물리, 천문학, 화학), 박물학 또는 생물학(식물학, 동물학, 생리학), 역사 공민 정치경제학, 지리학(자연지리, 지질학, 기상학)이다. 이 과목들은 정신을 도야하고 사고능력을 기르는 데 동일한 가치를 갖는 것으로 여겨졌으며, 소위 최신 과학의 과목들이 전통적인 인문교과와 동등한 지위를 획득하고 교육과정으로 들어왔다(김경자, 2000).

이 제안서에서는 대학으로 진학할 학생들뿐 아니라 졸업 후 취직할 학생들 모두를 대상으로 전 교과를 가르쳐야 한다고 했다. 아동을 미래의 노동자, 상인, 무역상, 전문인으로 구분하여 다른 교육과정을 제공하는 것은 민주주의 사회에 적합하지 않다고 보았다. 모든 학생들은 그들이 자신의 인생의 경로를 무엇으로 정하든지 간에, 대학으로 진학하던 취업을 선택하건 상관없이 모든 과목을 동일한 방식으로 배워야 한다는 것이 그들의 주장이었다. 왜냐하면 대학 진학을 위한 최선의 준비가 곧 실제적 삶을 위한 최선의 준비로 보았기 때문이다(김경자, 2000, Grant, 1979).

소경희(2009)는 역량 기반 교육은 자유교육을 새로운 학생들의 필요를 충족시킬 수 있는 방향으로 재형성하고자 하는 노력이라고 보았다. 전통적인 자유교육의 주장자들이 교육을 받은 결과(outcome)로 어떤 능력을 갖추어야 하는지를 제시한다는 점에서, 그리고 오늘날 교육받은 사람을 특징짓는 기본 역량을 규명하고자 한다는 점에서 역량 기반 교육과 자유교육은 모종의 관련이 있다는 것이다. 즉, 세세한 행동이나 특정 분야에 한정된 구체적인 지식이나 기능보다는 좀 더 광범위하고 일반적인 지식과 기술을 요구한다는 점에서 역량 기반 교육은 행동주의적 접근보다는 인문주의적 접근으로 보아야 한다는 것이다.

하지만 그 후 얼마 지나지 않아 이들의 관점과는 상반된 두 주류의 진보주의 운동이 이루어지기 시작했다. 한 집단은 소위 사회적 효율성을 기치로 하는 집단이며, 다른 한 집단은 Dewey의 아이디어를 반영하는 아동의 요구 및 민주사회 발전에 관심을 기울인 집단이다. Tyack(1974)은 전자를 행정적 진보주의(administrative progressives)라고 부르고 후자를 교육학적 진보주의(peda- gogical progressives)라고 부른다.

2. 사회적 효율성을 강조하는 진보주의

사회적 효율성을 강조하는 집단의 관점에서 볼 때, 학교는 학생들이 졸업 후 사회에 나가서 잘 적응할 수 있도록, 훌륭한 직업인으로서 사회가 순기능 하는 데 기여할 수 있도록 가르쳐야 한다. 즉, Eliiot 등이 주장하듯이 지적인 힘을 길러 주거나 지식을 습득하도록 하는 데 학교 교육의 목적이 있는 것이 아니라, 산업화되는 자본주의 사회에서 자신의 역할을 충실히 수행할 수 있도록 준비시키는 것이 중요하고 학교는 이를 위해 실용적이고 효율적으로 운영되어야 한다. 이들은 학교 교육도 Taylor라는 엔지니어가 제안한 것으로 1900년대 경영분야에서 '과학적 경영'(scientific management)으로 불리는 전략을 따라야 한다고 보았다. 과학적 경영으로 불리는 이 전략은 기업 특히 공장에서 비용을 줄이고 생산을 높이기 위한 방법으로 도입된 것이다. 먼저 생산성이 가장 높은 사람의 행동을 분석하여 어떠한 특성이 생산성을 높이게 하는지 구체적인 행동의 측면에서 생산성에 핵심이 되는 요소를 추출하였고, 이것을 다른 사람들에게 가르쳤다. 경영 혹은 공장에서의 생산성이 학교 교육에서는 식별 가능한 학습 결과로 나타난다.

Bobbitt은 과학적 경영의 아이디어를 받아들여 활동 분석(activity analysis)

을 적용하였고, 교육내용은 관찰 가능한 활동으로 행동적 목표 진술로 제시하였다. Bobbitt은 교육을 성인 생활의 준비로 보고, 학생들이 성인이 되었을 때 일을 잘 하는 데 필요한 능력을 갖추어 주는 것이 중요하다고 보았다. 이를 위해 성인들의 삶을 과학적으로 분석한 다음 이를 행동적인 목표로 바꾸는 작업을 하였는데, 먼저 성인들의 생활을 광범위하게 살펴보고, 주요 직종이나 분야의 직무를 분석한다. 그 다음 이러한 직무를 수행하는 데 요구되는 특성과 활동들을 열거하고 이를 바탕으로 교육목표를 추출한다. 그의 저서 『교육과정 구성법』(How to make a curriculum)에서 언어 및 사회적 의사소통, 건강, 시민, 대인관계, 여가, 심신건강유지, 종교, 양친활동, 비전문(직업)적 실제, 직업 등 10개의 인간 활동 분야에 거쳐 달성해야 할 주요 교육목표를 제시하고, 이를 달성하기 위한 세부 능력을 모두 160개 이상의 일반 교육목표로 예시하였다(박도순 · 홍후조, 2011). 그가 제시한 교육목표 설정의 원칙은 다음과 같다(박도순 · 홍후조, 2011: 99).

〈교육목표 설정의 원칙〉

- 교과 전문가에게 자문을 구할 수 있으나 궁극적으로 목표를 결정하는 것은 일반 교육책임자들이어야 한다.
- 목표를 선정할 때에는 지역사회 인사들을 포함시킨다.
- 놀이나 일상생활을 통해 저절로 충분히 발달하기 어려운 능력만을 체계적인 학교 교육의 목표에 포함시킨다.
- 목표는 행동으로 옮길 수 있을 만큼 세분화하고 읽어서 무엇을 해야 할지를 알려줄 수 있을 정도로 분명하게 표현한다.
- 목표는 양적으로 측정할 수 없는 궁극적 목표에 이르는 것이지만, 여기에 이르는 중간목표들을 구체적으로 위계화 한다.
- 모든 학생들을 위한 목표와 일부 학생들만을 위한 목표로 다르게(differentiate) 한다.
- 성취정도별로 목표(progress objectives)를 나눈다. 개인차를 고려하여 활동과 경험을 분화시켜준다.
- 매년 얼마만큼 성취해야 하는지 학년별 목표(grade-objectives)로 계열화시켜주어 성취기준을 정립한다.

Bobbitt은 자신의 접근이 "행함으로써 배움"이라는 진보주의의 아이디어를 실천한 것이라고 주장했고, 학습자의 행동과 실천에 초점을 맞추어 학습자를 "행하는 사람"으로 개념화했다고 말한다. 그의 접근은 전통적인 방식인 정신 수련식 교육 혹은 방대한 지식과 교과 지식의 암기 위주 교육에 대한 대안으로 제시된 것이었다. 또한 활동 분석을 통해 도출한 최선의 활동들을 교사들에게 제공함으로써 그들이 시행착오를 거치지 않게 도와주고 교육의 효율성을 높였다고 말한다. 그는 교육을 실제 생활과 결부시키는 데 기여하였다는 긍정적인 평가를 받기도 하지만, 이러한 활동 분석 혹은 직무 분석에 따른 교육과정 구성에 대한 비판이 함께 제기되었다. Bode(1938)는 Bobbitt이 교육목표들을 어른의 활동에서 추출하였음을 지적하면서 이는 단지 생활 적응이나 순응을 위한 훈련이라고 비판하였다. 왜냐하면 현 사회에 필요한 활동들이나 직무들은 시간이 지남에 따라 변하고 결국 교육은 시대에 뒤떨어진 훈련을 시키는 것으로 전락할 수 있기 때문이다. 따라서 구체적인 기능보다는 특정한 상황과 조건을 아우르는 능력에 초점을 맞추어야 하고, 사회에서 생겨나는 다양한 문제와 이슈를 다루는 일반적인 기능이나 능력이 중요하다고 주장되었다(Hlebowitsh, 2005).

3. 사회 개선과 아동을 강조하는 진보주의

진보주의의 또 다른 진영에서는 아동의 개인적 요구를 고려하는 다양한 교수·학습 방법과 함께 민주 사회의 발전에 관심을 가졌다. 이들은 학교는 사회를 개선하고 민주주의의 원칙들을 발전시키고 실현시켜 나가는 장으로 기능해야 한다고 보았다. 1913년 미국교육협회는 중등교육재조직위원회(National Education Association's Commission on the Reorganization of Secondary Education)를 구성하여 중등학교 교육과정을 재조직할 수 있는 원리를 개발하도록 하였다.

중등교육재조직위원회는 사회의 요구, 학생의 특성, 교육 이론에 비추어 볼 때 중등학교 교육과정이 대대적인 수정이 이루어져야 한다고 보고, 5년간의 연구에 걸쳐 중등학교의 7개 교육 목표를 '교육의 근본적인 원리'(Cardinal Principles of Education)로 설정하였다. 교육의 근본적인 원리는 건강, 기초기능, 존중받는 가족의 구성원, 직업, 시민의식, 여가선용, 윤리적 품성으로 나누어 제시되었다. 이 각각의 교육 목표들은 분리된 것이 아니라 서로 밀접하게 관련된 것으로 이해되어야 하며 그 관련성이 교육과정에 반영되어야 한다고 주장했다. 예를 들어, 직업과 시민성을 관련지어 사회과 교육과정을 개발해야 한다는 것이다. 이 진영의 진보주의자들은 전통교과들을 과거의 문화유산으로 받아들이고 분과적으로 가르치는 것을 비판하고 학생들이 배우는 지식들의 관계를 인식할 수 있는 능력을 갖도록 하자는 것이었다. Tanner와 Tanner에 따르면, 미국 교육에서 진보주의란 전통적 인문교과의 배제가 아니라 진보적 통합을 의미한다(김경자, 2000).

이 위원회는 중등학교 교육이 '모든' 사람들을 대상으로 이루어져야 한다고 보았고, 이는 미국에서 유럽의 복선제와는 다른 종합고등학교를 탄생시켰다. 위원회는 직업과 여가에서는 서로 다른 학습자의 특성에 따라 변형(variation)과 다양화(differentiation)가 고려되어야 하지만 사회 통합은 건강, 가족, 지식 획득 기능, 민주 시민의식이라는 공통된 학습에 의해 달성될 수 있다고 본 것이다. 즉, 학교에서는 종합적이고 포괄적인 사회 경험이 이루어져야 하고 직업교육과 학문적인 교육이 함께 이루어져야 한다는 관점이다. 위원회의 연구는 교육이 학문적이고 지적인 교과들에 사로잡혔던 것에서 벗어나 사회적 역할의 범위를 넓히는 데 기여한 것으로 평가된다. 즉, 교육을 교과 지식 습득의 측면에서만 바라보는 것이 아니라 모든 개인에게 필요한 공통의 사회적 요구와 활동들의 측면에서 바라보게 한 것이다.

Dewey는 교육이 삶과 밀접한 관련을 가져야 한다고 보고, 학습자가 실제 삶과 유사한 환경에서 경험을 통해 자연스럽게 성장이 이루어지는 교육을 강조하였다. 삶에서의 역할을 중요하게 생각해야 하지만, 개인은 하나의 역할이 아닌 다수의 역할을 가질 수 있기 때문에 특정 과제나 직무에 한정된 교육과정은 편협하고 개인의 발달을 방해할 뿐 아니라 성장 가능성을 제한한다고 보았다. 교육은 단순 훈련이 아니므로 사회 개선과 민주주의의 발전에 기여할 수 있도록 사고력을 길러 주는 교육과정이 구성되어야 하며, 학습이 효과적으로 이루어지기 위해서는 아동의 흥미를 적극적으로 고려해야 한다고 주장했다. 이에 따라 프로젝트 학습, 활동 교육과정 등 다양한 교수학습 방법과 통합적인 교육과정을 통해 아동의 흥미와 요구를 반영하는 시도가 이루어졌다. 하지만 1940년대 말 이러한 교육은 생활 적응 교육이며, 지적인 부분을 간과하고 학생들을 구별하는 기준을 세우지 않음으로써 교육의 질이 떨어졌다는 비판을 받기 시작했다.

4. 결과 중심 교육운동

역량에 대한 강조는 1970년대에 일어났던 능력중심 교육운동(competency-based education movement)과 결과 중심 교육(outcome-based education: OBE)에서도 찾아볼 수 있다. Spady(1978a)에 의하면, 1972년 미국 오리건 주의 교육위원회는 고등학교 졸업 요건을 재규정하여 고등학교 졸업생의 능력에 대한 중요성을 강조하게 되는데 이러한 조치는 능력중심 교육운동의 시작으로 볼 수 있다. 오리건 주의 교육위원회는 학생의 능력을 나타내는 3개의 영역, 즉, '개인적 발전', '사회적 책임', '직업적 개발'에서 '능력'에 대한 기준을 결정하고 학생 능력에 부합하는 교육과정을 설정하였다. 1978년부터의 졸업을 염두에 두고 오리건 주의 고등학교는 규정된 학교 출석, 수강 이수 단위와 함께 새로운 능력 요건을 충족시켜야 했다.

이러한 오리건 주의 정책은 능력중심 교육운동의 시작으로서 상징화되었다. 1978년까지 33개 주가 학생이 학교를 졸업하기 위해 일정 수의 강좌를 충분히 수강해야 한다는 조건이 규정된 정책 혹은 법안을 채택하였다. 이

당시 고등학교 졸업생의 지식, 기능, 능력의 저하가 문제시되었고, 학교 졸업장은 신뢰와 그 "의미"를 잃게 되었다. 능력중심 교육의 접근을 통해 학교 교육을 개혁하려는 책무성에 대한 요구가 증대하여, 학교 교육과정은 학교 밖 세계의 실제를 직면하도록 학생들에게 필수적인 능력을 개발시켜야 한다는 주장이 등장하였다(Spady, 1978a: 37).

능력(competency)은 학습자를 위해 설정된 학습 결과를 나타내는 것, 즉 인지, 정의, 심동적 영역에서 행동을 만족스럽게 수행하는 것이며 이러한 능력은 목표로 여겨질 수 있다. 능력은 수행을 통해 드러나는데, 수행은 전통적으로 교육평가의 과정을 이끌어온 Tyler에 의해서도 강조되어 왔다. Tyler는 교육평가의 과정은 다음을 포함할 것을 주장하였다. 즉, (1) 평가 수행의 정확한 형태를 규명할 것, (2) 측정 가능한 수행을 관찰하는 적합한 상황을 규명할 것, (3) 학생의 적합한 성공 수준을 결정할 것, (4) 자료를 수집하는 방법을 결정할 것, (5) 자료를 분석하고 적합한 의사결정자에게 결과를 보고할 것 등이다(McAshan, 1979).

Tyler와 함께 Mager 역시 수업 목표 설정에서 수행을 통한 학생의 능력을 중요시하였다. 그는 『수업 목표의 설정』(Preparing Instructional Objectives)이라는 저서에서 수업의 목표는 다음과 같은 세 가지 요소를 포함한다고 보고 목표 진술에서의 행동의 결과를 중요시했다(Marzano, 2001: 108).

1. 수행(performance): 목표는 학습자가 할 수 있어야 한다고 기대되는 것을 말해 주어야 한다. 즉, 목표는 행동(doing)의 산출물 혹은 결과를 기술한다.
2. 상황(conditions): 목표는 수행이 일어나는 중요한 상황을 기술해야 한다.
3. 기준(criterion): 가능한 한, 목표는 수행의 기준을 기술해야 한다.

수행은 "학생이 드러내는 것(demonstrate)"이라는 의미를 가지기도 하지만, "인지적 영역의 고등 성취 수준을 드러내는 것 혹은 인지, 정의, 심동적 영역의 모든 영역과 관련되는 것"이라는 의미를 가진다(McAshan, 1979: 6). 즉, 수행은 단순히 겉으로 드러나는 행동의 측면을 의미하기도 하지만, 더 나아가 고등 사고 수준의 능력과 관련된 의미를 갖기도 한다. 하지만 Tyler가 주장한 목표의 진술은 그 당시 측정 가능한 형식으로 진술된 행동 목표가 강조되게 하였다. 행동목표 운동은 능력중심 교육이 등장하게 했고, 책무성의 요구가 증가하면서 행동 목표와 능력중심 교육이 점차 확대되었다.

능력중심 교육은 교육의 결과를 강조하는 결과 중심 교육으로 나타났다. 결과 중심 교육은 관찰 가능하고 측정 가능한 결과를 중시하며 행동 목표 운동과 함께 그 당시 교육평가를 이끌었다. 능력은 학습자나 학습자 집단에 의해 달성되는 구체적인 학습 과업(learning task)이며, 지식, 기능, 능력으로 구성된 학습 결과를 나타내는 것으로 폭넓게 파악될 수 있는 개념이지만, 행동목표 운동은 이러한 학습 결과를 종종 행동의 변화만으로 단순하게 여기게 되었다. 학습한 것은 학습자의 일부분으로 남겨지는 새로운 능력이며 이러한 능력은 학습 결과를 구성하는 것이라고 할 때 이러한 능력을 행동으로만 파악하는 것은 학습 결과를 제한적으로 보는 것이다(McAshan, 1979: 50). 능력은 간단한 인지 혹은 정신적 능력의 기계적인 적용보다는 구체적인 능력을 고도로 복잡하게 통합하고 적용하여 형성될 수 있다(Spady, 1978a).

5. 기준 운동

1980년대 이후 미국은 표준화된 기준을 중심으로 교과의 교육 내용을 새롭게 구성하고자 하는 노력을 기울였고 이는 기준 운동(standards movement)으로 불린다. 미국은 국가 경쟁력의 측면에서 열세라고 느끼던 상황에서 국가 경쟁력 강화라는 사회적 효율성을 내세워 교육의 수월성을 강조하는 교육 개혁을 단행하게 된다.

1983년 미 연방정부의 국가 교육 수월성 위원회(the National Commission on Excellence in Education)는 『위기에 처한 국가』(A Nation at Risk)라는 보고서를 발표한 바 있다. 이 보고서는 수월성을 개개 학습자가 자신의 능력을 최고로 발휘하는 수준에서 수행을 하는 것으로 보고 있다. 이후 1989년, 부시 대통령 정부 하에서 'Goals 2000'이 공표되어 2000년까지 달성되어야 할 6개의 국가적 목표를 제안한다. 국가적 목표는 다음과 같다.

- 모든 미국의 어린이들은 배울 준비가 되어 학교에 들어간다.
- 고등학교 졸업율이 적어도 90% 이상이 될 것이다.
- 미국 학생들은 4, 8, 12학년에 영어, 수학, 과학, 역사 그리고 지리와 같은 경쟁력 있는 교과에서 능력을 드러내야 한다.
- 미국 학생들은 과학과 수학의 성취도 면에서 세계 1위가 되어야 한다.
- 모든 미국의 성인들은 기초 소양을 갖추고 글로벌 경제 속에서 경쟁하고 시민으로서의 권리와 책임을 행사하는 데 필요한 지식과 기능을 가질 것이다.
- 미국의 모든 학교는 마약과 폭력에서 벗어나고 학습에 건설적인 규율이 잘 잡혀진 환경을 제공할 것이다.

이 중에서 특히 세 번째 목표는 교육과정의 질적 제고와 관련된 것으로 이를 보다 구체적으로 살펴보면, 모든 학교는 모든 학생들이 정신(mind)을 계발하고 잘 사용할 수 있도록 가르치고 있음을 증명해야 하고 이러한 방식으로 교육하면 학생들은 책임 있는 시민으로, 평생학습자로, 경제 분야의 생산적인 인적 자원으로 준비될 수 있다고 표명한다.

위기에 처한 국가나 Goals 2000은 모두 미래 글로벌 사회에서의 학생의 능력을 강조하였다. 학생의 능력이란 기초 소양과 함께 시민으로서의 권리와 책임을 행사하는 데 필요한 지식과 기능, 교과에서의 능력을 의미한다. 이를 위해 각 교과 협의회에서는 '교과에서는 무엇을 가르쳐야 하는가'에 대한 논의를 활성화하였고, 학문적 성과 중에서도 가장 핵심적인 것을 내용으로 추출하였다. 그리고 이것은 내용기준과 수행기준의 개발로 이어졌다.

내용기준은 학생들이 무엇을 알아야 하고 무엇을 해야 할 것인가를 구체화한 것으로 지식과 기능, 사고력, 학습, 의사소통, 논리적 사고, 학문에 기반한 가장 본질적이고 중요한 영속적 아이디어, 개념, 쟁점을 기준에 포함시킨다. 수행기준은 내용기준을 숙달하였음을 판단하기 위해 요구되는 증거로 진술된 것이다. 결국 이들이 기준을 만들면서 주의를 기울인 것은 학교에서 가르칠 가치가 있는 중요하고도 생성력 있는 것은 무엇인가이며, 한편에서는 이를 학문 중심적 교육과정의 회귀라고 비판한다. 하지만 기준운동의 요지는 교과의 내용을 핵심적이고 중요한 것을 서로 관련짓는 방식으로 구조화하고, 이를 학생들에게 의미 있는 방식으로 실생활 맥락에서 이해하게 하며, 이해한 것을 활용하여 창의적으로 문제를 해결하도록 함으로써 학교에서 배운 내용을 초월할 수 있도록 하는 데 있다(김경자, 2000).

요약하면, 기준을 중심으로 학교를 재조직하려는 기준 운동은 기준을 통해 학교에서 무엇을 가르쳐야 하고 어떤 종류의 수행이 기대되어야 하는지를 명료하게 정의함으로써 학생의 성취를 향상시킬 수 있다고 보았다. 기준은 교과별 내용과 함께 교과 학습을 통해 학생이 보여주어야 할 능력을 나타내므로 역량을 강조하는 맥락에서 파악될 수 있다.

기준은 학생의 학습 결과를 제시한다. 이는 결과 중심 교육운동과 맥을 같이한다. 최종 수혜자인 학생을 강조하는 '수용자 중심의 목표' 성격을 띠고, 학습이 끝나거나 끝난 이후의 지점에서 학생이 보여주어야 할 능력(competency)을 나타낸다. 최근 2010년에 영어와 수학의 영역에서 개발된 국가 공통 기준(Common Core State Standards: CCSS)은 졸업 후 대학 및 직업에서의 기대되는 능력을 갖춰 모든 학생들이 글로벌 경제와 사회에서 성공할 수 있도록 준비시키는 데 초점을 둔다. 다시 말해, 국가 공통 기준은 학생들이 대학과 직장을 위해 준비될 수 있도록 하는 것이며, 21세기 노동시장의 경제적 요구에 부합하기 위한 것이다(Mathis, 2010: 9). 즉, 기준은 대학 및 직장에서 요구되는 지식과 기능에서부터 시작하여 개발되었고, 따라서 대학과 직업세계와 관련된 능력을 나타내준다. 기준은 학생의 학교에서의 학습, 졸업 시점, 졸업 후 대학 및 직업 세계를 연결시키며, 학교와 그 이후에 학생이 관여하는 세계와 관련된 역량을 보여준다.

하지만 기준은 수행 측정을 수반할 수도 있고 그렇지 않을 수도 있다는 점에서 기존의 행동주의적 목표나 결과 중심 교육과는 다르다(Solomon, 2009: 162). 조재식(2005) 역시 기준은 측정 가능한 형식으로 진술한 행동 목표와 다르다고 보며, 다음과 같이 기준의 이러한 특징을 설명한다.

> 벤치마크(benchmarks)가 성취기준에 반드시 수반되는데, 이들은 성취기준 아래에서 마치 구체적 목표들(objectives)의 리스트처럼 보인다. (생략) 구체적으로 보아, 벤치마크는 우리가 익숙한 '측정 가능한 형식으로 진술된 행동 목표'는 아니다. 벤치마크는 행동 목표나 학습활동을 유추하고 발전시킬 수 있는 자원인 셈이다. 예를 들어, 4-5학년 과학의 한 성취기준은 "학생들은 과학적 탐구를 수행하는 데 필요한 지식과 기술을 습득하였음을 직접 보여준다"이며, 이를 보다 구체적으로 풀어쓴 한 벤치마크는 "학생들은 독립적으로든 협동해서든 자신들이 알고 싶어 하는 간단한 실험을 수행한다"이다. 이런 성취기준/벤치마크를 내용 성취기준(content standards)이라 부른다. 그러나 탐구 수행 능력에 필요한 지식과 기술이 구체적으로 무엇인지, 혹은 간단한 실험이 어떤 것인지 명시하지 않고 있다. 내용 성취기준은 교사에게 방향과 초점을 제공할 뿐 명세적인 학습 내용과 절차 등은 교사가 선택하여야 할 몫이다(조재식, 2005: 68).

기준은 반드시 관찰 가능하고 측정 가능한 행동 목표가 아닌, 교육 활동의 공통의 방향을 제시하는 기준의 사용자에 의해 다양하게 구현될 수 있는 가능성(potential)을 가진 것이라고 볼 수 있다.

6. 21세기의 핵심 역량

가. 역량 기반 교육운동의 전개

21세기 지식기반사회에서는 과거와는 다른 학교 교육을 필요로 하며, 학교는 학생에게 변화하는 사회에 적합한 능력을 길러 주어야 할 것이 강조되었다. 지식기반사회에서의 학교 교육의 목표는 Trilling과 Fadel(2009)에 의하면 과거의 농업시대, 산업시대와는 달리 다음 <표 1-1>과 같이 변화되어 왔다고 할 수 있다.

<표 1-1> 시대 변화에 따른 교육의 목표

교육의 목표	농업시대	산업시대	지식시대
직장과 사회에 기여	• 가족과 다른 사람을 위해 식량 생산 - 기초생활을 위해 도구와 물품을 생산 - 지역 움막 경제 참여	- 전문화된 직업을 통해 사회 공헌 - 산업 발전에 기여하기 위해 공학과 과학을 적용 - 생산과 분배의 긴 사슬의 한 부분을 차지	- 세계적 정보와 지식 업무에 기여 - 사람들의 요구에 부응하고 문제를 해결하기 위한 서비스 혁신 - 세계 경제에 참여
개인의 재능 발휘 및 계발	• 교육을 받을 경우 기초 3과목 학습(읽기, 쓰기, 산수) - 농업 및 수공업 스킬 학습 - 유용한 물건을 만들기 위해 도구 이용	- 가능한 한 많은 사람을 대상으로 기초적인 문해능력과 산술능력 교육 - 대부분의 사람이 상공업과 산업 관련 스킬 학습 - 최상위 몇 명의 경우 관리 및 행정능력, 공학, 과학 학습	- 기술 기반 지식 및 생산성 향상 도구를 이용한 개인의 자기 개발 증가 - 중산층의 성장으로 인한 지식 기반 직업 및 기업의 세계적 진출 확대 - 평생 재능 계발 및 학습을 위해 지식 및 기술 도구 활용
시민의 의무 완수	• 상부상조 - 마을 공동체의 필요에 기여	- 공동체에 이익이 되도록 사회 및 시민 단체 참여	- 지역사회의 의사결정 과정에 참여하며 온라인 및 개인적으로 정치

	- 마을에 꼭 필요한 서비스 및 공동체 행사 지원	- 조직화된 노동 및 정치 활동 참여 - 자원봉사 및 자선활동을 통해 지역의 시민 활동 발전에 기여	적 활동 참여 - 온라인 커뮤니티와 소셜 네트워크를 통해 세계적 이슈에 관여 - 소셜 네트워크 및 통신 도구를 이용하여 지역 및 세계적 문제에 시간과 자원 사용
전통과 가치 전수	• 농업 지식과 전통을 다음 세대에 전달 - 부모와 조상의 윤리, 종교, 문화적 전통 속에서 자녀 양육	- 과거의 상업, 수공업, 전문기술 등에 관한 지식을 배워 다음 세대로 전달 - 다양한 문화와 전통이 도시에 공존하는 가운데 자신의 고유 문화와 가치 보존 - 교통 및 통신의 발달에 따라 다양한 문화권과 상호교류 가능	- 한 분야에서 전통적인 지식을 빠르게 습득하여 그 원리를 다른 영역에 적용함으로써 새로운 지식과 혁신을 창조해 냄 - 광범위한 문화와 전통에 대해 공감하고 또 그로부터 정체성을 찾음 - 다양한 문화와 전통에의 참여 및 관용 - 전통과 세계 시민의식이 혼합되어 새로운 전통과 가치가 창조·전승됨

출처: Trilling & Fadel(2012), pp. 54-55.

지식기반시대와 글로벌 경제 체제에서의 사회의 변화로 인해 다가올 시대에 학생들에게 길러 주어야 할 역량이 무엇이어야 하는가에 대한 폭넓은 관심은 직업세계뿐만 아니라 일반인의 성공적인 삶을 위해 요구되는 능력으로 일반화된 역량을 규명, 연구하도록 하였고, 이에 대한 대표적 사례는 경제협력개발기구(OECD)의 'DeSeCo(Definition and Selection of Competencies) 프로젝트'라고 할 수 있다. 이하에서는 OECD의 DeSeCo 프로젝트와 최근 이를 발전시킨 'OECD 학습 틀 2030'(OECD Learning Framework 2030)에 대해서 살펴보고자 한다. 또한 OECD 학습 틀 2030에 많은 영향을 미친 미국의 교육과정 재설계 센터(Center for Curriculum Redesign: CCR)의 '21세기 교육' 틀과 함께 OECD의 프로젝트들 이외에 국제적으로 활발하게 이루어지고 있는 역량에 대한 연구로 '21세기 역량의 평가와 교육(Assessment and Teaching of 21st-Century Skills: ATC21S) 프로젝트'를 살펴보고자 한다.

(1) OECD DeSeCo 프로젝트

DeSeCo 프로젝트는 1997년부터 2003년까지 7년간의 연구를 통해 핵심 역량(key competency)에 대한 개념적, 이론적 기초를 마련하였다. DeSeCo 프로젝트에 의해 21세기의 역량 기반 교육운동이 촉발되었으며, 이는 지식 기반 사회의 도래는 새로운 사회 변화에 맞춰 학생들을 교육해야 한다는 필요성을 일깨워 준 것이며 이러한 사회에서 살아가야 할 학생들은 앞으로의 삶과 일의 세계에서 필요한 능력을 갖추어야 할 것이 강조되었다.

DeSeCo 프로젝트는 개인적 차원에서 성공적인 삶과 사회적 차원에서 잘 기능하는(well-functioning) 사회라는 측면에서 21세기 미래 사회경제적 환경에서 살아가는 데 필요한, 모든 사람에게 보편적으로 요구되는 기초적인 핵심 역량을 제시하였다. 이 연구에서는 현대 사회의 개인들은 변화하는 기능을 익혀야 할 뿐만 아니라 막대한 양의 정보를 소화해야 하며, 경제발전과 지속가능한 발전, 사회적 정의와 같은 사회의 문제들을 해결해야 한다고 본다. 또한 현대 사회에서 개인이 마주하는 문제들은 '구직, 인력 시장에서 자신의 가치를 유지하기, 빠르게 변화하는 기능에 적응하기' 등을 포함한다(OECD, 2005a). DeSeCo 프로젝트가 정의하는 성공적인 개인의 삶의 모습은 '취업해서 소득이 있고', '건강하고 안전하며', '정치 활동에 참여하고', '사회적 네트워크를 가진' 것이다. 또한 성공적 사회란 '경제적 생산성이 있고', '민주적 절차가 가능하며', '사회 통합, 정의, 인권이 보장되고', '생태계를 보존하는' 곳이다. DeSeCo 프로젝트가 최종 추출한 핵심 역량은 '도구 사용하기(예를 들어, 언어 및 기술)', '다른 집단과 교류하기', '자율적으로 행동하기'이며, 이 세 핵심 역량에 선행하여 '반성적 사고'를 반드시 갖추어야 한다고 제시되어 있다(OECD, 2005a).

DeSeCo 프로젝트의 핵심 역량은 현대 사회를 살아가기 위해 필요한 최소한의 일반적 능력으로 구성되었고, 다양한 국가 및 문화권에 살고 있는 현대인들에게 공통적으로 적용될 수 있는 탈 정치적 및 탈 문화적 성격을 갖는다. 또한 지식, 기능, 태도, 가치, 윤리를 포함하는 포괄적인 개념이며, 특정한 분야에서만 요구되는 역량이 아니라 평생에 걸쳐 함양해야 하는 포괄적이면서도 필수적인 역량을 의미한다. DeSeCo 프로젝트가 제시한 핵심 역량은 다음 <표 1-2>와 같다.

<표 1-2> OECD DeSeCo 프로젝트에서 제시한 핵심 역량

범주	선정 이유	핵심 역량
1. 도구를 상호작용적으로 활용하는 능력	• 새로운 기술을 가져야 할 필요성 • 도구를 자신의 목적에 맞게 선택할 필요성 • 세계와 적극적으로 대화할 필요성	1-1. 언어, 상징, 텍스트를 상호작용하도록 활용하는 능력 1-2. 지식과 정보를 상호작용하도록 활용하는 능력 1-3. 기술을 상호작용하도록 사용하는 능력
2. 사회적 이질 집단에서 상호작용하기	• 다원화 사회에서 다양성을 다룰 필요성 • 공감의 중요성 • 사회적 자본의 중요성	2-1. 다른 사람들과의 관계를 잘 하는 능력 2-2. 협동하는 능력 2-3. 갈등을 관리하고 해결하는 능력
3. 자율적으로 행동하기	• 복잡한 세계에서 자신의 정체성과 목표를 실현할 필요성 • 권리를 행사하고 책임을 다할 필요성 • 자신의 환경과 그 기능을 이해할 필요성	3-1. 넓은 시각(big picture)에서 행동하는 능력 3-2. 인생의 계획과 개인적인 과제를 설정하고 실행하는 능력 3-3. 자신의 권리, 관심, 한계, 욕구를 옹호하고 주장하는 능력

출처: 윤현진 외(2007), p. 3.

DeSeCo 프로젝트는 많은 나라에서 핵심 역량을 설정하는 데 참조가 되고 있으며, 국제적으로 많은 영향을 미치고 있다.

(2) OECD 교육 2030 프로젝트

최근 OECD는 미래 사회가 요구하는 핵심 역량 탐색을 목적으로 2015년부터 'OECD 교육 2030: 미래 교육과 역량' 프로젝트(The Future of Education and Skills: the OECD Education 2030 Project)를 시작하였다. 이 프로젝트는 DeSeCo 프로젝트(1997-2003)의 2.0 버전에 해당하며, 미래 사회가 요구하는 핵심 역량(1주기: 2015-2018) 및 이를 육성하기 위한 방법(2주기: 2019-)을 탐색하는 것을 목적으로 한다. 1주기 사업에서는 미래 사회(2030년)에 요구되는 인지적·사회적·정의적 역량이 '무엇'인지에 대해 탐색하고 합의된 분류체계와 용어를 갖춘 '21세기 역량 틀'(OECD 21st Century Competencies Framework)이 개발된다. 2주기 사업에서는 21세기 역량을 '어떻게' 기를 것인지에 초점을 두고 선정된 미래 역량을 육성하기 위해 필요한 교육체제, 학습 환경, 교수방법, 평가방법 등에 대한 탐색이 이루어질 예정이다(윤종혁 외, 2016).

21세기 역량 틀은 1주기 사업이 마무리되는 2018년 최종본 개발을 목표로 지속적으로 수정되고 있으며, 현재까지 이루어진 21세기 역량 틀 개발은 포지션 페이퍼인 ≪교육 2030: 미래 교육과 역량≫(OECD, 2018.5.4)을 통해 제시되고 있다(OECD 홈페이지 참조). 이 보고서에 의하면, 21세기 역량 틀은 'OECD 학습 틀 2030'으로 개발되고 있다. 이하에서는 보고서의 내용을 중심으로 OECD 학습 틀 2030의 내용을 살펴보고자 한다.

(가) 개인과 사회의 안녕(well-being)

OECD 학습 틀 2030은 환경, 경제, 사회 측면에서 빠르게 변화되는 세계에서 교육은 개인과 사회의 안녕이라는 좀 더 넓은 목표를 가져야 한다고 본다. 안녕은 수입이나 직업과 같은 물질적 자원을 가지는 것을 넘어서는 것으로 건강, 시민의 참여, 사회적 관계, 환경, 만족도 등 삶의 질과 관련된다. 교육은 사람들이 포괄적이고 지속가능한 미래를 만들어 가는 데 기여하고 그로부터 도움을 받을 수 있는 지식, 기능, 태도 및 가치를 개발하는 데 중요한 역할을 한다. 교육은 학생들이 직업 세계를 준비할 뿐 아니라, 적극적이고 책임감 있고 참여적인 시민이 되는 데 필요한 능력을 갖추도록 할 필요가 있다.

(나) 학습자 에이전시(Learner agency): 복잡하고 불확실한 세계를 향한 항해

OECD 학습 틀 2030에 의하면, 학생은 미래를 준비하기 위해 학교 교육과 전 생애 동안 에이전시를 발휘할 필요가 있다. 에이전시란 세계에 참여하는 책임감을 의미하는데, 학생들은 이렇게 함으로써 더 나은 세계를 위해 사람들, 사건들, 상황들에 영향을 주게 된다. 에이전시는 목표를 설정하고 그러한 목표를 달성하기 위한 행동들을 파악하는 능력을 요구한다. 에이전시가 가능하도록 교육자는 학습자의 개별성(individuality)뿐 아니라, 학습자의 학습에 영향을 주는 폭넓은 관계 즉, 그들의 교사, 또래, 가족 및 지역사회와의 관계를 고려해야 한다. 이러한 '공동의 책임'(co-agency)은 학습 틀의 기저를 이루는 개념으로, 학습자가 가치 있는 목표를 향해 나아가도록 돕는 상호적이고 지원적인 관계를 의미한다. 학습자가 에이전시를 가지도록 그들의 학습을 지원하는 개별화된 학습 환경을 마련해야 한다. 또한 디지털 리터러시와 문해력 및 수리력과 같은 견고한 기반을 형성하게 하는 것이 중요하다.

OECD 학습 틀 2030은 다음 [그림 1-1]과 같이 제시된다. [그림 1-1]에서 '학습 나침반'(learning compass)이 제시되는데, 학습 나침반을 통해 학생들이 자신의 삶과 세상을 항해해 나갈 수 있는 방법을 보여주는 틀이라는 점이 강조된다.

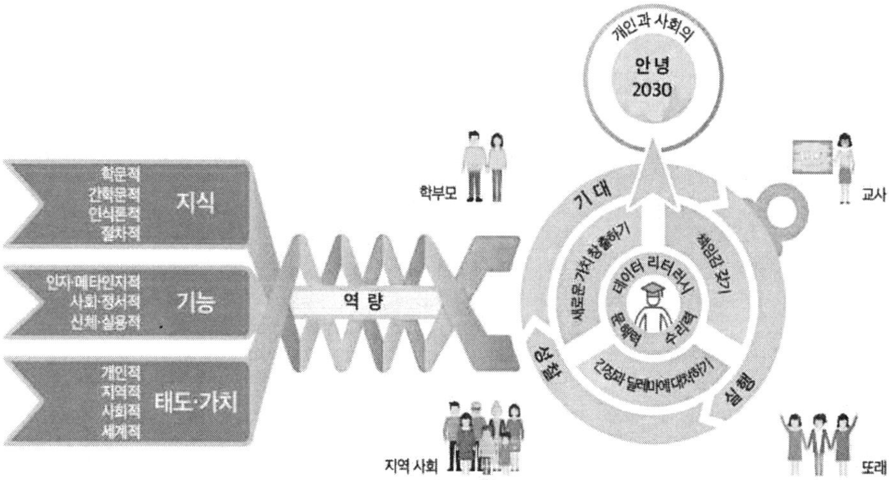

[그림 1-1] OECD 학습 틀 2030

출처: OECD(2018), p. 4.

(다) 학습자 에이전시를 위한 역량 개발 사이클: 기대-실행-성찰

OECD 학습 틀 2030은 학습자 에이전시를 개발할 수 있는 방법으로 기대-실행-성찰로 구성된 역량 개발 사이클을 제시한다(OECD, 2017). 특히, 사회의 변화 속도가 빨라지고 배움의 기회가 언제 어디서든 생길 수 있는 평생학습사회로 변화되어 감에 따라, 학생들이 학교를 마친 후에도 계속해서 역량을 개발해 갈 수 있도록 역량 개발 사이클을 내면화하는 것을 강조하고 있다. 기대, 실행, 성찰의 의미는 다음과 같다(최수진 외, 2017).

• 기대(anticipation): 삶과 미래에 대한 관심, 미래를 만들어 갈 수 있다는 신념과 태도, 변화에 대한 긍정적 마음가짐과 태도를 의미한다. 이를 위해 지식(예를 들어, 역사, 환경 변화, 인구 변화)뿐만 아니라 인지적 기능(예를 들어, 분석적 비판적 사고 기능, 일반적 문제해결능력), 사회적·행동적 요소(예를 들어, 동기, 확신, 가치 등)가 필요하다.

• 실행(action): 기꺼이 행동을 취하려는 마음과 행동을 취할 수 있는 능력을 의미한다. 자신의 학습과 성장에 적극적으로 관여하는 것을 포함하여, 자신을 둘러싼 환경과 적극적으로 상호작용할 수 있는 것을 의미한다.

• 성찰(reflection): 자신의 행동 및 결정이 미치는 간접적 · 장기적인 영향력을 고려하면서 결정 · 선택 · 실행하기에 앞서(또는 이후에) 비판적인 태도를 취할 수 있는 능력을 의미한다.

기대-실행-성찰은 연속적이고 순환적인 과정으로서 성찰과 기대를 거쳐 실행이 일어나기도 하고, 실행의 과정에서 성찰이 동시에 이루어지기도 하며, 또한 기대를 기반으로 실행하고 실행 이후에 행동에 대한 성찰이 이루어짐으로써 계속적으로 보다 발전된 실행, 성찰, 기대로 나아가게 된다(윤종혁 외, 2016).

(라) 변혁적 역량(Transformative Competencies)

OECD 학습 틀 2030은 DeSeCo 프로젝트에서 제시된 OECD 핵심 역량에 바탕을 두고 3개의 역량 범주를 설정하였으며 이를 '변혁적 역량'으로 명명한다. 변혁적 역량은 우리 사회를 변화시키고 미래를 만들어 나가는 데 필요한 역량으로, 학생들이 혁신적이고 책임감을 가질 것을 강조한다. 변혁적 역량은 새로운 가치 창출하기, 긴장 · 딜레마에 대처하기, 책임감 갖기로 설정되며, 각 역량은 다음의 의미를 지닌다.

• 새로운 가치 창출하기

2030년을 대비하기 위해 사람들은 창의적으로 사고하고 새로운 생산품과 서비스, 직업, 사고방식 및 생활 방식 등을 개발해야 한다. 기존 지식을 새로운 지식으로 창조하는 혁신은 개인 차원에서 사고하고 행동하는 것뿐 아니라 타인과의 협력을 통해서도 일어날 수 있다. 이 역량에는 적응성, 창의성, 호기심, 개방적 마음(open-mindedness)이 구인으로 포함된다.

• 긴장·딜레마에 대처하기

우리가 접하게 되는 긴장, 딜레마를 해결하기 위해서는 다양한 관점과 관심을 조화롭고 균형 있게 다룰 필요가 있다. 개개인은 성숙한 의사결정을 하도록 사고하고, 상반되거나 모순된 생각들의 상호 관련성을 고려하여 통합된 방식으로 사고하고 행동할 필요가 있다.

• 책임감 갖기

이 역량은 다른 역량들을 위한 필수 조건이 된다. 개인이 새로운 것, 변화, 다양성, 모호함을 다루는 능력은 자기 스스로 생각하고 다른 사람과 함께 일할 수 있는 능력을 전제조건으로 한다. 또한 창의성과 문제해결력은 자신의 선택이 가지고 올 결과를 고려하고 책임지며 위험과 보상을 평가하고 작업한 결과에 대해 책임을 지는 능력을 필요로 한다. 이 역량은 자신의 행동을 반성하고 평가하는 도덕적·지적 성숙함이다.

(마) 기초 기능: 문해력, 수리력, 데이터 리터러시

OECD 학습 틀 2030은 변혁적 역량을 함양하기 위해 필수적으로 요구되는 기초 기능으로 문해력(literacy), 수리력(numeracy), 데이터 리터러시(data literacy)를 제시한다. 세 가지 기능의 의미는 다음과 같다(최수진 외, 2017).

• 문해력: 다양한 문맥의 서면 자료를 식별하고, 이해하여 해석하고, 작성하고 의사소통하며, 문서화할 수 있는 능력을 의미한다.

• 수리력: 다양한 상황의 수학적 요구에 참여하고 관리하기 위해 수학적 정보와 아이디어에 접근하여 사용하고 해석·전달할 수 있는 능력을 의미한다.

• 데이터 리터러시: 데이터를 사용할 수 있는 능력을 의미한다. 데이터는 기존의 정보나 지식이 보다 적합하고 활용도가 높은 형태로 가공 또는 코딩된 것을 의미한다.

(바) 역량을 위한 지식, 기능, 태도 및 가치

OECD 학습 틀 2030은 역량을 기를 수 있는 교육과정을 위해 지식, 기능, 태도 및 가치의 요소를 설정하고 각 요소를 다음과 같이 설명한다.

• 지식

역량은 단순한 지식과 기능의 습득을 넘어서서 지식, 기능, 태도 및 가치를 복합적인 요구에 맞게 동원하는 것과 관련되는 것이다. 학생이 미래를 준비하기 위해서는 폭넓을 뿐 아니라 전문적인 지식 또한 필요하다.

학문적 지식은 새로운 지식이 발전되는 원천으로서 계속 중요성을 지닐 것이며, 이와 함께 학문의 경계를 넘나들며 사고하는('점들을 서로 연결하는'(connect the dots)) 능력을 강조하는 간학문적 지식이 중요하게 된다.

인식론적 지식은 학문에 대한 지식이다. 인식론적 지식은 예를 들어, 수학자, 과학자, 역사학자와 같이 사고하는 방법을 아는 것인데, 이는 학생이 자신의 지식을 확장시키는 것을 가능하게 하며 중요한 것으로 고려될 것이다.

절차적 지식은 어떤 것을 실행하거나 만들어지는 방법(예를 들어, knowing how)을 이해함으로써 습득되는 것이다. 즉, 목표를 달성하기 위해 취해지는 일련의 단계 혹은 행동이다. 어떤 절차적 지식은 영역 특수적(domain-specific)이고, 어떤 절차적 지식은 영역을 넘나들며 전이가 가능하다.

• 기능

학생은 새로운 상황에 자신의 지식을 적용할 필요가 있는데 이러한 이유로 그들은 인지·메타인지적 기능(예를 들어, 비판적 사고, 창의적 사고, 학습에 대한 학습, 자기 조절), 사회·정서적 기능(예를 들어, 공감, 자기효능성, 협동), 신체·실용적 기능(예를 들어, 새로운 정보를 사용하여 기술 장치로 의사소통하기)을 포함하여 폭넓은 기능을 개발해야 한다.

• 태도 및 가치

지식과 기능을 광범위하게 사용하는 것은 태도 및 가치(예를 들어, 동기, 신념, 다양성과 덕에 대한 존중)에 의해 조절될 수 있다. 태도 및 가치는 개인적, 지역적, 사회적, 세계적 수준에서 생각해볼 수 있다.

(사) 교육과정과 교육 체제의 설계 원리

OECD 학습 틀 2030은 변혁적 역량을 위한 교육과정과 교육 체제의 설계 원리를 '개념, 내용, 주제'와 '실행(process)' 측면에서 다음과 같이 제시한다.

○ 개념, 내용, 주제

• 학습자 에이전시: 교육과정은 학생들을 동기화시키고, 그들이 가진 이전 지식, 기능, 태도 및 가치를 인식하고, 학생의 주변으로부터 설계되어야 한다.

• 엄격성(rigor): 주제들은 도전적이어야 하고 깊은 사고와 반성을 하게 할 수 있는 것이어야 한다.

• 초점(focus): 각 학년별로 깊이 있고 질 높은 학습을 위해 적은 수의 주제들이 제시되어야 한다. 주제들은 주요 개념을 강조하기 위해 중복되어 제시될 수 있다.

• 일관성(coherence): 주제들은 기초부터 상위 개념에 이르기까지 단계 및 연령 수준에 따라 학습되도록 학문의 논리를 반영하여 계열화되어야 한다.

• 연계성(alignment): 교수와 평가의 실제는 서로 연계되어야 한다. 항상 측정될 수 있는 것은 아니지만 학생의 결과와 활동에 가치를 두는 새로운 평가 방법이 개발되어야 한다.

• 전이 가능성: 한 상황에서 학습한 지식, 기능, 태도 및 가치가 다른 상황에서도 전이될 수 있도록 한다.

• 선택: 풍부한 정보를 바탕으로 선택을 할 수 있는 지원 속에서 학생이

다양한 주제와 프로젝트를 선택하고, 자신의 주제와 프로젝트를 설정할 수 있는 기회가 주어져야 한다.

○ 실행

• 교사 에이전시(teacher agency): 교사는 교육과정을 효과적으로 실행하기 위해 자신의 전문적 지식, 기능, 소견을 사용하는 권한을 가져야 한다.

• 실제성(authenticity): 학습자는 그들의 학습 경험과 실제 세계를 연결할 수 있어야 하고 자신의 학습에 목표 의식을 가져야 한다. 이것은 학문 기반 지식의 숙달과 함께 간학문적 학습과 협력적 학습을 필요로 한다.

• 상호관련성: 학습자는 학문 내 혹은 학문 간에서 그리고 학교 밖 실제 생활에서 한 주제나 개념이 다른 주제나 개념과 어떻게 연결되는지 알 수 있는 기회를 가져야 한다.

• 융통성: 교육과정은 '미리 결정되거나 정적인 것'에서부터 '융통성 있고 역동적인 것'까지 폭넓게 개념화될 수 있다. 학교와 교사는 교육과정이 학생의 학습 요구와 사회의 요구 사항을 반영하여 교육과정을 새롭게 하고 정렬시켜야 한다.

• 참여(engagement): 교사, 학생, 기타 관련 인사들은 교육과정 실행에 주인 의식을 갖기 위해 교육과정 개발 초기부터 관여해야 한다.

(3) CCR의 21세기 교육 틀

미국의 교육과정 재설계 센터(CCR)는 학생들을 21세기 사회에 준비시키기 위해 '학생들이 무엇을 배워야 할 것인가?'의 문제에 주목한다. 센터의 설립자이자 회장인 찰스 파델(Charles Fadel)은 현재의 교육이 이를 위해 적합한지, 우리는 학생들이 변화하는 세상에 유연하게 대처하도록 교육시키고 있는지의 문제를 제기한다. CCR은 21세기의 인류는 사회적(기후 변화, 재정적 불안정성), 경제적(세계화, 혁신), 개인적(취업 가능성, 행복) 차원에서 심각한 도전에 직면하고 있다고 보고, 21세기를 위한 학교 교육과정은 깊이(depth)

와 유연성(versatility)을 강조하며 재설계될 필요가 있다고 본다. CCR은 교육의 여러 차원, 즉, 지식, 기능, 인성, 메타학습을 고려하여 교육과정을 재설계하기 위한 '21세기 교육' 틀을 다음 [그림 1-2]와 같이 제시한다(Fadel, 2015).

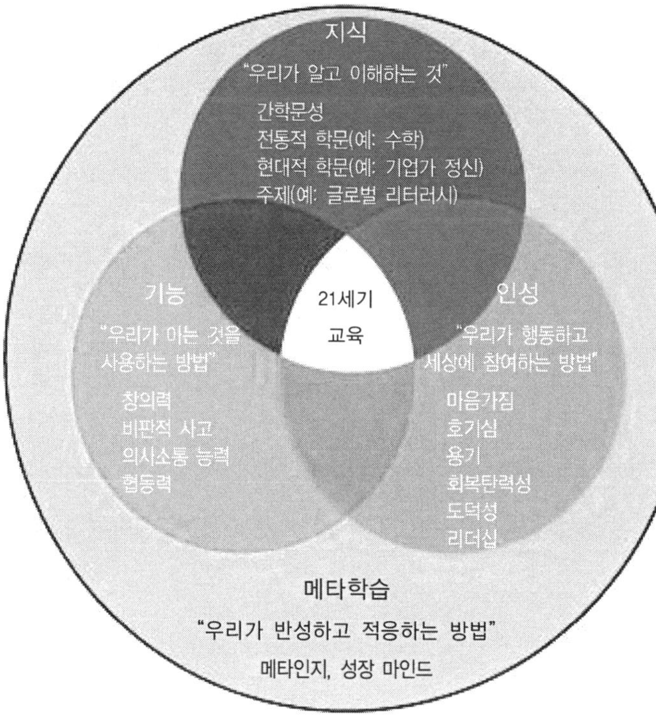

[그림 1-2] CCR의 21세기 교육 틀

출처: Fadel(2015), p. 1.

21세기 교육 틀에서 지식은 '우리가 알고 이해하는 것'과 관련된다. 지식은 전통적인 교육과정의 관점에서 강조되어 왔지만, 단지 많은 양의 지식을 축적하는 것은 학습자뿐 아니라 사회적, 경제적 요구에 비추어 볼 때 적합하지 않다. 그러므로 '배운 것'에 대해 그 유의미성과 적용가능성을 심도 있게 고려하며 이론과 실제 간 균형을 추구할 필요가 있다.

CCR은 21세기 교육 틀을 통해 전통적 학문들(수학, 과학, 언어, 외국어, 사회, 예술 등)이 물론 중요하며, 현재와 미래의 요구를 반영한 현대적 학문들(기술과 공학, 매체, 기업가 정신과 경영, 개인 금융, 건강, 사회 체제 등)이 교육과정의 한 부분으로 수용되어야 한다고 본다.

간학문성(Interdisciplinarity)은 전통적 학문 내, 현대적 학문 내에서 지식의 구조(mechanism)가 연결될 뿐 아니라, 전통적 학문, 현대적 학문, 실제 간 서로 밀접하게 연결되고 전이를 촉진하여 기능, 인성, 메타학습 차원에 영향을 주는 잠재력을 의미한다. 지식에 대한 간학문적 접근은 학습자가 개념과 개념을 서로 연결하도록 하고 심화 학습을 촉진시킨다. 주제(Themes)는 현 사회의 중요성을 반영하여 전통적 학문과 현대적 학문을 연결시킬 수 있는 것으로, 글로벌 리터러시, 환경적 리터러시, 정보 리터러시, 디지털 리터러시, 시스템 사고, 디자인 사고 등을 포함한다.

기능은 '우리가 아는 것을 사용하는 방법'과 관련되며, 고등사고 기능(예를 들어, 4C: 창의력, 비판적 사고, 의사소통 능력, 협동력)을 의미한다. 이러한 기능은 심층적인 지식 학습뿐 아니라 수행을 통해 아는 것을 나타내는 데에도 필수적이다.

인성(Character)은 '우리가 행동하고 세상에 참여하는 방법'과 관련되며, 여기에는 마음가짐(mindfulness), 호기심, 용기, 회복탄력성, 도덕성, 리더십이 포함된다.

마지막으로, 메타학습은 '우리가 반성하고 적응하는 법'과 관련되는 것으로, 지식, 기능, 인성 차원을 포괄한다. 메타학습은 학습자가 자신의 학습을 반성하고 조절하는 과정을 의미하며, 여기에는 메타인지(자신의 학습을 예측, 점검, 평가하는 것), 자신의 능력에 대해 성장 마인드(Growth Mindset)를 내면화하는 것이 포함된다. 메타인지는 평생 학습 습관과 다른 세 차원의 학습을 형성하고, 원래의 맥락을 넘어서서 학습을 전이시키는 데 필수적이다.

CCR의 21세기 교육 틀은 OECD 교육 2030 프로젝트에서도 중요하게 검토, 활용된 바 있다(윤종혁 외, 2016).

(4) ATC21S 프로젝트

EU를 비롯한 선진국은 물론 글로벌 기업들은 최근 특히 미래 사회에서 요구되는 핵심 역량에 대해 높은 관심을 갖고 연구에 많은 투자를 하고 있다. 한 예로 시스코, 마이크로소프트, 인텔과 같은 글로벌 기업들이 후원하고 호주, 핀란드 등 여러 국가들이 참여한 가운데 ATC21S 프로젝트가 2009년부터 추진되어 왔다. ATC21S 프로젝트는 미래 사회의 핵심 역량을 사고방식, 업무 방식, 업무 수단, 사회성의 네 영역에서 제시하였다.

<표 1-3> ATC21S가 제안하는 핵심 역량

	사고방식 (Ways of Thinking)	업무 방식 (Ways of Working)	업무 수단 (Tools for Working)	사회성 (Ways of Living in the World)
역량	• 창의력 • 비판적 사고력 • 문제해결력 • 의사결정력 • 자기주도학습 능력	• 의사소통력 • 협동력	• 정보분석력 • ICT 문해력	• 시민의식 • 인생 및 진로 개척 능력 • 책임의식

출처: 최상덕 외(2011), p. 67.

이 프로젝트에서는 특히 21세기 미래 사회에서 요구되는 핵심 역량을 측정할 수 있는 방법을 개발함으로써, 평가 방식의 변화를 통한 교육 혁신을 추구하며, 핵심 역량을 측정할 수 있는 혁신적 평가 방법을 개발하였다. 호주, 핀란드, 싱가포르, 미국, 네덜란드, 코스타리카가 시범 사업에 참여하였으며, 이 연구 결과를 OECD에 제시하였고, 이를 반영하여 PISA 2015부터 협력적 문제해결력을 평가에 포함시켰다(Griffin & Care, 2015).

나. 각국의 핵심 역량 설정 동향

(1) 핵심 역량 사례

외국의 여러 나라들은 미래 사회에 필요한 학생들에게 길러 주어야 한다고 생각되는 핵심 역량을 설정하고 있다. 다음 <표 1-4>는 여러 나라들에서 제시되는 핵심 역량의 사례이다.

<표 1-4> 외국의 핵심 역량의 사례

국가/주	교육과정에 포함된 핵심 역량
핀란드	• 사고와 학습 • 문화적 역량, 상호작용과 표현 • 스스로를 돌봄, 일과 관리, 안전 • 복합 문해력(multiliteracy) • ICT 역량 • 직업세계와 기업에서 요구되는 역량 • 참여, 임파워먼트와 책임
캐나다 퀘벡 주	• 지적 역량-정보활용력, 문제해결력, 비판적 판단력, 창의력 • 방법론적 역량-효과적인 작업 방법 채택력, ICT 활용력 • 개인적 · 사회적 역량-자신의 정체성 형성력, 타인과의 협동력 • 의사소통 관련 역량-적절한 의사소통력
캐나다 앨버타 주	• 비판적 사고, 문제 해결과 결정 • 창의력과 혁신 • 사회적 · 문화적 · 세계적 · 환경적 책임 • 의사소통 • 디지털 및 기술적 유창성 • 평생 학습, 개인의 관리와 웰빙 • 협력과 리더십
뉴질랜드	• 사고력 • 언어 · 상징 · 텍스트의 활용 • 자기관리 • 대인 관계 • 참여와 기여

<table>
<tr><th>국가/주</th><th colspan="3">교육과정에 포함된 핵심 역량</th></tr>
<tr><td rowspan="7">호주</td><td>• 문해력</td><td>- 듣기, 읽기, 보기를 통한 텍스트의 이해
- 말하기, 쓰기 및 창작을 통한 텍스트의 이해</td><td>- 텍스트 지식
- 문법 지식
- 단어 지식
- 시각 지식</td></tr>
<tr><td>• 수리력</td><td colspan="2">- 측정의 사용
- 숫자를 추정하고 계산하기
- 규칙성과 관계를 인식하고 사용하기
- 분수, 십진법, 비율을 사용하기
- 공간적 추론 능력 사용하기
- 통계적 정보 해석하기</td></tr>
<tr><td>• 정보와 의사소통 기술(ICT) 능력</td><td colspan="2">- ICT 사용의 사회적, 윤리적 측면 적용하기
- ICT로 조사하기
- ICT로 창작하기
- ICT로 의사소통하기
- ICT를 관리하고 조작하기</td></tr>
<tr><td>• 비판적 · 창의적 사고</td><td colspan="2">- 정보와 아이디어를 탐구, 조직하기
- 아이디어, 가능한 것, 행동 생성하기
- 사고와 과정을 반성하기
- 논리와 절차를 분석, 종합, 평가하기</td></tr>
<tr><td>• 개인적 · 사회적 능력</td><td colspan="2">- 자신에 대한 자각
- 자기 조절
- 사회에 대한 자각
- 관계 조절</td></tr>
<tr><td>• 윤리적 이해</td><td colspan="2">- 윤리적 개념과 문제를 이해하기
- 의사결정과 행동을 추론하기
- 가치, 권리와 책임을 탐구하기</td></tr>
<tr><td>• 문화 상호 간 이해</td><td colspan="2">- 문화를 인식하고 존중감 갖기
- 다른 사람과 상호작용하고 공감하기
- 문화 상호 간 경험을 숙고하고 책임감 가지기</td></tr>
</table>

국가/주	교육과정에 포함된 핵심 역량	
싱가포르	• 핵심 가치	- 존중 - 책임감 - 끈기 - 성실 - 관심 - 조화
	• 사회 · 정서적 역량	- 자신에 대한 자각 - 자기 조절 - 사회에 대한 자각 - 관계 조절 - 의사결정에 대한 책임
	• 지적 역량	- 시민성 문해 - 글로벌 인식과 범문화적 기능 - 비판적이고 창의적인 사고 - 정보와 의사소통 기능

이 중에서 구체적으로 뉴질랜드, 호주, 싱가포르의 학교 교육과정에서의 핵심 역량 설정 동향을 살펴보고자 한다.

(2) 뉴질랜드

뉴질랜드는 OECD가 발표한 핵심 역량을 자국의 맥락에 맞게 재구성하여 역량에 기반한 교육과정 개혁을 해오고 있다. 뉴질랜드 교육의 목표(vision)는 다음과 같다(New Zealand Ministry of Education, 2007).

○ 창의적이고, 적극적이고, 진취적인 학생의 양성
○ 학생에게 지속가능한 사회, 문화, 경제, 환경적 차원에서 미래를 보장하는 새로운 지식과 기술을 제공하여 기회를 부여하는 것
○ 마오리인과 백인(Pakeha)이 서로 파트너임을 인식하고 모든 문화가 기여하는 바에 가치를 두는 뉴질랜드를 만드는 것
○ 학교에서, 그 이후에 가치, 지식, 능력(competencies)을 계속 개발하여 만족스런 삶을 살도록 하는 것
○ 자신감 있고, 서로 연결되고(connected), 적극적으로 참여하는 평생학습자

뉴질랜드의 교육 목표에서 특징적인 것은 국제 사회의 시민의 일원으로서 의사소통 수단을 효율적으로 사용하며 다른 사람과 서로 연결되는 차원을 강조한다는 점이다. 또한 뉴질랜드는 21세기 사회의 특징을 평생학습사회로 보고, 기존의 학교 중심, 학령기 중심, 교육 공급자 중심의 교육 패러다임에서 전 사회 중심, 전 생애 중심, 학습자 중심의 평생교육 패러다임으로 변화하고자 하였다. 뉴질랜드는 이러한 평생학습능력을 학교 교육과정에 핵심 역량을 도입함으로써 함양시키고자 하였다. 뉴질랜드의 핵심 역량은 학생의 전 생애에 걸친 학습을 고려하는 평생교육의 맥락에서 고안되었다. 뉴질랜드의 교육과정에서 평생학습자는 문해력과 수리력을 가지고 비판적, 창의적 사고를 가진 사람, 지식을 적극적으로 추구하고 활용하고 만들어내는 사람, 지식에 기반한 의사결정자를 의미한다(New Zealand Ministry of Education, 2007).

뉴질랜드의 교육과정은 미래에 초점을 둔 교육과정이다. 교육과정은 학생에게 지속가능성, 시민성, 기업, 세계화와 같은 미래에 초점을 둔 주요한 문제들을 고려하게 하는 것이어야 한다. 뉴질랜드 교육과정에서 미래 사회에서 평생학습자로 살아가야 할 학생들에게 요구되는 핵심 역량에 대해 그 의미 및 기대되는 특징을 살펴보면 다음 <표 1-5>와 같다.

<표 1-5> 뉴질랜드 핵심 역량의 의미 및 기대되는 특징

핵심 역량	의미	기대되는 특징
사고하기 (thinking)	• 정보, 경험, 생각들을 조직하기 위하여 창의적이고 비판적이며 메타인지적인 과정을 거치는 것	• 지식을 적극적으로 찾고, 활용하고, 창조해냄 • 자신의 학습을 반성하고, 개인적인 직관을 끌어오며, 질문을 하고, 기본적인 가정과 인식에 도전함
언어 · 상징 · 텍스트 사용하기 (using language · symbols · texts)	• 지식이 표현된 양상의 의미를 밝히는 것 • 언어와 상징은 정보, 경험, 생각을 표현하고 의사소통하기 위한 체계이며, 이는 여러 종류의 텍스트(쓰여진 것, 말하는 것, 시각적인 것 등)를 만드는 데 사용됨	• 단어, 숫자, 이미지, 운동, 은유, 문맥에 맞는 테크놀로지를 해석해내고 사용함 • 자신감 있게 정보를 전달하고, 다른 사람들과 의사소통하는 데 ICT기술을 사용함
자기 관리하기 (managing self)	• 자기 동기화(self-motivation)와 '할 수 있다'는 태도를 갖는 것	• 진취적이며, 지략이 풍부하고, 믿을 수 있음 • 개인적 목표와 계획을 세우고, 과제를 관리해 나감
대인관계 (relating to others)	• 다양한 맥락에서 만나는 다양한 범주의 사람들과 효과적으로 상호작용하는 것	• 새로운 학습과 다른 상황에서 다른 역할을 받아들이는 데 열려 있음 • 언제 경쟁과 협동이 적절한지를 알고 있음
참여와 공헌 (participation and contributing)	• 개인이 공동체 내에 적극적으로 참여할 수 있는 것 • 공동체는 가족, 학교, 지역, 그리고 공통의 관심과 문화를 기반으로 한 사람들 모두를 포함함	• 소속감과 새로운 맥락에서도 참여할 수 있는 자신감을 동시에 가짐 • 권리와 역할 그리고 책임감 간의 균형이 중요함을 알고 있음

출처: 소경희 외(2010), p. 34.

이러한 핵심 역량은 누구에게나 보편적인 것으로 공동체의 일원으로서 살아가고, 학습하고, 일하고, 공헌하는 데 필요한 능력이라는 성격을 갖는다.

(3) 호주

호주는 2008년의 '호주의 청소년을 위한 교육 목표에 대한 멜버른 선언'(Melbourne Declaration on Educational Goals for Young Australians)으로 국가 수준의 공통 교육과정 개발을 착수하였다. 멜버른 선언은 호주의 청소년을 위한 교육 목표로서, 첫째, 호주의 학교 교육은 평등과 수월성을 장려하고 둘째, 모든 청소년들이 성공적 학습자, 자신감 있고 창의적인 개인, 적극적이고 지식을 갖춘 시민이 되도록 지원받아야 한다는 것을 제시했다(ACARA, 2013). 이러한 목표 달성을 위해 호주 정부는 미래 세대의 호주를 준비시키는 것을 목적으로 하는 세계 수준의 교육과정을 개발하기로 하였다. 호주의 교육과정 구성의 방향은 다음과 같다(Australian Department of Education, 2015).

- ○ 첫째, 학생들이 학교 교육을 통해 배워야 할 일관성 있는 높은 기준을 설정한다.
- ○ 둘째, 학생이 배우고 교사가 가르칠 것을 설명하는 학습영역 내용과 성취기준에 초점을 둔다.
- ○ 셋째, 21세기의 삶과 직업을 위해 중요한 7개 일반 능력과 멜버른 선언에서 나타난 3개 문제(범 교육과정 주제)에 주의를 기울인다. 일반 능력과 범 교육과정 주제는 교과 외로 부과되지 않으며, 교육과정의 학습영역 내용을 통해 다루어진다.

호주의 교육과정은 멜버른 선언의 교육 목표를 달성하기 위해서 미래 사회를 살아갈 학생에게 필요한 필수 기능인 '일반 능력'(general capabilities)을 설정하였다. 일반 능력은 '문해력', '수리력', '정보와 의사소통 기술(ICT) 능력', '비판적·창의적 사고', '개인적·사회적 능력', '윤리적 이해', '문화 상호 간

이해'로 구성된다. 일반 능력은 개인이 자신의 행복을 추구하고, 타인과 관계를 맺고, 자신의 삶에 대해서 지식에 기반한 결정을 내리고, 윤리 의식을 가지고 행동하는 시민이 되고, 다른 문화와 소통하고, 공동의 선을 위해 일하며 지역과 세계 수준에서 책임감 있게 활동하는 데 요구되는 특성이다(ACARA, 2013). 일반 능력을 도식화하여 나타내면 다음 [그림 1-3]과 같다.

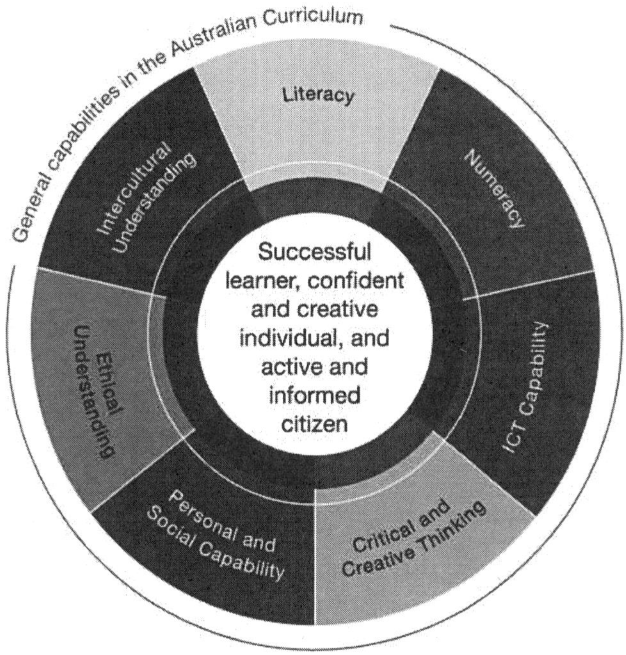

[그림 1-3] 호주 국가 교육과정에서의 일반 능력

출처: http://www.australiancurriculum.edu.au/generalcapabilities/overview/introduction

(4) 싱가포르

싱가포르는 미래의 국가 인력 양성이라는 관점에서 학교 교육과정의 개혁을 하고 있다. 싱가포르 교육부는 2008년, '기대하는 교육 결과'(Desired Outcomes of Education: DOE)라는 새로운 교육 비전을 제시한 바 있다. 학교는 빠른 속도로 변화되는 세상에서 살아갈 수 있는 기능(skill)을 준비하도록 각 학생에게 21세기 역량을 개발해 주어야 하며, 다음과 같은 사람이 되도록 학생을 길러야 한다는 점이 싱가포르의 교육 개혁에서 강조되었다(Singapore Ministry of Education, 2014a).

○ 자신감 있는 사람(confident person): 옳고 그름에 대한 강한 신념이 있고, 잘 적응하고 유연한 사람, 자신을 잘 알며, 엄밀하게 판단하고, 독립적이면서 비판적으로 생각하고 효과적으로 의사소통하는 사람 ○ 자기주도적인 사람(self-directed learner): 학습을 스스로 할 줄 알며, 질문하고, 학습의 과정에서 반성적으로 생각하고 인내할 줄 아는 사람 ○ 적극적으로 기여하는 사람(active contributor): 팀 내에서 효과적으로 작업할 줄 알고, 주도성을 발휘하며, 위험을 감수하며, 수월성을 위해 혁신하고 노력하는 사람 ○ 사려 깊은 시민(concerned citizen): 싱가포르에 살며 강한 시민의식을 갖고, 주위 사람들의 삶을 더 나아지게 하기 위한 정보를 알고 있고 활발한 역할을 하는 사려 깊은 시민

이러한 기대하는 교육 결과는 모든 싱가포르인들이 갖추어야 할 특성(attributes)으로, 교육자들의 공통의 목표로 설정되어 정책과 프로그램을 이끌고 교육 체제가 잘 운영되고 있는지를 검토하게 한다.

또한 싱가포르 교육부는 빠르게 변화는 세계에서 학생들이 잘 살도록 하기 위해 21세기 사회에서 점점 중요하게 되어가는 '21세기 역량'(21st Century Competencies)을 규명하였다. 학교에서는 21세기에 성공적으로 살아가기 위한 지식, 기능, 가치를 가르쳐야 하며, 세계화와 기술의 발전은 미래를 이끄는 주요 힘으로서 학생들이 이러한 변화를 마주할 수 있도록 준비되어야 한다는 점이 21세기 역량에서 중요시되었다. 21세기 역량을 그림으로 나타내면 다음 [그림 1-4]와 같다.

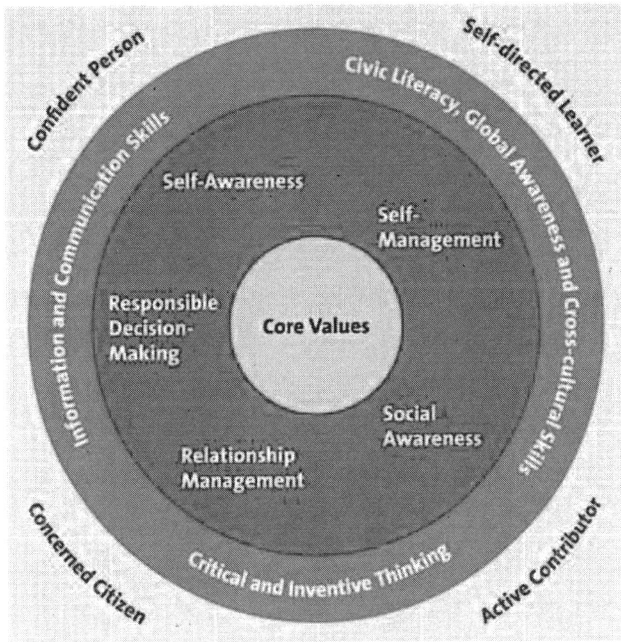

- 핵심 가치(Core values): 존중, 책임감, 끈기, 성실, 관심, 조화
- 사회 · 정서적 역량(Social and emotional competencies): 자신에 대한 자각, 자기 조절, 사회에 대한 자각, 관계 조절, 의사결정에 대한 책임
- 지적 역량(Emerging competencies): 시민성 문해, 글로벌 인식과 범문화적 기능, 비판적이고 창의적인 사고, 정보와 의사소통 기능

[그림 1-4] 싱가포르의 21세기 역량 틀

출처: Singapore Ministry of Education, 2014b.

[그림 1-4]의 21세기 역량 틀에서 가운데에 위치한 '핵심 가치'는 21세기 역량 틀의 핵심(core)을 이룬다. 특히 21세기 역량에서 핵심 가치는 매우 중요시되는데, 핵심 가치는 "개인의 신념, 태도, 행동을 구성하는 인성(character)을 의미한다"(Singapore Ministry of Education, 2014c). 21세기 역량은 학교에서 배우는 지식과 기능은 핵심 가치에 의해 지지되어야 한다고 하며 인성의 발달을 중요시한다.

21세기 역량 틀의 중간 원은 '사회 · 정서적 능력'이다. 이 능력은 학생들이 도전적인 상황을 효과적으로 다룰 뿐 아니라, 자신의 감정을 조절하고, 타인에게 관심과 주의를 기울이고, 책임 있는 결정을 하고, 긍정적인 관계를 설정하는 데 필요한 기능(skills)을 의미한다.

21세 역량 틀의 바깥 원은 세계화된 세상에서 살아가는 데 필요한 '지적 역량'을 나타낸다. 이 능력은 시민성 문해, 글로벌 인식과 범문화적 기능, 비판적이고 창의적인 사고, 정보와 의사소통 기능을 의미한다.

21세기 역량은 젊은 세대가 새로운 디지털 시대에서 살아갈 수 있는 풍부한 기회를 제공할 것으로 생각되며, 가치와 역량은 전 교육과정에서 통합된 부분들로 나타나야 한다는 점이 강조된다(Singapore Ministry of Education, 2014 b). 21세기 역량은 역량을 이루는 요소들이 서로 연결될 것을 강조하며, 지식, 기능, 가치 영역이 통합된 전인적(holostic) 발달을 지향한다.

요약하면, OECD DeSeCo 프로젝트, ATC21S 프로젝트, 각 국의 핵심 역량 설정의 사례 등에서 나타나듯이 21세기의 핵심 역량은 변화하는 미래 사회에서 성공적으로 살기 위한 시민으로서 요구되는 능력의 함양을 강조하는 것이라고 할 수 있다.

다. 역량 기반 교육운동의 특징

최근의 국제적인 역량 기반 교육운동의 동향은 다음과 같은 특징을 가지는 것으로 볼 수 있다. 첫째, 역량을 모든 학생을 위한 것으로 파악한다. OECD(2005a)는 핵심 역량은 (1) 사회와 개인을 위한 가치 있는 결과에 기여해야 하고, (2) 개인이 다양한 상황에서의 중요한 요구에 부합하도록 해야 하고, (3) 전문가뿐 아니라 모든 학생에게 중요한 것이어야 한다고 하여 역량은 전문인뿐 아니라 모든 개개 학생을 위한 중요한 것으로 보았다. 즉, OECD의 핵심 역량은 21세기 사회를 성공적으로 살아가는 데에 있어서 모든 사람들이 반드시 갖추어야 하는 공통의 능력을 의미한다. 소경희(2007)에

의하면 역량의 개념은 본래 직업사회의 필요에 의해서 등장했으나, OECD의 최근 프로젝트를 통해 직업이나 직무와 관련된 것에서 벗어나 일반적인 삶의 질과 관련한 논의로 발전해 왔다. OECD가 제시한 역량은 삶의 특정 맥락이나 지점에서 필요로 하는 것의 목록을 산출하는 데 관심을 두기보다는 오늘날의 복잡한 삶에 대처하기 위한 광범위한 역량에 초점을 둔다는 점에서 특정 직업이나 직무에 초점을 둔 역량과는 구별된다(소경희, 2007: 6).

둘째, 학교 교육의 책무성을 강조한다. 역량은 학습 결과를 강조하는 개념이다. 교육을 받았다면 모종의 능력을 갖추어야 함에도 불구하고 학교의 졸업장이 대학 및 직업 세계에서 요구하는 능력을 제대로 나타내 주지 못한다는 비판은 학교 교육과정을 근본적으로 검토해야 한다는 필요성을 제기하는 것이다. 학교를 졸업한 학생이 가진 능력에 대한 회의는 학교 졸업장이 신뢰와 의미를 잃게 된 것과 관련이 있다(Spady, 1978a: 36). 학교의 졸업장이 의미를 가져야 한다는 것은 학교가 학생의 학교 졸업, 특히 고등학교 졸업 이후의 삶에서의 능력을 기르도록 해야 하며 고등학교 교육과 대학 혹은 직업 세계를 연결해야 한다는 것을 의미한다. 졸업생의 역량을 강조하는 것은 사회적 효율성을 중시하는 입장과 연결된다. 역량에 대한 접근은 학교 교육을 받은 학생이 실제로 가지고 있는 능력에 초점을 두게 함으로써 무엇을 배웠는가보다는 무엇을 할 수 있는가를 강조한다. 역량 중심 접근에서는 학교에서 교사가 가르친 것보다는 '수용자'(Solomon, 2009)인 학생이 배운 것을 강조하며, 학습자가 학습의 결과로 갖게 된 능력에 초점을 두어 교육의 책무성을 중시한다.

미국의 경우 학생이 미래 사회를 위해 준비되어야 한다는 것을 강조하는 교육 개혁의 방향은 1980년대와 1990년대 초, 모든 학생의 교육 수준을 향상시키기 위한 공적 정책을 이끌었고, 이와 같은 맥락에서 "모든 학생에게 학습이 이루어져야 한다(All children can learn)."는 구호 아래 기준 운동이 시작되었다(Resnick, 2010). 이러한 움직임 속에 '대학 및 직업 준비'(College and Career Readiness: CCR)가 강조되었다. 즉, 기준을 통해 모든 학생에게 대학 및 직업 준비를 요구하고 있으며 이러한 학교 교육과정을 통한 미래의 준비는 주요 교육 정책의 목표로서 뿌리를 두고 있다(Achieve, 2004: 8; Resnick, 2010: 183). 대학 및 직업 준비는 국가 공통 기준의 개발에 기반이 되었다. 대학 및 직업 준비는 고등학교를 졸업한 학생이 대학에 갔을 때 기초 강좌를 수강할 수 있는 능력이 부족하며, 졸업 후 취업한 학생도 직장에서 기초 업무를 수행할 준비가 되어있지 않다는 위기에서 강조되었다(Rothman, 2012). 대학 및 직업 준비를 통해 모든 학생에게 학교 졸업 후 진학 혹은 직업의 세계가 유연하게 제공되어야 하며 고등학교 체제는 이를 지원하도록 설계될 것이 강조되었다(Rothman, 2012).

최근 미국의 국가 공통 기준은 기준을 통해 학생이 길러야 할 능력(skill)을 제시하고자 한다. 전국주지사협회(National Governors Association: NGA), 주 교육감협회(Council of Chief State School Officers: CCSSO), 어치브(Achieve)는 「성공을 위한 벤치마킹: 세계 수준의 미국 교육을 위한 방안」(Benchmarking for Success: Ensuring U.S. students receive a world-class education)이라는 보고서를 통해 '능력중심의 세계 경제'(Skills-Driven Global Economy)에 주목하고 국가 공통 기준은 학생들에게 세계 경제 사회에서 살아가는 데 필요한 능력을 길러 주어야 한다는 점을 강조하였다(NGA, CCSSO, & Achieve, 2008). 교육 개혁에서 능력에 주목하는 것은 학교 교육이 과연 학생들에게 적합한 능력을 길러 주고 있는지에 대한 회의와 관련된다.

셋째, 역량은 교과에 기반하여 길러질 수 있다고 본다. 즉, 학교 교육을 통해 길러야 할 역량은 그 자체로는 길러질 수 없고 교과 학습을 통해 길러질 수 있다고 본다. 이미미(2014)는 미국 교육 역사에서 진보주의 교육에 대한 비판을 지적하며 최근 강조되는 역량을 기르는 데 있어서 교과가 중요함을 주장한 바 있다. 즉, 미국의 진보주의 교육은 전통 교과목은 생활과 동떨어진, 지식을 위한 지식을 강조한다고 비판하고, 이에 대한 대안으로 성인 생활을 해 나가는데 필요한 내용에 중심을 둔, 학문영역 구분에 구애받지 않는 새로운 교과나 과목을 등장시켰다. 하지만 생활적응 교육이라는 비판을 받았고 ‘공교육에서 과연 무엇을 가르쳐야 하는가’에 대한 논란이 지속되는 가운데 1957년 스푸트니크 발사 등을 거치며 1950년대 후반 진보주의 교육 세력은 쇠락의 길을 걷게 되었다(Ravitch, 1983). 이미미(2014)는 이러한 역사에 비추어 볼 때, 2000년대의 새로운 사회 변화에 대처하는 핵심 역량의 논의는 진보주의 시기와는 다른 모습을 취하고 있음을 지적한다. 즉, 진보주의 시기에 나타났던 생활 적응 혹은 생활 준비로서의 교육과정 논의가 전통적 교과에 대한 비판에서 출발하여 새로운 내용 그리고 새로운 교과를 요구했었다면, 2000년대의 새로운 사회에 요구되는 교육과정 변화에 대한 논의는 기존 교과를 중요시한다는 점에서 그 성격이 다르다는 것이다.

Resnick 역시 이와 같은 맥락에서 교과 학습에 기반하여 학생의 능력을 길러줄 것을 강조한다. Resnick(2010)은 지식에 기초한, 의미 있는 이해를 중심에 둔, 생각하는 힘을 길러 주는 ‘사고력 교육과정’(thinking curriculum)을 설계해 나가야 한다는 것을 강조한다. 곧 “새로운 시대”에 대응하는 교육과정이 20세기 전반의 경우, 사회과와 같은 새로운 교과 편제의 모습으로 나타났다면, 2000년대 21세기 교육은 학문영역 내용을 토대로 모든 학생이 이를 깊이 있게 이해하는 것을 요구하고 있는 것이다. 이러한 교육은 기존 전통 과목을 대치하려는 것은 아니다(이미미, 2014).

미국의 ‘21세기 학습 틀’(Framework for 21st Century Learning)(Partnership for 21st Century Learning, 2015)의 경우, 학생들에게 길러 주어야 할 ‘21세기 기능’을 ‘생애 · 진로 기능’, ‘학습 · 혁신 기능’, ‘정보, 미디어, 테크놀로지 기능’으로 설정한 바 있는데, 21세기 학습 틀에서도 이러한 기능들은 핵심 교과의 학습을 통해 길러질 수 있다고 본다. 이와 비슷한 관점에서 호주의 국가 교육과정에서도 일반 역량은 교과의 학습으로 길러져야 한다고 본다. 호주의 교육과정에서 일반 역량의 달성을 위해 교과의 구분과 구조를 유지할 필요가 있다는 점이 강조되며(AEU, 2006: 49), 일반 능력은 그 자체만으로 가르쳐지기보다는 교과내용을 통해 구현될 수 있는 것으로 간주된다(Yates & Collins, 2010).

CHAPTER 2

역량의 의미

역량(competency)은 본래 직업 분야에서 주로 논의되던 개념이었으나, OECD의 DeSeCo 프로젝트를 통해 직업이나 직무와 관련된 것에서 벗어나 일반적인 삶의 질과 관련한 논의로 발전하여 오늘날의 복잡한 삶에 대처하기 위한 광범위한 능력에 초점을 둔다. 역량 기반 접근(competency-based approach), 역량 기반 교육(competency-based education), 역량 기반 교육과정(competency-based curriculum) 등의 등장은 이러한 관심을 반영한다(소경희, 2007). 이 장에서는 학교 교육의 맥락에서 논의되는 역량의 의미를 이해하기 위해 기존의 연구들에서 제시된 역량에 대한 정의를 살펴보고, 이와 함께 역량 기반 접근의 특징, 역량의 차원, 역량과 관련하여 사용되는 용어 등에 대해 살펴보고자 한다.

1. 역량의 정의

역량이라는 용어가 뿌리를 두고 있는 직업 분야에서는 기업체의 효율성을 위해 인력이 갖추어야 할 능력에 초점을 두게 된다. 직업 분야에서 역량이란, 숙달하고자 하는 직무나 업무를 성공적으로 수행해내는 것과 관련된 개념이다(소경희, 2007). 주로 기업 경영과 관련된 직업 분야의 연구들에서는 역량을 다음 <표 2-1>과 같이 정의한다.

<표 2-1> 직업 분야에서의 역량의 정의

연구자	역량의 정의
Boyatzis (1982)	효과적이고 우수한 수행과 관련된 구체적인 개인의 특성
Dubois (1993)	과업 수행에 필요한 정신적, 지적, 인지적, 사회적, 정서적, 심동적 특성
Kerka (1998)	과업 수행의 맥락에서 나타나는 지식, 기능, 가치, 태도의 복합적인(complex) 조합
Lucia & Lepsinger (1999)	주어진 역할 혹은 지위에서 주요 업무, 구체적인 기능을 성공적으로 수행하기 위한 지식, 기능, 능력, 행동, 개인적 특성을 적용하거나 사용하는 능력. 개인적 특성은 업무 수행에 요구되는 정신적·지적·인지적, 사회적·감정적·태도, 신체적·심동적 속성(attributes)임.
Ennis (2008)	성공적으로 주요 과업, 구체적인 기능, 주어진 지위의 역할을 수행하기 위해 지식, 기능, 능력, 행동, 개인적 특성을 적용하고 사용하는 능력

<표 2-1>에서 직업 분야와 관련하여 역량은 과업의 수행을 강조하는 개념임을 알 수 있다. 또한 이러한 정의들은 역량을 수행을 위한 지적, 인지적, 사회적, 정서적, 심동적 특성 혹은 지식, 기능, 가치, 태도와 같은 인간의 여러 특성이 복합된 것으로 본다. 이러한 정의들은 특히 인지적 특성 및 지식 요소뿐 아니라 비인지적 차원을 포함하는데, 인지적 특성과 함께 비인지적 특성을 강조하는 것은 역량을 총체적인(holistic) 것으로 파악하려는 것으로 볼 수 있다.

DeSeCo 프로젝트는 역량을 직업 분야에 한정하지 않고 인간 전체의 삶과 관련한 논의로 확대하여 전 세계적으로 역량의 중요성을 인식시켜 이에 대한 학교 교육의 관심을 촉구하고 역량에 대한 논의가 학교 교육에로 확산되는 계기가 되었다(소경희, 2007). DeSeCo 프로젝트는 역량을 "지식이나 기능을 뛰어넘는 것"으로 규정하고, 나아가 "특정 주어진 상황에서, 심리

사회적 자원(기능과 태도를 포괄한)을 이용하거나 동원하여 복잡한 요구를 성공적으로 해결하는 능력"이라고 설명한 바 있다"(OECD, 2005a: 5). DeSeCo 프로젝트 이외에, 학교 교육에서 다루어지는 역량에 초점을 두고 이루어진 연구들에서 역량을 정의한 것을 정리해보면 다음 <표 2-2>와 같다.

<표 2-2> 학교 교육의 맥락에서의 역량의 정의

연구자	역량의 정의
박민정 (2009)	단순히 지식을 소유하고 있는 상태가 아니라 과제 수행을 위해 자신이 갖고 있는 지식이나 기술, 전략 등을 재조정하고 능동적으로 운용할 수 있는 능력
이미미 (2014)	지식, 기능, 태도를 단순히 축적한 상태 이상의 것으로, 지식, 기능, 태도가 실제 상황에서 통합적으로 발현되어 나타나는 능력
Remy (1978)	무엇인가를 잘하는 능력이며, 능력은 정도를 함축하고 이는 개인의 과제 수행을 통해서 드러남.
McAshan (1979)	학습자를 위해 설정된 인지, 정의, 심동적 영역의 학습 결과를 의미함. 역량은 목표(ends)로서 여겨질 수 있음.
Haste (2008)	단순한 기능의 조합이 아니라, 문제에 접근하는 방식에 어떤 능력을 요구하는 것임. 역량은 21세기에서 기능하는데 요구되는 인지적·윤리적으로 창의적인 차원과 관련된 것임.
New Zealand Educational Institute and Flockton (2009)	통합적이고, 총체적이고, 복합적인 것으로, 과업의 요구에 부합하는 지식, 기능, 태도 및 가치를 포함함. 역량은 수행에 기반한 것이며 특정 맥락에서 개인의 행동, 활동, 선택으로부터 나오는 것임.
Alberta Education (2011)	성공적인 학습과 삶을 위해 특정한 맥락에 적용되는 상호 연결된 지식, 기능, 태도
OECD (2013a)	지식과 기능 이상의 것으로서, 주어진 상황에서 인지적, 비인지적 자원을 동원하는 능력

<표 2-2>에서 제시되는 역량의 정의를 통해 역량은 수행이 강조되는, 지식, 기능, 가치 및 태도를 포함하는 총체적인 개념임을 알 수 있다. 총체적인 개념으로서 역량을 정의하는 것은 앞서 <표 2-1>에서 살펴보았듯이 직업 분야의 맥락에서도 찾아볼 수 있었다. 즉, 직업 분야 및 학교 교육의 맥락에서 모두 역량은 단지 지식을 아는 차원에 머무르지 않고 아는 것을 적용하는 능력이며 이러한 능력은 수행을 통해 드러나는 개념으로 파악된다.

직업 세계의 역량은 직업 장면에 한정하는 것인데 비해, 최근 학교 교육의 맥락에서 논의되는 역량은 삶의 복잡한 상황들로 확산된 것이라고 할 수 있다(홍원표 · 이근호, 2010). 이러한 점에서 양 차원의 역량은 차이점이 있겠으나, 역량에 대한 개념 정의에 있어서는 과제 수행을 위해 개인의 능력을 총체적으로 조합하여 성공적으로 수행을 하는 능력으로 본다는 점에서 공통성을 가진다고 할 수 있다. 다음 절에서는 이제까지 살펴본 역량의 개념과 관련하여 역량 기반 접근의 특징을 총체성의 강조, 수행의 강조, 발달적 능력의 강조로 보고, 각 특징을 구체적으로 살펴보고자 한다.

2. 역량 기반 접근의 특징

가. 총체성

역량 기반 접근은 총체성을 강조한다. 총체성은 개인의 차원과 개인 간 연계의 차원에서 강조될 수 있다.

(1) 개인의 차원

역량 기반 접근에서는 학생이 다양한 상황에 반응하고 무엇인가를 할 줄 아는 결과를 강조한다(Parsons & Beauchamp, 2012: 79). 학습의 결과를 강조함으로써 역량 기반 접근에서는 학생이 무엇을 할 수 있는지를 중요시한다.

역량 기반 접근에서는 역량이 교육과정을 구성하는 주요 요소로 설정됨으로써 교육의 무게 중심이 '무엇을 아는가'보다 '무엇을 할 수 있는가'로 이동하게 된다(김광민, 2009: 179). 즉, 역량 기반 접근은 단순한 이론적 지식, 지식 그 자체만을 위한 지식을 추구하는 것이 아니라 지식을 적절하게 활용할 수 있는 능력을 강조한다(소경희, 2009: 11-12). 지식을 단지 알고 있기보다는 그러한 지식을 상황에 맞게 사용하는 능력은 개인 내부에서 발휘되는 개인의 능력이라고 할 수 있다(Spady, 1978b).

Haste(2008)는 역량을 단순한 기능의 종합으로 보아서는 안 되며 역량은 문제에 접근하는 방식으로서 그러한 과정에 요구되는 어떤 '능력'(skill)인 것으로 보았다. 역량은 특정 상황에서 개인의 활동, 행동, 선택으로부터 추론되고(New Zealand Educational Institute and Flockton, 2009), 여러 능력을 상호교환적으로 사용할 수 있는 능력이다(OECD, 2005a).

Spady(1978a) 역시 역량을 간단한 인지 혹은 정신적 능력의 기계적인 적용보다 더 확대된 개념으로 파악할 것을 주장한다. Spady는 다음과 같이 역량을 고도로 복합적인 특성을 갖는 것으로 파악하였다.

> 역량은 많은 능력들(capacities)을 통합하고 적용함으로써 형성된다. 인간의 어떤 능력은 관찰 가능하고 명백하지만, 반면 어떤 능력은 감지하기 힘들고 겉으로 잘 드러나지 않는다. 하지만 역량을 갖춘 사람은 자신의 능력들을 끌어내어 복합적인 방식으로 그것들을 통합하여 구체적인 사회적 맥락에서 적용할 수 있어야 한다. 역할을 성공적으로 수행한다는 것은 지속적으로 변화하는 사회 환경에 대처하는 것이다. 역량을 갖춘 사람은 변화하는 상황과 요구에 유연하게 대응할 수 있다. 성공적인 역할 수행은 지식과 기능의 습득뿐 아니라 태도, 가치, 감정, 동기, 개인적 기질과 같은 정의적인 측면을 필요로 하므로 이러한 정의적인 부분은 중요하게 다루어져야 하는 요소이다(Spady, 1978b: 16).

역량은 개인이 가진 지식, 기능, 가치 및 태도의 여러 영역의 능력을 선택, 조절, 조합, 통합하여 발현되어 나타나도록 하는 개인의 능력으로, 이러한 능력은 총체적이며 전인적인 능력이라고 볼 수 있다. 이러한 능력은 개인이 아는 것을 적용하여 문제 해결을 하는 결과를 달성할 수 있도록 유연한 접근을 사용한다는 점에서 '개인적'이라고 할 수 있다(Parsons & Beauchamp, 2012: 82). 역량은 개인이 가진 능력을 최대한 개발하여 그 잠재가능성을 극대화하는 '개인적인 달성'(become himself)을 강조한다(Spady, 1994b). 학생이 자신의 재능을 인식, 개발, 사용하도록 하기 위해 학교는 역량을 총체적인 것으로서 인식하고, 학생이 학습하는 방법(how to learn)을 배우도록 하고, 다양한 요소들을 서로 연결시킬 수 있는 교육이 이루어지도록 해야 한다(Spady, 1994b).

(2) 개인 간 연계의 차원

역량은 개인의 역량뿐 아니라 집합적(collective) 역량의 차원에서 생각될 수 있다. 집합적 역량은 개인을 상호 통합시키는 것을 의미한다(윤정일 외, 2007: 250). 역량은 개인이 자신의 역량을 최대한 발휘하는 개인적 차원에서 파악될 수 있지만, 개인 간의 연계를 강조하는 팀의 협력(collaboration) 차원에서도 파악될 수 있다. 특히 글로벌 경쟁력과 기술적 진보를 특징으로 하는 현 시대 상황에서 개인 상호 간의 협력은 더욱 강조되고 있다(Ennis, 2008: 11). 개인은 성공적인 과업의 수행을 위해 개인적 차원의 역량 개발이 필요한 한편, 개인은 조직 안에서 팀으로서 성공적인 역할을 할 것을 요구받게 된다. 팀의 수행을 강조하는 것은 개인과 개인을 서로 연결시키는 것(aligning people)과 관련되며 이러한 과정에서 조직의 목표, 전략, 성공에 맞는 수행이 강조된다(Ennis, 2008: 12).

개인 간의 연계성을 강조할 때 역량은 이질 집단 간의 상호작용 즉, 다른 사람과 관계를 잘 맺는 능력, 협동하는 능력, 갈등을 다루고 해결하는 능력을 포함하는 의미가 된다(OECD, 2005a). DeSeCo 프로젝트는 개인적 차원에서 성공적인 삶과 사회적 차원에서 잘 기능하는(well-functioning) 사회라는 측면에서 21세기 미래 사회경제적 환경에서 살아가는 데 필요한 핵심 역량을 설정하였다. 이러한 능력은 '도구를 상호작용적으로 활용하는 능력', '사회적 이질 집단에서 상호작용하기', '자율적으로 행동하기'로 설정되었는데(OECD, 2005a), 특히 사회적 이질 집단에서 상호작용하기 능력은 개인 간 연계되는 역량을 의미한다고 할 수 있다.

역량 기반 접근은 팀워크와 협력을 강조하는 집단 활동, 협동 학습, 프로젝트 학습 등의 방법을 수업에서 사용하는 것을 강조하게 된다(McAshan, 1979 ; Spady, 1994b; Weddel, 2006).

나. 수행 능력

역량은 수행 능력을 의미하는 개념이다. 직업 분야에서는 훈련의 결과로 나타나는, 과업을 능력 있게 수행하는 것(competent performance)을 강조한다(Parsons & Beauchamp, 2012). Grubb(1996)는 직업교육에 있어서 전통적 직업교육관과 새로운 직업교육관을 비교하며, 최근 세계적인 경제 변화 속에서 새로운 직업교육관으로 변화될 필요가 있다고 하였다. 전통적 직업교육관에서는 직무 수행에 필요한 구체적인 기능 훈련에 초점을 두며, 새로운 직업교육관에서는 보다 일반적인 문해력(literacy), 수학적 능력, 문제 해결 능력 등을 기르는 데 초점을 두게 된다고 한 바 있다(Grubb, 1996: 537). 최근의 세계 경제 환경은 빠르게 변화하고 있으며 경제 체제에서 직업의 이동이 늘어나고 직업 및 직무의 특성이 바뀜에 따라 직업교육에서 학생은 특정 직업을 위해 훈련되기보다는 직업의 유연성(job flexibility)을 갖도록 교육될 것이 강조되고 있다(Lewis, 1998: 286). 직업의 유연성을 강조하는 직업교육은 기존의 지식 위주 혹은 기능·기술 위주의 단일 영역 중심의 능력보다는 변화에 능동적으로 대처해 나갈 수 있는 능력을 중시한다(강경종·김찬중, 2002). 직업 분야에서의 수행이란 이전에는 단순 반복적인 조작적 차원의 업무 수행을 주로 의미

했다면, 최근 직업 분야에서의 수행은 복합적이고 고차원적인 차원에서 파악되는 경향이 있다. 미국의 직업기술교육 기준을 제시하고 직업기술교육을 이끌고 있는 '직업기술교육 컨소시엄의 주 대표자 협회'(National Association of State Directors of Career Technical Education Consortium: NASDCTEc)는 직업 교육에서 학생들에게 길러야 할 능력은 복합적인 고등 수준의 능력이어야 한다고 본다(NASDCTEc, 2014b: 2). 이러한 능력은 고등 사고 능력을 통해 지식을 적용할 수 있는 능력, 복합적인 고등 수준의 문제해결력 등이라고 할 수 있다.

직업 분야뿐 아니라 일반 교육의 맥락에서도 수행은 고차원적인 능력(역량)의 관점에서 파악될 것이 강조된다. Spady는 수행은 "실제 상황에서 학습한 지식이나 능력을 드러내는 것(demonstration)"을 의미한다고 하였다(Spady, 1994a: 22). 그는 또한 능력은 간단한 인지 혹은 정신적 능력의 기계적인 적용보다는 구체적인 능력의 고도로 복잡한 통합과 적용을 통해 형성될 수 있다고 하였다(Spady, 1978b: 37). McAshan 역시 수행은 "학생이 드러내는 것"이라는 의미를 가지기도 하지만, 인지적 영역의 고등 성취 수준을 드러내는 것 혹은 인지, 정의, 심동적 영역의 모든 영역과 관련되는 것이라는 의미를 가진다고 하였다(McAshan, 1979: 6). Spady와 McAshan의 수행에 대한 정의를 종합하면, 수행은 단순히 겉으로 드러나는 행동의 측면을 의미하기도 하지만, 더 나아가 고등 사고 수준의 능력 및 인지, 정의, 심동적 영역 전반의 능력과 관련된 의미를 갖는다.

수행은 지식을 적용하는 과업을 강조하며(Marzano & Kendall, 1995: 44), 학생이 아는 것과 할 수 있는 것을 적용하고 나타내는 것에 초점을 두는 개념이다(Foriska, 1998: 3). 학생은 수행을 통해서 알고 있는 것을 구조화하고 적용하고 확장시키는 기회를 가질 수 있다(Wiske, 1998). 수행의 중요성은 수행을 통해 학생의 학습에서 복잡한 아이디어와 탐구 양식의 습득이 가능하다는 데 있다(김경자 · 온정덕, 2011: 29).

수행과 교과 내용과의 관련성에 대해 Spady(1994a: 22)는 유의미한 학습 결과를 나타내기 위해서는 유의미한 내용이 반드시 수반되어야 한다고 본다. 본질적으로 내적인(inert) 내용만으로는 결과가 될 수 없기 때문에 내용은 수행(demonstration)을 통해 나타나야 한다는 것이다. 내용이 내용 차원에만 머무르지 않고 내용을 의미 있게 해주는 것은 수행이라고 할 수 있으며, 수행은 유의미한 내용이 없이는 질적으로 우수한 수행이 될 수 없으므로 내용과 수행은 서로 밀접한 관련이 있다고 할 수 있다.

Spady는 학생에게 수행 능력을 길러 주기 위해서는 교과 수업에서 실제 세계를 반영하는 상황(real-world contexts)을 제시하는 것이 중요하다고 하였다(Spady, 1994a: 22). 그는 학교 교육의 최종 결과는 학생이 장차 성인이 되었을 때 직면하게 될 현실 세계와 관련되어야 하므로 학교 교육에서는 학교와 직업 세계를 연결하는 실제 세계의 상황과 관련된 수행 상황을 제공하여야 한다고 한다(Spady, 1994a: 22). 이러한 수행 상황은 실생활 맥락 속에서 개인의 능력을 요구하는 다양한 역할들에 초점을 맞추게 할 수 있으며, 학교에서 학습한 것을 사회로 연결할 수 있는 학습의 전이를 가져올 수 있다는 점에서 '사회화'에 대한 학교 교육의 책무와 관련된다(Spady, 1978b). 역량을 강조하는 접근은 학교 교육과 학교 교육 이후의 차원을 연결하여 학교 교육을 통해 배운 것을 실제 삶에서 적용할 수 있도록 학생을 교육하는 것을 강조한다.

다. 발달적 성격

역량 기반 접근에서는 능력이란 다양한 발달 수준으로 나타나는 것으로 본다. Rychen과 Salganik(2003)은 역량이라는 인간의 능력을 발달론적인 입장에서 이해할 것을 요구하였다(윤정일 외, 2007: 251, 재인용). 이러한 입장을 취할 때 역량은 모든 학생이 동일한 수준에서 습득하는 것으로 파악되기보다는 각 학생의 역량 습득에서의 차이, 학생의 다양한 수준 등이 고려되어야 함을 의미한다. Kerka는 발달은 초보 수준(novice), 숙련 수준(experienced), 전문가 수준(expert)과 같이 다양한 수준에서 일어날 수 있다고 한다(Kerka, 1998:

1). 초보 수준에서 역량은 규칙을 지키는 것에 초점을 두며 제한적이고 유연하지 못한 특징으로 나타나지만, 이후의 단계로 갈수록 규칙에 얽매이지 않고 점차 창의적이고 혁신적인 해결책을 보이는 수준으로 발전하게 된다(Ennis, 2008: 9).

역량 기반 접근은 학교 교육과정을 이루는 여러 요소들이 서로 통합되어 총체성을 지향하는 것을 중요시하지만, 학생의 능력 획득에 있어서는 유일한 수준보다는 다양한 수준이 고려되어야 하고 능력은 다양한 맥락에서 나타나야 한다고 본다(ACARA, 2013: 1). 이로 인해 역량 기반 접근에서는 차별화된 수업(Differentiation of instruction)을 제공할 것이 강조된다(Parsons & Beauchamp, 2012: 94). 차별화된 수업은 학생의 능력은 개개인에 따라 차별적으로 발달될 수 있다는 것을 인정하는 것과 관련되지만, 수업 전략에 있어서는 맞춤형 교육과정 및 수업(tailoring curriculum and instruction)이 제공되는 것을 강조한다(Parsons & Beauchamp, 2012: 94).

역량 기반 접근에서는 설정된 목표 및 기준에 대해 학생들이 달성하도록 모든 학생이 동등한 기회를 가질 것이 강조된다(Spady, 1994b: 9). 하지만 모든 학생이 동등한 기회를 가진다는 것은 모든 학생이 학습하고 성공할 수 있어야 한다는 것을 의미하는 것이지, 모든 학생이 같은 방식으로 학습하고 성공해야 한다는 것을 의미하는 것은 아니다(Spady, 1994b: 9). 또한 모든 학생이 동등한 기회를 가진다는 것은 모든 학생이 학교를 졸업할 때 앞으로의 삶에서 성공하는 데 필요한 지식, 능력, 성향을 갖추어야 한다는 것이며, 이를 위해 모든 학생의 성공을 이끌고 최대화할 수 있는 학습 결과를 얻도록 학교를 구조화하고 운영하는 것이 필요하다(Spady, 1994b: 9). 즉, 역량 기반 교육과정 설계에서 학교는 모든 학생을 위한 학습 프로그램을 제공하도록 유연성을 가져야 할 것이 강조된다(Parsons & Beauchamp, 2012: 94).

3. 역량의 차원: 일반 역량과 교과 특수 역량

소경희 · 홍원표 · 송주현(2013)은 역량 중심 교육과정 설계 방식을 '범교과적 핵심 역량 중심 접근'과 '교과 특수적 역량 중심 접근'으로 구분한 바 있다. Klieme 등(2004)은 역량을 '범교과적 역량'(cross-curricular competencies)과 '교과 관련 역량'(subject-related competencies)으로 구분하였다(Klieme et al., 2004, 소경희 · 홍원표 · 송주현, 2013: 18에서 재인용). Klieme 등의 범교과적 역량은 여러 교과를 아우르는 역량들 혹은 일반적인 역량들로서, 창의적 사고, 비판적 사고, 의사소통 능력 등이 이에 속하며, 교과 관련 역량은 구체적인 각 내용 분야와 교과 혹은 영역에서 요구되는 역량들로서, 수학과를 예로 들면, 수학적 추론 능력, 수학적 문제해결력 등이 이에 해당한다(소경희 · 홍원표 · 송주현, 2013).

Spady(1978a)는 결과에 기반한 접근(outcome based approach)과 관련하여 '사회 참조 기준'(societal-referenced standards)과 '교육과정 참조 기준'(curriculum-referenced standards)을 제시한 바 있다. 사회 참조 기준은 삶에서 성공하는 데 필요한 능력과 관련된, 교과보다 넓은 차원의 시민 능력을 의미하며, 삶에서의 역할 활동과 문제 해결에 초점을 둔다. 교육과정 참조 기준은 내용에 기반한 것으로서 교과 기능의 습득과 그 능력을 적용하는 것을 강조하고, 교과의 내용과 논리에 기반하며 각 분야의 전문가에 의해 설정된다. 교육과정 참조 기준은 삶에서의 역할과 관련된 능력보다는 교과 특수적인 인지 및 심동적 능력을 의미한다(Spady, 1978a: 40).

또한 Rensulli(1986)는 능력을 '일반 능력'(general ability)과 '특수 능력'(specific ability)으로 구분한 바 있는데, 일반 능력은 정보를 처리하는 능력, 새로운 상황에서 적절하고 융통성 있는(adaptive)인 반응을 이끌어내는 경험을 통합하는 능력, 추상적으로 사고하는 능력으로 구성된다. 일반 능력의 예로는 언어적 · 수학적 추론 능력, 공간 관계, 기억, 어휘 유창성을 들 수 있다. 특수 능력은 지식과 기능을 획득하는 능력 혹은 특정한 종류의 그리고 제한된 범위 내에서 하나 이상의 활동을 수행할 수 있는 능력이다. 특수 능력의 예로는 화학, 수학, 작곡, 조각, 사진기술 등이 있다(Rensulli, 1986: 66-67).

소경희 · 홍원표 · 송주현(2013), Klieme 등(2004), Spady(1978a), Rensulli(1986)의 역량 및 능력의 구분에서 '범교과적 핵심 역량 중심 접근', '범교과적 역량', '사회 참조 기준', '일반 능력'은 일반 역량에, '교과 특수적 역량 중심 접근', '교과 관련 역량', '교육과정 참조 기준', '특수 능력'은 교과 특수 역량에 해당한다고 볼 수 있다.

가. 일반 역량

최근 역량이 교육 개혁의 주요 방향이 되어 여러 나라들은 국가나 주 수준에서 교육과정을 통해 일반 역량을 제시하고 있다. 예를 들어, 호주의 '일반 능력', 뉴질랜드의 '핵심 역량', 캐나다 퀘벡 주의 '범교과적 역량', 독일 헤센 주의 '공통 역량' 등은 서로 다른 명칭을 사용하고 있지만 모두 일반 역량에 해당한다. 우리나라의 2015 개정 교육과정에서 설정한 '핵심 역량' 역시 일반 역량에 해당한다.

일반 역량은 '핵심 역량'(key competency)의 성격을 가지며, 여기서 '핵심' 이라는 용어는 '중요하다'는(critical or important) 의미를 갖는다(Parsons & Beau- champ, 2012: 81). OECD(2005a)는 핵심 역량은 (1) 사회와 개인을 위한 가치 있는 결과에 기여해야 하고, (2) 개인이 다양한 상황에서의 중요한 요구에 부합하도록 해야 하고, (3) 전문가뿐 아니라 모든 학생에게 중요한 것이어야 한다고 하였다. 일반 역량은 다양한 삶의 맥락에서 성공적으로 기능하기 위해 모든 이들에게 요구되는 지식, 기능, 태도 및 가치를 의미하는 것으로서, 삶의 다양한 영역 간을 아우르며 개인이 성공적인 삶을 살고 사회가 잘 기능하도록 하는데 기여한다는 점에서 중요하다(OECD, 2005a).

Rychen(2003)은 일반 역량은 그 자체로 목적이 되어서는 안 되며 "주요한 교육의 결과(outcome)를 제시하는 기반으로 간주되어야 한다"고 한다(Rychen, 2003: 110). 일반 역량은 일반 역량을 규정하는 그 사회의 가치, 상황 및 사회 속에서 개인, 집단, 기관이 중요시하는 것에 영향을 받아 설정되며(OECD, 2005a), 사회 구성원들에게 삶의 역할의 성공적인 수행을 위한 지표(indicators)의 역할을 한다(Spady, 1978a).

나. 교과 특수 역량

교과 특수 역량은 "교과의 지식, 기능, 가치 및 태도 요소가 유기적으로 연계하여 통합적으로 발현되는 교과를 통해 할 수 있어야 할 능력"을 의미한다(백남진, 2014: 168). 역량은 지식, 기능, 가치 및 태도를 포함하는 총체적인 개념으로 정의되는 바(McAshan, 1979; 김판욱 외, 2010) 교과 특수 역량 역시 이러한 총체성을 갖는 것으로 생각해 볼 수 있다. 교과 특수 역량을 규명하기 위해서는 교과를 통해 배우고 습득해야 할 지식, 기능, 가치 및 태도를 밝히는 작업이 필요하다(백남진, 2014).

다. 일반 역량과 교과 특수 역량의 관계

역량을 교육과정 설계에 적용하여 일반 역량 및 교과 특수 역량을 설정·제시하는 방식은 나라마다 혹은 주마다 차이가 있다. 예를 들어 호주, 뉴질랜드, 싱가포르, 캐나다 퀘벡 주는 일반 역량을 표방하며 이를 교과를 통해 구현해 내고자 한다. 이에 비해 미국, 캐나다 온타리오 주는 일반 역량을 명백히 표방하기보다는 교과 특수 역량을 구현하는 데 더 초점을 둔다. 교과 특수 역량을 중심으로 교육과정을 설계하는 나라에서는 일반 역량과는 별도로 교과별 역량을 개발하며 이러한 교과 특수 역량을 통해 일반 역량이 성취되도록 한다(소경희·홍원표·송주현, 2013). 여러 나라에서 일반 역량의 설정 여부에 관계없이 교과의 지식 및 기능을 포함하여 교과별 역량을 규명하는 것은 공통적인 특징으로 나타나고 있다. 이러한 경향은 여러 나라들이 일반 역량은 교과 특수 역량을 통해 구현될 수 있다고 간주하는 데서 기인한다. 즉, "교과 특수적 역량 중심 접근에서는 일반 역량이 그 자체로 다루어지기보다는 오히려 교과 특수 역량을 통해 온전히 성취될 수 있다고 보는 입장을 취한다"(Klieme et al., 2004, 소경희 · 홍원표 · 송주현, 2013: 20에서 재인용).

미국의 경우 일반 역량을 명백히 표방하고 있지는 않으나, '21세기 학습 틀'(Framework for 21st Century Learning)을 통해 일반 역량에 해당하는 '21세기 기능'이 제시되고 있다(Partnership for 21st Century Learning, 2015). 21세기 학습 틀을 그림으로 나타내면 다음 [그림 2-1]과 같다.

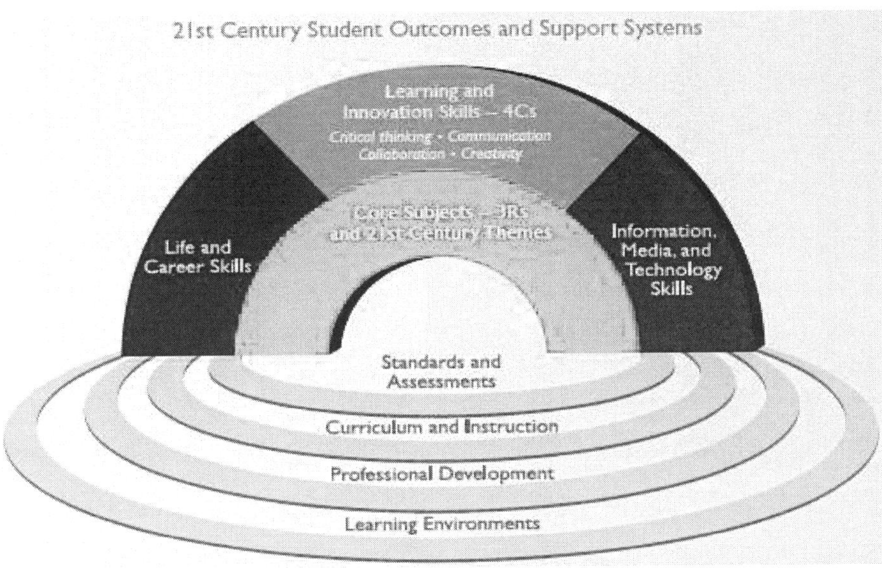

[그림 2-1] 21세기 학습 틀

출처: Partnership for 21st Century Learning(2015)

[그림 2-1]에서 21세기 학습 틀은 '생애 · 진로 기능', '학습 · 혁신 기능(4Cs: 비판적 사고, 의사소통, 협업, 창의력)', '정보, 미디어, 테크놀로지 기능'의

21세기 기능을 제시한다. 이러한 세 기능에 모두 걸쳐 있는 것은 중앙에 위치한 '핵심 교과: 3Rs와 21세기 주제'이다. '핵심 교과와 21세기 주제'는 21세기 기능을 달성하는 데 기반이 된다. 21세기 기능의 습득은 핵심 교과의 지식을 필요로 하는 것이며, 핵심 교과의 학습에서 학생은 비판적 사고, 의사소통, 협업, 창의력과 같은, 세상을 성공적으로 사는 데 필요한 기능을 배워야 한다는 점도 강조된다(Trilling & Fadel, 2009: 93). 21세기 기능은 교과의 지식과 기능을 구체화하는 접근을 통해 달성될 수 있다고 간주됨으로써(Trilling & Fadel, 2009: 48) 그 자체만으로는 달성될 수 없고 교과 학습을 통해 달성될 수 있는 것이 된다. 결국 '21세기 학습 틀'은 핵심 교과의 학습에서 지식과 기능 차원이 모두 필요하다고 보며, 이러한 핵심 교과의 학습은 21세기 기능과의 연결성 속에서 파악되어야 한다고 본다는 점에서 "전인을 중심에 놓고 재구조화한 것"(Trilling & Fadel, 2009: 18)이라고 할 수 있다.

Resnick과 Klopfer(1989) 역시 일반적인 기능은 구체적인 지식의 맥락 속에서 가르쳐져야 한다고 본다. 이들은 21세기의 교육은 학문 영역을 토대로 모든 학생이 지식을 깊이 이해하게 하는 것이어야 하며, 이를 위해 '사고력 교육과정'(thinking curriculum)이 필요하다고 한다. 사고력 교육과정이란 "모든 학생이 풍부한 지식의 기반과 의미 있는 맥락 속에서 지식을 효율적으로 사용할 수 있는 인지, 메타 인지적 기능, 전략을 개발하는 것과 관련되는 것"이다(Resnick & Klopfer, 1989: 5). Resnick과 Klopfer에 의하면, "사고는 학교 교육과정의 전 영역에서, 수학, 역사, 과학, 예술 등 모든 교과에서, 모든 학생에게 학교 교육의 시작 초기부터 스며들어야 하며, 사고 기능은 교과의 지식과 분리되어 길러질 수 없다"(Resnick & Klopfer, 1989: 2-3). 또한 이들은 "학교 교과는 문제 해결 및 추론에 중요한 위치를 차지하며, 사고의 내용과 기능은 동시에 가르쳐져야 한다"고 한다(Resnick & Klopfer, 1989: 6).

21세기 기능에서는 일반 역량은 구체적인 교과를 통해 길러질 수 있다고 보지만, 일반 역량을 기르는 데 있어서 교과의 역할을 무시한다면, 이는 '형식주의의 오류'로 부를 수 있다. 형식주의란 "가르쳐야 할 구체적인 내용은 무시한 채 추상적인 형식, 즉 일반적인 기능의 측면만을 강조하는 것"을 말한다(홍은숙, 1999: 144). 일반 역량에는 창의력, 비판력, 사고력 등 일반적인 능력이 포함되며 이러한 일반 능력을 강조하는 교육이 기존의 주입식 지식 교육에 대한 대안으로 자주 등장하지만 과연 이러한 능력들이 교과 내용과 무관하게 길러질 수 있는 것인지를 생각해 볼 필요가 있다. 이에 대해 비판적 사고 기능의 개발을 강조한 Kuhn은 "사고 기능은 다양한 교과(domain-specific subject matter) 내에서 규명가능하며, 비판적 사고와 같은 능력은 교과의 내용과 함께 가르쳐져야 한다"고 보았다(Kuhn, 1999: 24).

호주의 국가 교육과정에서 역시 일반 역량은 교과의 학습으로 길러져야 한다고 본다. Yates와 Collins(2010)는 역량을 강조하는 교육 개혁에서는 일반 역량을 교육의 방향으로 설정하고 이를 중심으로 교육 내용을 선정할 때 전통적인 학문 내용이 경시될 수 있음을 지적한다. 하지만 이들은 이러한 우려에 대해 역량 중심 교육에서는 지식만을 위한 교육은 지양하지만 교과 지식의 중요성을 결코 간과하는 것은 아니라고 하여 역량 중심 교육에서 여전히 교과의 지식이 중요함을 강조한다.

결국, 일반 역량은 그 자체로 선언적으로 제시되기보다는 교과 학습을 통해 길러질 수 있는 것이라고 할 수 있다. 일반 역량은 교과 특수 역량이 제대로 개발되어야 발달될 수 있는 것이고(소경희 · 강지영 · 한지희, 2013: 158), 일반 역량은 교과 특수 역량을 아우르며 조절하는 총체적인 역할을 하므로, 일반 역량과 교과 특수 역량은 상호 보완적인 관계에 있다고 할 수 있다. 교과 특수 역량은 일반 역량과의 연결성 속에서 파악되고, 교과 특수 역량 간에도 서로 연결될 때 역량 교육이 목표로 하는 전인을 기를 수 있다.

4. 역량 관련 용어

역량이라는 용어는 사용되는 맥락에 따라 다양한 용어와 함께 쓰인다.

즉, 능력(ability, capability)이나 기능(skills)이라는 용어와 상호 교환적으로 사용되기도 한다(Parsons & Beauchamp, 2012: 78). 역량이 의미하는 바를 명료히 하기 위해서는 역량과 관련하여 사용되는 용어를 살펴볼 필요가 있다. 다음에서는 기능, 소양, 인성, 결과, 생애 능력 및 직업기초능력 등 역량 관련 용어들을 살펴본다.

가. 기능(skill)

'skill'은 기능 혹은 기술로 번역된다. 기능은 '기술의 숙련'1), 즉 특정 영역에서 훈련으로 습득되는 능력으로 사용되기도 하지만, 문제 해결 능력, 창의적 사고력, 비판적 사고력과 같은 사고 과정을 의미하는 것으로 사용되기도 한다. 즉, 기능은 단순 기술부터 고등 사고 기능 모두를 포함한다(김경자 · 온정덕, 2011: 95).

기능을 사고 과정으로 보는 것은 교육 내용을 지식과 기능으로 구분하여 보는 교육의 오랜 전통과 관련이 있다(홍은숙, 1999; Hirsch, 2001). 주로 전통주의는 인류 문화의 핵심으로서 '지식 내용'의 학습을 중요시한다면, 진보주의의 생활 적응 교육은 새로운 지식을 발견하는 데 필요한 '지적 기능'의 습득을 중요시한다(김종서 외, 1998: 171-172). 지식과 기능의 차원 중, 어느 차원에 더 초점을 두어야 할지에 관한 문제는 교육계에서 오래된 논쟁이다(Hirsch, 2001: 13).

'학교에서 무엇을 가르칠 것인가'라는 질문에 대해 학문적 지식을 가르쳐야 한다는 관점과 실제 생활과 직업에서 필요로 하는 방법적, 절차적 지식에 해당하는 실용적 지식을 가르쳐야 한다는 관점이 있다(김경자 외, 2003: 215). Ryle(1949)은 지식을 명제적 지식과 절차적 지식으로 구분한 바 있는데, 기능은 절차적 지식에 해당한다. 절차적 지식은 구체적인 실천의 맥락에서 반성과 연습을 통해 체득되는 지식을 의미한다(Schön, 1983). 또한

1) http://terms.naver.com/entry.nhn?docId=1613244&cid=50293&categoryId=50293 참조

Burke는 지식을 보통 두 가지 형태, 즉 내용(content)과 과정(process)으로 파악해 볼 때, 내용 지식은 구체적인 사실, 개념, 일반화 등을 포함하며, 과정은 다양한 형태의 상황에 적용할 수 있는 기능(skills)과 전략(strategies)으로 구성된다고 하였다(Burke, 1999). Gamoran(2001: 134)은 엄격한 내용(rigorous content)에 가치를 두는 입장과 깊은 이해(in-depth understanding)에 가치를 두는 입장을 구분한 바 있는데, 엄격한 내용을 강조하는 입장은 그 학문의 핵심 지식을 학생이 학습할 것을 강조하며, 학생의 깊은 이해를 강조하는 입장은 비판적 사고나 창의적 사고와 같은 사고 기능을 개발하려면 어떤 주제나 문제에 대한 학생의 깊은 이해가 필요하다고 본다(김영채, 1999: 151).

교과의 기능은 교과의 지식과 함께 교과 내용을 이루는 주요 차원이 된다. 교과 학습에서 교과의 기능은 교과를 통해 습득해야 할 탐구 과정 및 사고 기능을 의미한다. 예를 들어, 캘리포니아 주의 과학 내용 기준의 경우 '물상과학', '생명과학', '지구과학', '탐구와 실험'의 4개 영역(strands)으로 구분되어 진술되었는데, 물상과학, 생명과학, 지구과학의 영역은 학생들이 알아야 한다고 기대되는 구체적인 사실, 법칙, 이론 등을 제시하는 영역이며, '탐구와 실험' 영역은 과학의 과정 기능(scientific process skills)으로서, 과학의 탐구 활동 및 탐구 능력을 의미한다(CDE, 2004). 호주의 경우 과학 교육과정에서 '과학 탐구 기능'은 '문제제기와 예측', '계획과 시행', '자료와 정보의 처리와 분석', '평가', '의사소통'으로 설정되어 있다(ACARA, 2015a).

나. 소양(literacy)

소양이란 보통 읽고 쓰는 능력을 의미하는 것으로 사용된다. 좀 더 구체적으로, 소양은 문화 체제의 상징을 이해하고 사용하는 데 언어, 숫자, 표상(image) 등을 활용하는 능력으로 정의된다.[2] 소양은 능력을 의미한다는 점에서 역량과 관련되는 개념이라고 볼 수 있다.

---

2) https://en.wikipedia.org/wiki/Literacy 참조

Trilling & Fadel(2009)은 21세기를 살아갈 학생들이 학교에서 갖추어야 할 역량을 '생애 · 진로 기능', '학습 · 혁신 기능', '정보, 미디어, 테크놀로지 기능'으로 제시한 바 있는데, 특히 정보, 미디어, 테크놀로지 기능의 하위 요소를 '정보 소양'(Information literacy), '미디어 소양'(Media literacy), 'ICT 소양'(Computing and ICT literacy)으로 설정한 바 있다.

PISA와 '성인 문해력과 생애 기능 연구 기관'(Adult Literacy and Life skills: ALL)은 2003년부터 2008년까지 성인을 대상으로 세상을 살아가는 데 필요한 지식과 기능을 어느 정도 갖추고 있는지를 측정하는 국제 비교 조사를 한 바 있다. 이 조사에서 읽기 소양, 수학적 소양, 과학적 소양은 다음과 같이 정의되었다(OECD, 2005a: 16).

- 읽기 소양: 개인이 목적한 바를 달성하고, 지식을 개발하고, 사회에 참여하기 위해 글로 쓰여진 텍스트를 이해, 사용, 숙고하는 능력
- 수학적 소양: 수학이 우리가 사는 세상에서 어떠한 역할을 하는지를 이해하고, 수학에 기반하여 결정하는 능력, 건설적이고, 관심을 가진, 반성적인 시민으로서 삶의 필요를 충족하는 방식으로 수학을 사용하고 수학에 참여하는 능력
- 과학적 소양: 자연 세계와 인간의 행동을 통해 이루어진 변화에 대해 이해하고 결정을 하기 위해 과학 지식을 사용하고, 과학적 질문을 규명하고, 증거에 기반한 결론을 도출하는 능력

과학적 소양에 대해 Hurd(1958: 13)는 "과학에 대해 이해하고 이를 사회적 경험에 적용하는 것"으로, DeBoer(2000: 582)는 "사회 문제를 해결하고 과학적 결정을 할 수 있는 능력"으로 정의한 바 있다. OECD(2013b: 7)는 과학적 소양을 "과학의 아이디어를 가지고 과학 관련 문제에 반성적인 시민으로서 참여하는 능력"으로 정의하였다. 과학적 소양은 과학과 사회와의 관련성 속에서 과학의 지식을 사회가 직면한 문제를 해결하는 데 활용하는 능력을 의미한다고 할 수 있다. 과학적 소양은 단지 과학의 지식을 아는 것이 아닌, 아는 것을 적용하여 문제를 해결하는 능력과 관련되는 것이다(DeBoer,

2000; OECD, 2013b). 아는 것을 적용하는 능력을 중요시한다는 점에서 과학적 소양은 주요 능력(competency)으로 인식되어 왔다(Rychen & Salganik, 2003).

읽기 소양, 수학적 소양, 과학적 소양 등에서 소양은 문자나 숫자 등 표상 형식의 학습을 넘어서서 문화와 세계에 대한 개인의 이해를 바탕으로 사회적 맥락 속에서 적극적으로 참여하는 개인의 능력을 강조하는 개념이라고 볼 수 있다. 이러한 소양은 아는 것을 실제 삶에서 적용하고 사회에 기여하는 시민으로서의 능력을 강조하는 역량과 관련된다.

다. 인성(character)

미국 교육부는 인성이란, "인간의 사고, 행동, 반응, 감정을 구성하는 일련의 특성 및 가치"로 정의한 바 있다(U. S. Department of Education, 2005). 우리나라의 경우 최근 인성 교육을 강조하는 여러 정책을 제시하고 있다. 창의·인성 교육을 위한 기본 방안이 2009년에 발표된 바 있고, 이러한 방향은 2009년 미래형 교육과정을 통해 배려와 나눔을 실천하는 창의적 인재를 기를 수 있도록 하는 교육과정 개혁으로 이어졌다(박제윤, 2013). 현 정부의 교육 정책에서도 인성 교육 강화를 표방하고 있다. 현 정부는 교육 분야 핵심 국정과제로 학생들의 "꿈과 끼를 키우는 행복교육"을 제시하였고(제18대 대통령직인수위원회, 2013), 행복교육의 실현을 위해 교육부는 2013년 국정과제 실천계획(2013. 3. 28.)에서 '경쟁교육'이 아닌 '인성 교육'을 강조하고, 수업 방식을 교과 '지식전달형'에서 '협력학습형'으로 전환할 것을 발표하였다(김희경 외, 2013). 우리나라에서 인성 교육이 강조되는 것은 학생들이 바람직한 행동이 무엇인지를 알고는 있으나 실제로 그러한 행동이 요구되는 상황에서 적절하게 행동하지 못한다는 심각한 문제 인식을 바탕으로 한다. 최근 우리나라의 인성 교육에서 부각되는 점은 학교 인성 교육에서 중시해야 할 주요 요소가 단지 가치덕목에 머무르지 않고, 그러한 가치덕목을 실천해 낼 수 있는 역량(competency)에까지 연계되어 제시되고 있다는 점이다(양정실 외, 2013). 학생이 지식은 많이 알지만 성숙한 인격을 갖추고 있지 못하다는 점은 교육의 문제점으로 자주 지적되어 왔다.

많은 나라와 기관들은 역량의 요소로 인성을 강조하고 있다. 예를 들어, UNESCO는 세계 전문가들로 구성된 '21세기 세계교육위원회'가 준비한 교육 보고서인 『학습: 그 안에 담긴 보물』(Learning: The Treasure Within)을 1996년에 발간해 21세기 교육의 목표와 방향을 제시한 바 있다. 이 보고서는 세계화, 정보화가 가속화될 21세기에는 어떤 능력을 키워야 하는가라는 관점에서 '알기 위한 학습'(지식), '실행을 위한 학습'(실행력), '인성 함양을 위한 학습'(인성), '공생을 위한 학습'(사회성)의 네 가지 측면을 제시하였다 (UNESCO, 1996). 이 네 가지 측면은 특히 갈수록 복잡해지고 공동으로 대처해야 하는 글로벌 이슈들이 증가하는 세계화 추세 속에서 '공생을 위한 학습'의 중요성을 부각한 것으로, 21세기 교육이 지향해야 할 방향으로 지식 위주에서 벗어나 개개인의 창조적 잠재력을 최대한 실현하며 글로벌 시민으로서 행복한 삶(well-being)을 살아가는 데 필요한 능력을 키워야 함을 보여주는 것이다(최상덕 외, 2015). 이 중 특히 '인성 함양을 위한 학습'은 학생들에게 인성을 길러줄 것을 강조하는 것이다.

미국의 교육과정 재설계 센터(CCR)는 지식, 기능, 인성, 메타학습의 4가지 차원으로 구성된 '21세기 교육' 틀을 제시한 바 있다. 이 틀에서 학생들의 역량 함양을 위한 교육과정 재설계는 인성 차원을 고려하여 이루어져야 한다고 본다(Fadel, 2015).

또한 싱가포르의 경우에도 최근 국가 수준의 교육 개혁에서 모든 학생에게 길러 주어야 할 '21세기 역량'을 통해 학생이 인성을 함양할 것을 강조한다. 1장에서 외국의 핵심 역량 설정 동향에서 살펴보았듯이, 싱가포르의 21세기 역량은 핵심 가치, 사회·정서적 역량, 지적 역량으로 제시된다(그림 1-4 참조). 이 중, 핵심 가치는 21세기 역량 틀의 핵심(core)으로서 매우 중요시되며, "개인의 신념, 태도, 행동을 구성하는 인성(character)"을 의미한다 (Singapore Ministry of Education, 2014c). 싱가포르의 21세기 역량을 위한 교육에서 지식과 기능은 가치에 의해 뒷받침된다고 보며 인성의 차원을 강조한다(Curriculum Planning and Development Division, 2013a: 5).

최근 여러 나라의 역량에 대한 논의에서 찾아볼 수 있는 특징은 협력(collaboration)에 대한 강조라고 할 수 있다. 예를 들어 앞서 <표 1-4>에서 살펴보았듯이, 캐나다 퀘벡 주, 앨버타 주에서는 타인과의 협력을 역량의 요소로 설정하였다. 그리고 협력 학습, 프로젝트 학습 등을 통해 학생 상호 간 적극적인 협력을 통한 학습 활동을 지향하는 것이 최근 교수·학습의 패러다임이라고 할 수 있다(김희경 외, 2013). '집단 과제수행'(Team-based Work), '협력적 수행'(Collaborative Performance)을 포함한 학습 활동으로 학교교육에서 경쟁보다는 여럿이 협력하는 것을 강조함으로써 인성 교육의 기회를 제공할 수 있다. 협력 내지 팀워크는 공동체의 사회 속에서 살아가야 하는 학생에게 요구되는 역량이다.

라. 결과(outcome)

결과는 역량과 함께 자주 사용되는 용어이다. Spady는 결과 중심 교육의 주창자로, 1970년대에 미국에서 일어났던 '능력중심 교육운동'(competency-based education movement)의 동향 속에서 교육의 결과로서의 능력에 주목하며 결과 중심 교육을 강조하였다. 1970년대 능력중심 교육이 등장하던 당시의 '능력'(competency)은 학습의 결과를 의미한다는 점에서 최근 논의되는 역량기반 교육과 다르지 않다고 볼 수 있다. 'competency'는 최근 우리나라에서 주로 '역량'으로 번역되어 사용되지만, 교육 역사상 '역량'과 '능력'은 같은 의미로 사용되어 왔다. 결과 중심 교육은 능력중심 교육을 중시하는 경향으로 나타나므로(King & Evans, 1991), 결과 중심 교육과 능력중심 교육은 같은 맥락에서 파악될 수 있다.

Spady(1994b: 2)에 의하면, 결과란 학습 경험이 끝났을 때 학생이 드러내야 할(demonstrate) 학습 결과(results)로, 단지 가치, 믿음, 태도, 마음의 심리

상태를 의미하는 것이 아니라, 학생이 아는 것과 배운 것으로 실제로 할 수 있는 것, 즉 학습한 것을 적용하는 것을 의미한다. 또한 Spady(1994b: 18)에 의하면, 결과는 학습의 '종착점'(end point)으로서, 학생의 학습이 "끝나거나 끝난 후의 지점"(at or after the end)을 의미한다. 역량을 강조하는 교육은 교육의 '결과'를 중시하여 학교와 교사가 '가르친 것'보다는 학생이 '배운 것'에 초점을 두게 한다(King & Evans, 1991).

결과(능력)는 또한 '목표'(ends)로서 여겨질 수 있다(McAshan, 1979: 38). 결과 중심 교육에서 학습의 목표와 의도하는 학습 결과는 일치될 것이 요구된다. 결과 중심 교육에서 목표는 학생이 달성해야 하는 결과로서 계획 수립의 기본이 된다(Lewis, 1994).

마. 생애능력 및 직업기초능력

우리나라 교육계에서 역량을 강조하는 노력으로 생애능력과 직업기초능력을 규명하고 이를 학교 교육을 통해 강조해야 한다는 연구물들이 있다. 이들 연구물은 대개 평생학습과 직업교육 차원에서 논의되는 경향이 있다(소경희, 2007). 우리나라에서는 1990년대 중반부터 역량 관련 연구가 수행되어 왔으나 그것은 주로 직업교육이나 평생교육 분야에서 이루어져 왔으며, 학교 교육과 직접적으로 관련된 연구는 최근에야 주목되었다(소경희, 2009).

유현숙 등(2002)은 「국가 수준 생애능력 표준 설정 및 학습체제 질 관리 연구(Ⅰ)」 보고서를 통해 삶을 살아가는 데 필요한 평생학습의 기초가 되는 보편적 능력인 생애능력을 다음 <표 2-3>과 같이 제시한 바 있다.

<표 2-3> 국가 수준의 생애능력 영역 및 하위영역

영역	하위 영역	
기초 문해력	읽기	
	쓰기	
	셈하기	
핵심능력	의사소통능력	해석능력
		역할수행능력
		자기제시능력
		목표설정능력
		메시지 전환 능력
	문제해결능력	문제명료화
		원인분석
		최적안 선정
		계획 수립과 실행
		수행평가
	자기 주도적 학습	학습계획
		학습실행
		학습평가
직업특수능력	특정 직업이나 직종에서 요구되는 특수 직무능력(job specific competency)	
시민의식	국가정체성	국가의식
		역사의식
	신뢰 및 가치공유	신뢰
		기회균등
		민주적 가치 및 다양성
	권리·책임의식	준법의식
		도덕성 및 양심
	참여의식	보수적·사회 변혁적 참여
		지역사회 참여

출처: 유현숙 외(2002).

최근의 역량 논의에서 역량은 모든 사람들에게 필요한 생애능력과 동일한 의미를 가지는 것으로도 사용된다. 지식기반사회의 등장과 더불어 개인이 사회에서 성공적으로 살아가기 위해서는 종래의 읽고 쓰고 셈하기와 같은 기초능력에 더하여 복잡한 문제를 해결하는 능력이나 대인관계 능력, 의사소통 능력 등이 요구되고 있으며, 이러한 능력은 점차 개인의 생애에 걸쳐 육성해야 할 중요한 역량으로 인식되고 있는 것이다(소경희, 2009).

한편, 직업기초능력은 '직종이나 직위에 상관없이 모든 직업인에게 공통적으로 요구되는 능력'을 의미한다(박동열 외, 2003). 직업기초능력의 경우, 직업기초능력 설정 및 활용을 위한 연구가 적용 대상 및 목적, 학교급별에 따라 다양하게 이루어진 바 있다. 이에 대한 연구는 박동열 등(2003)의 '전문대학 직업기초능력 관련 개발', 임언 등(2004)의 '성인의 직업기초능력 조사', 진미석 등(2009)의 '대학생의 직업기초능력 진단 평가도구', 박동열 · 최동선 · 이용순(2008)의 '전문계 고교생의 직업기초직업능력의 진단도구', 이종범 등(2008)의 '직업기초능력 성취기준 개발', 주인중 · 김덕기 · 김영생(2009)의 '기업체 근로자 역량진단 운영실태 분석' 등을 포함한다. 이 외에, 주인중 · 박동열 · 진미석(2010)은 지식기반사회에서 필요한 능력을 직업기초능력이라고 보고, 직업기초능력을 인지적 역량, 관계적 역량, 정의적 역량의 영역에서 제시하였다. 이 연구에서 제시하는 직업기초능력을 그림으로 나타내면 다음 [그림 2-2]와 같다.

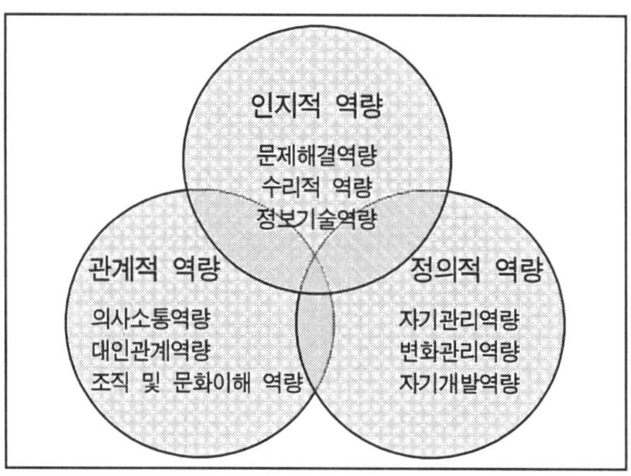

[그림 2-2] 직업기초능력의 영역

출처: 주인중 · 박동열 · 진미석(2010), p. 110.

노동부 역시 직업기초능력을 설정한 바 있다. 노동부가 설정한 직업기초능력은 '직종이나 직위에 상관없이 대부분의 직종에서 직무를 성공적으로 수행하는 데 공통적으로 필요한 능력으로 인지, 정의, 심동적인 능력을 포함하며 직무수행능력의 개발을 위해 기본적으로 갖추고 있어야 할 능력'이라고 정의된다. 이러한 직업기초능력은 자기개발능력, 수리능력, 정보능력, 자원관리능력, 기술능력, 문제해결능력, 의사소통능력, 대인관계능력, 조직이해능력, 직업윤리이다. 이러한 직업기초능력은 현재 공식적으로 국가직무능력표준(NCS)의 직업기초능력으로 설정되어 있다(홍아정 · 조윤성 · 박치경, 2015).

미국의 경우, 1983년 발간된 『위기에 처한 국가』 보고서로부터 직업기술교육(Career and Technical Education: CTE) 개혁이 촉발되었다고 볼 수 있다(Grubb, 1996). 직업기술교육의 개혁을 위해 '필수능력 달성을 위한 위원회'(Secretary's Commission on Achieving Necessary Skills: SCANS)가 구성되고 이를 통해 학생에게 전문 직업인이 되기 위한 능력들, 즉 읽기, 쓰기, 셈하기의 3R's를 포함한 기본능력, 사고 기능, 개인적 자질, 자원활용능력, 대인관계능력, 정보처리능력, 시스템능력, 기술활용능력이 제시된 바 있다(Lewis, 1998: 287). 이러한 능력들 역시 직업기초능력에 해당한다고 볼 수 있다(주인중 · 박동열 · 진미석, 2010).

1장에서 외국의 핵심 역량 설정 동향에서 살펴보았듯이, 몇몇 나라들은 평생학습능력을 핵심 역량에서 강조한다. 예를 들어, 캐나다 앨버타 주의 경우 평생학습 능력을 핵심 역량으로 설정하였고, 뉴질랜드는 21세기 사회의 특징을 평생학습사회로 보고 학교 교육과정에 핵심 역량을 도입함으로써 평생학습능력을 함양시키고자 하였다.

또한 학교 졸업 후 사회에서 성공적으로 살아가기 위해 직업을 갖는 것은 직업교육을 받는 학생뿐 아니라 모든 학생의 관심이 된다. 점차 직업교육은 특정 학생에게만 해당되는 것이라기보다는 모든 학생에게 제공되어야 할 것으로 생각되어 왔고(Silberman, 1982; Lewis, 1998) 세계 경제의 변화는 교육이 변화되어야 한다는 인식을 증대시켜 학교 교육과정이 직업과 연계되도록 해야 한다는 요구가 증가하였다(Gray, 1991; Grubb, 1996; Lewis, 1998). 우리나라를 비롯하여 미국, 영국, 핀란드, 스웨덴, 네덜란드, 호주 등 많은 나라들은 일반교육과 직업교육의 통합을 위한 교육 개혁에 노력을 기울이고 있다(Grubb, 1996; Lewis, 1998; 강경종 · 김찬중, 2002; 소경희, 2008; 한혜정, 2009; 장명희 외, 2014; 백남진 · 온정덕, 2015). 직업교육과 일반교육의 통합을 강조하여 양 차원의 경계가 점차 희미해지는 상황에서 직업기초능력은 모든 학생에게 요구되고 있다(Bengtsson, 1993).

학교 학습을 통해 학생들에게 길러 주기 위한 역량은 학생들이 21세기 지식기반사회에서 직업에서 요구하는 과업을 효율적으로 수행하고 훌륭한 시민이 되는 데 필요한 능력을 의미한다(Ananiadou & Claro, 2009: 32). 역량기반 접근은 학교 교육 이후의 사회를 대비하기 위해 학생이 길러야 할 능력을 강조하고, 학교 교육 이후의 세계를 염두에 두고 이러한 능력을 중심으로 학교 교육과정이 설계되어야 하는 것을 강조한다는 점에서 학생의 학교 교육 이후의 삶에 관심을 두는 평생학습이나 직업교육 분야와 맞닿을 수 있다. 하지만 생애능력이나 직업기초능력이 핵심 역량과 어떠한 관계에서 파악되어야 할지는 더 많은 탐구를 필요로 한다고 할 수 있다.

CHAPTER 3

역량 기반 교육과정의 설계

학교 교육을 통해 학생들에게 역량을 길러 주기 위해서는 역량에 기반하여 학교 교육과정을 체계적으로 설계하는 것이 필요하다. 이 장에서는 역량 기반 교육과정의 설계를 이해하기 위해 첫째, 역량 기반 교육과정의 설계 방식으로서 하향식 설계 방식에 대해 알아보고, 역량에 기반하여 하향식 설계된 사례들을 살펴본다. 둘째, 역량 기반 교과 교육과정의 설계에 대해 교과 특수 역량을 이루는 차원 및 교과 특수 역량을 반영한 교과 기준의 사례를 살펴본다. 셋째, 역량 기반 교육과정 설계의 방향을 제시한다.

1. 학교 교육의 최종 결과에 기반한 설계

역량 기반 교육은 초점을 교육의 결과에 두므로(Parsons & Beauchamp, 2012: 81), 결과 중심 교육(OBE)과 같은 맥락에서 논의되는 경향이 있다. 역량 기반 교육과정은 "바람직한 학습 결과나 역량을 구체화시킨 교육 프로그램"으로 정의된다(McAshan, 1979: 49). 역량이란 학습의 결과를 강조하는 개념으로(Parsons & Beauchamp, 2012), 역량 기반 교육은 결과 기반 교육과 무관하지 않다. 결과 기반 교육은 "학생의 바람직한 학습 결과나 역량을 교육 활동에 반영하는 접근"이다(McAshan, 1979: 45). Spady(1994b: 18)에 의하면, 결과는 종착점으로서, 학생이 학습을 마친 후 보여주어야 할 능력을 의미한다.

역량 기반 교육과정의 설계는 첫째, 최종 결과인 적합한 역량을 선정하고, 둘째, 성공 수준을 결정하기 위해 기대되는 수행에 대한 기준을 설정하고, 셋째, 역량을 기를 수 있는 수업 체제를 개발하는 단계로 이루어진다(McAshan, 1979). 역량 기반 교육과정에서는 학생이 갖추어야 할 역량을 교육의 최종 결과로 파악하므로 역량이 교육목표가 되며, 이를 기반으로 교육내용이 구체화된다(McAshan, 1979). 또한 역량 기반 교육과정은 교육과정을 구성하는 요소들이 서로 연계될 것을 강조한다(Spady, 1994b). 역량에 기반하여 교육과정을 설계하는 것은 교육내용의 선정, 수업, 평가 등이 역량을 목표로 일관성 있고 체계적으로 이루어지게 할 수 있다(Spady, 1994b).

Spady는 결과 중심 교육과정 설계 방식으로 하향식 설계(design-down)를 제시한 바 있는데, 역량 기반 교육과정의 설계를 위해 Spady의 이러한 설계 방식이 참조될 수 있을 것이다. 이 절에서는 하향식 설계를 기반으로 하는 결과 중심 교육과정의 설계 방식에 대해 살펴보고자 한다.

가. 하향식 설계 방식

Spady는 결과 중심 교육의 세 가지 주된 가정을 다음과 같이 제시한 바 있다(Spady, 1994b: 1).

- 모든 학생이 학습하고 성공할 수 있어야 한다. 하지만 이것이 같은 속도, 같은 방식으로 이루어져야 하는 것은 아니다.
- 성공적인 학습은 더욱 더 성공적인 학습을 이끈다.
- 학교는 성공적인 학습에 영향을 미치는 환경을 통제한다.

이와 함께 Spady는 결과 중심 교육과정을 설계하는 원칙으로 다음과 같은 사항을 제시하였다(Spady, 1994b: 10).

- 중요한 최종 결과(culminating exit outcomes)에 분명히 초점을 둘 것.
- 학습의 성공을 위해 기회와 지원을 확대할 것.
- 모든 학생이 성공하기 위한 높은 기대를 설정할 것.
- 가장 상위의 최종 결과로부터 하향식 설계를 할 것.

Spady는 결과 중심 교육에서는 중요한 최종 결과에 초점을 두고, 이러한 궁극적인 결과로부터 추구해야 할 가능한 결과(enabling outcomes)들을 하향식 설계할 것을 강조하였다(Spady, 1994b: 10). 교육의 최종 결과는 능력(competencies), 지식, 성향(orientations) 등이 된다(Spady, 1995).

Spady의 이러한 결과 중심 교육과정 설계 방식을 따를 때, 역량 기반 교육과정 설계를 위해 우선적으로 할 것은 가장 상위의 최종 결과를 규명하고 설정하는 것이다. 이러한 학교 교육의 종착점은 학생이 초등학교부터 고등학교까지 학교 교육의 전 기간을 통해 최종적으로 달성해야 할 목표로서, 고등학교 졸업 시점에 학생이 갖추게 될 능력을 의미한다. 이러한 능력은 전 학교 교육과정의 도달점(end point)이자, 학교 교육과정 개발의 출발점이 된다.

하향식 설계란, 고등학교 졸업 시점으로부터 학교급, 학년, 단원의 상세한 수준으로 교육과정을 설계해 가는 것을 의미한다(Solomon, 2009). 이러한 하향식 설계 방식을 그림으로 나타내면 다음 [그림 3-1]과 같다.

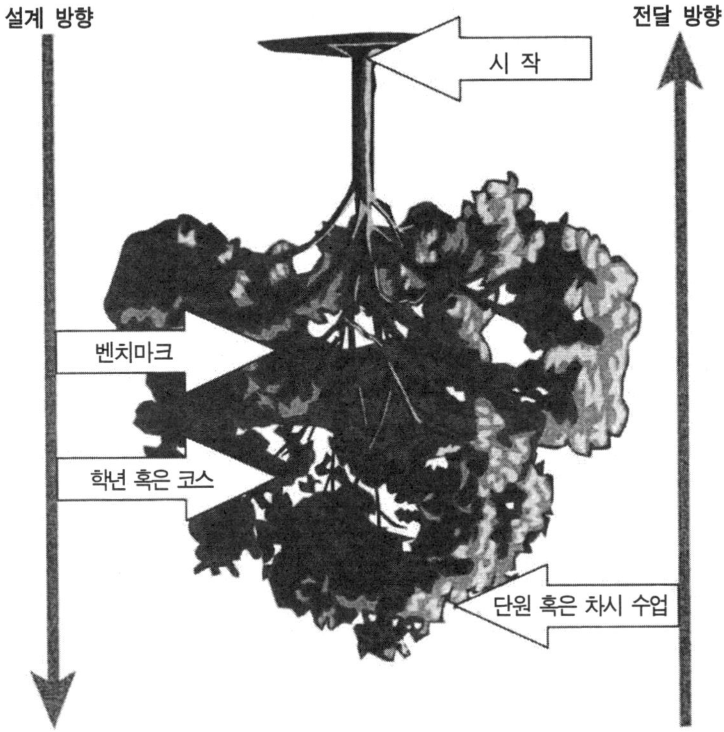

[그림 3-1] 하향식 교육과정 설계

출처: Solomon(2009), p. 106.

[그림 3-1]에서 거꾸로 제시된 나무 그림은 하향식 설계를 보여준다. 나무의 몸통의 일반적인 기준은 가지와 잎을 지탱한다. 교육과정은 졸업 시점으로부터 점차 벤치마크(benchmark) 수준의 학년, 코스, 단원의 상세한 수준으로 설계된다. 이때 교육과정 설계는 하향식이지만, 단원, 학년, 학교급의 교육 내용은 상향식으로 전달(delivery-up)된다. 기준과 벤치마크의 하향식 사례를 제시하면 다음 <표 3-1>과 같다.

<표 3-1> 졸업(commencement) 기준에서부터 벤치마크까지 하향식 설계: 종적 연결의 사례

졸업(commencement) 수준 내용 기준: 학생들은 훌륭한 문제 해결사가 될 것이다.
벤치마크 Level Ⅰ(6학년) 내용 기준: 학생들은 정보의 수집, 평가, 해석, 제시와 관련된 기능을 이해하고 적용할 것이다. • 4학년 내용 기준: 학생들은 막대그래프의 막대 길이가 측정값이고 각 막대가 데이터의 분리된 측정값이라는 것을 알 것이다. • 4학년 수행 지표: 학생들은 자료를 기록하고 막대그래프로 표시할 수 있을 것이다. • 4학년 숙달 기준: 학생들은 세 개의 다른 자료 세트를 기록하고, 정확하게 그래프를 그린다. **벤치마크 Level Ⅱ(10학년)** 내용 기준: 학생들은 문제해결의 적용, 의사결정, 협상 기술에 형식적, 비공식적 추론 과정을 사용한다. • 대수학 과정의 내용 기준: 학생들은 음수의 감산이 값의 증가를 초래하는 이유를 알고 설명할 것이다. • 대수학 과정의 수행 지표: 학생들은 음의 정수 값이 있는 문제 서술을 상징적 감산 방정식으로 해석하고 방정식을 풀 수 있을 것이다. • 숙달 기준: 학생들은 음의 정수 값을 가진 감산 문제를 해석하고 85%의 정확성으로 문제를 해결할 것이다.

출처: Solomon(2009), p. 107.

Spady는 학교 교육과정의 최종 도달점으로서 결과에 근본을 두고 하향식으로 설계해 나가는 것은 구체화된 교육과정의 내용들이 궁극적으로 무엇을 지향하는지, 왜 그러한 교육 내용을 배워야 하는지에 대해 명료한 그림(clear picture)을 제공해 주며, 이러한 맥락 하에 실제로 일어나야 할 학습을 위해 교육과정, 수업, 평가를 조직할 수 있게 한다고 하였다(Spady, 1994b: 11).

Spady와 Marshall은 기존의 교육과 결과 중심 교육을 다음 <표 3-2>와 같이 비교한 바 있다(Spady & Marshall, 1991: 68).

<표 3-2> 기존의 교육과 결과 중심 교육의 특징

기존의 교육	결과 중심 교육
학교, 프로그램, 과정, 의사결정 등에서 일정표(calendar)에 제한됨	학교, 프로그램, 과정, 의사결정 등에서 결과에 기반함
교수·학습 시간에 제한되는 한정적 기회의 제공	모든 학생에게 일어나야 하는 성공적인 교수·학습을 가능하게 하기 위한 기회의 확장
출석과 명료하지 않은 준거에 의한 이수 학력 제공	명료한 준거를 사용하고, 주요 결과를 드러내는 성취를 통한 수행에 기반한 학력 강조
교육과정의 범위(coverage)에 제한됨(교사의 가르침과 시험에 초점을 둠)	수업 코칭에 의해 지원됨(필수적인 결과에 대한 모든 학생의 성공적 수행을 조장함)
교육과정 구조, 교사의 가르침, 시험, 등급화 등에서 내용의 분절(segmented) 초래	결과, 교육과정 구조, 수업, 평가에서의 범교육과정적 접근으로 개념의 통합 지향
교육과정 계획, 교사의 가르침, 시험, 등급화 등에서 누적적(cumulative) 성취에 기반함	결과, 교육과정 설계, 수업, 평가, 등급화 등에서 '최종 결과'(end-result)를 강조하며 궁극적인(culminating) 성취에 기반함
기회 구조, 등급화, 교육과정 계열화 등에서 선발 지향	집단 간 교육과정 구조, 학습, 평가 등에서 포섭적인(inclusionary) 성공 지향
희소한 보상에 대한 학생의 경쟁적 학습 중시	모든 학생의 학습 성공을 조장하는 협력적 학습 지향
과업 완수와 점수화에서 상대적 특성에 초점을 두는 상대 평가에 기반함	명료히 설정된 결과 및 기준에 기반한 높은 수준의 수행 기대를 강조하며 준거 지향적 특징을 가짐
학교와 교육과정 조직, 학습 환경 등이 단편적(cellular) 구조로 구성됨	교육과정 계획, 수업, 학생의 학습 등이 협력적 구조로 형성됨

결과 중심 교육에서는 기존의 교육에 비해 전체적인 학교 교육의 방향을 큰 그림(big picture)으로 제시해 줄 수 있고, 학교 현장에서는 이러한 방향을 수업 설계의 기반으로 삼을 수 있다.

나. 역량에 기반한 하향식 설계의 사례

다음에서는 역량에 기반한 하향식 설계의 사례로, 미국의 영어 국가 공통 기준(Common Core State Standards English Language Arts & Literacy in History/Social Studies, Science, and Technical Subject), 공통 직업기술 기준(Common Career Technical Core: CCTC), 캘리포니아 주의 직업기술교육 기준(California CTE Model Curriculum Standards)을 살펴본다. 이러한 기준들은 학생이 학교 교육과정을 통해 최종적으로 갖추어야 할 능력을 가장 상위에 설정하고 이를 학년(군) 및 교과 수준에서 구체화한다.

(1) 국가 공통 기준(영어)

미국에서 2010년에 공포된 국가 공통 기준(CCSS)은 학생이 도달해야 할 가장 근본적인 능력을 규명하고 이를 유치원부터 고등학교(K-12학년)의 기준으로 구체화하는 형식으로 개발되었다. 하향식으로 설계된 기준은 일관되고(coherent), 초점이 있고(focused), 유치원부터 고등학교 졸업까지 학년에 따른 진보를 제시할 수 있다고 생각되었다(Achieve, 2004: 8).

국가 공통 기준은 “K-12학년에 해당하는 모든 학생이 각 학년이 끝날 무렵 알아야 하고 할 수 있어야 할 것을 제시한 학습 목표”이다(CCSSI, 2015). 국가 공통 기준은 대학 및 직업에서의 기대(expectations)와 관련되어야 한다는 것을 강조하며, 졸업 후 대학 및 직업 세계에서 기대되는 능력을 갖춰 모든 학생이 세계 경제 사회에서 성공하도록 준비시키는 데 초점을 둔다(CCSSI, 2015). 국가 공통 기준은 영어와 수학 기준으로 구성된다.

영어 국가 공통 기준의 경우, 학습에서 학생이 알아야 하고 할 수 있어야 할 것을 일반적으로 진술한 '대학 및 직업 준비 기초 기준'(College and Career Readiness Anchor Standards)에 기반하여 학년별 영어 기준이 만들어졌다(Kendall, 2011: 12). 대학 및 직업 준비 기초 기준은 학생이 도달해야 할 가장 근본적인 능력으로서, 기준을 학년별로 구체화하는 기준 개발의 출발점이 된다. 영어 국가 공통 기준 문서는 다음의 항목으로 구성되어 있다(CCSSI, 2010a: 2).

Ⅰ. K–5학년 영어 및 역사/사회 · 과학 · 기술 교과의 문해력을 위한 기준

○ 읽기: 대학 및 직업 준비 기초 기준
- K-5학년 문학 읽기 기준
- K-5학년 정보 텍스트를 위한 읽기 기준
- K-5학년 기본 기능을 위한 읽기 기준

○ 쓰기: 대학 및 직업 준비 기초 기준
- K-5학년 쓰기 기준

○ 말하기와 듣기: 대학 및 직업 준비 기초 기준
- K-5학년 말하기와 듣기 기준

○ 언어: 대학 및 직업 준비 기초 기준
- K-5학년 언어 기준

Ⅱ. 6–12학년 영어 및 역사/사회 · 과학 · 기술 교과의 문해력을 위한 기준

1. 6-12학년 영어 기준

○ 읽기: 대학 및 직업 준비 기초 기준
- 6-12학년 문학 읽기 기준
- 6-12학년 정보 텍스트를 위한 읽기 기준

○ 쓰기: 대학 및 직업 준비 기초 기준
- 6-12학년 읽기 기준

○ 말하기와 듣기: 대학 및 직업 준비 기초 기준
- 6-12학년 말하기와 듣기 기준

○ 언어: 대학 및 직업 준비 기초 기준
- 6-12학년 언어 기준

2. 6-12학년 역사/사회 · 과학 · 기술 교과의 문해력을 위한 기준

○ 읽기: 대학 및 직업 준비 기초 기준
- 6-12학년 역사/사회 교과의 문해력을 위한 읽기 기준
- 6-12학년 과학 · 기술 교과의 문해력을 위한 읽기 기준

○ 쓰기: 대학 및 직업 준비 기초 기준
- 6-12학년 역사/사회 · 과학 · 기술 교과의 문해력을 위한 쓰기 기준

영어 국가 공통 기준 문서의 항목을 통해 영어 국가 공통 기준은 읽기, 쓰기, 말하기와 듣기, 언어 영역의 대학 및 직업 준비 기초 기준이 먼저 제시된 후 학년군별 기준이 제시되는 순서로 구성됨을 알 수 있다. 영어 국가 공통 기준의 대학 및 직업 준비 기초 기준은 모든 학생이 대학과 직장을 위해 갖추어야 할 능력을 의미하며, 대학 입학과 직업 현장의 훈련 프로그램을 성공적으로 해내도록 학생을 준비시키는 데 부합해야 하는 일반적이고, 범교과적인(cross-disciplinary) 문해력에 대한 기대를 제시하고 규정한다. K-12 학년별 기준은 학년이 끝날 무렵 및 대학과 직업의 준비에 부합하는 축적된 진전을 나타낸다(CCSSI, 2010a).

영어 국가 공통 기준은 수단보다는 결과에 초점을 두고 제시된다. 예를 들어, 기준에서 특정 쓰기 과정을 규정하지는 않고 교사, 교육과정 개발자에게 기준이 어떻게 달성될 것인지 그리고 어떤 주제가 부가적으로 다루어질 것인지를 결정하도록 여지를 남겨둔다.

영어 국가 공통 기준은 문해력을 위한 통합된 모형에 기반한다. 영어 국가 공통 기준은 읽기, 쓰기, 말하기와 듣기, 언어 영역으로 분명히 분리되어 제시되지만, 의사소통을 학생에게 가르치기 위해 이러한 영역들은 서로 밀접히 연결되어야 하고, 학년 간, 과목 간에 연결되어 학습되어야 한다. 또한 영어 국가 공통 기준은 영어뿐 아니라 역사/사회, 과학, 기술 교과의 문해력을 위해서도 필요하다. 학생은 이러한 다양한 교과의 내용 영역에서 읽고, 쓰고, 듣고, 언어를 효과적으로 사용하는 것을 배워야 하며, 대학 및 직업 준비를 위해 여러 교과에서의 문해력 및 이해력을 구체화해야 한다(CCSSI, 2010a). 대학 및 직업 준비 기초 기준은 영어뿐 아니라 역사/사회, 과학, 기술 교과와 관련되어 이러한 교과 학습들이 궁극적으로 지향해야 할 학생에게 길러 주어야 할 능력을 의미한다.

영어 국가 공통 기준의 말하기와 듣기 영역의 대학 및 직업 준비 기초 기준을 제시하면 다음과 같다(CCSSI, 2010a: 22).

이해와 협력

1. 타인의 아이디어에 기반할 뿐 아니라 자신의 아이디어를 명료하고 설득적으로 표현하여 다양한 파트너와 함께 광범위한 대화와 협력을 준비하고 효율적으로 참여한다.
2. 시각적, 구두 등 다양한 매체와 형태로 표현되는 정보를 통합하고 평가한다.
3. 화자(speaker)의 견해, 추론, 증거의 사용, 수사(rhetoric) 등을 평가한다.

지식과 아이디어의 제시

4. 청자(listener)가 논리를 따라가고 과업, 목적, 청중에 적합한 조직, 전개, 스타일을 나타내는 데 대해 발견한 것, 알고 있는 것, 증거를 제시한다.
5. 정보를 표현하고 제시된 것의 이해를 촉진하기 위해 디지털 매체와 시각적 자료를 전략적으로 사용한다.
6. 다양한 상황에서 대화하고, 과업을 위해 의사소통하고, 정중한 언어를 사용하여 명령을 한다.

대학 및 직업 준비 기초 기준은 모든 학년군에서 공통으로 제시되며, K-12학년에서 구체화된다. 예를 들어, K-2학년의 읽기에 대한 영어 국가 공통 기준은 다음과 같다(CCSSI, 2010a: 11).

	Kindergartners	Grade 1 Students	Grade 2 Students
Key Ideas and Details	1. With prompting and support, ask and answer questions about key details in a text.	1. Ask and answer questions about key details in a text.	1. Ask and answer such questions as *who, what, where, when, why,* and *how* to demonstrate understanding of key details in a text.
	2. With prompting and support, retell familiar stories, including key details.	2. Retell stories, including key details, and demonstrate understanding of their central message or lesson.	2. Recount stories, including fables and folktales from diverse cultures, and determine their central message, lesson, or moral.
	3. With prompting and support, identify characters, settings, and major events in a story.	3. Describe characters, settings, and major events in a story, using key details.	3. Describe how characters in a story respond to major events and challenges.
Craft and Structure	4. Ask and answer questions about unknown words in a text. **(See grade K Language standards 4-6 for additional expectations.)** CA	4. Identify words and phrases in stories or poems that suggest feelings or appeal to the senses. **(See grade 1 Language standards 4-6 for additional expectations.)** CA	4. Describe how words and phrases (e.g., regular beats, alliteration, rhymes, repeated lines) supply rhythm and meaning in a story, poem, or song. **(See grade 2 Language standards 4-6 for additional expectations.)** CA
	5. Recognize common types of texts (e.g., storybooks, poems, **fantasy, realistic text**). CA	5. Explain major differences between books that tell stories and books that give information, drawing on a wide reading of a range of text types.	5. Describe the overall structure of a story, including describing how the beginning introduces the story and the ending concludes the action.
	6. With prompting and support, name the author and illustrator of a story and define the role of each in telling the story.	6. Identify who is telling the story at various points in a text.	6. Acknowledge differences in the points of view of characters, including by speaking in a different voice for each character when reading dialogue aloud.
Integration of Knowledge and Ideas	7. With prompting and support, describe the relationship between illustrations and the story in which they appear (e.g., what moment in a story an illustration depicts).	7. Use illustrations and details in a story to describe its characters, setting, or events.	7. Use information gained from the illustrations and words in a print or digital text to demonstrate understanding of its characters, setting, or plot.
	8. (Not applicable to literature)	8. (Not applicable to literature)	8. (Not applicable to literature)
	9. With prompting and support, compare and contrast the adventures and experiences of characters in familiar stories.	9. Compare and contrast the adventures and experiences of characters in stories.	9. Compare and contrast two or more versions of the same story (e.g., Cinderella stories) by different authors or from different cultures.

(2) 공통 직업기술 기준

미국은 변화하는 세계 경제 체제에 대비할 수 있는 직업교육이 필요하다고 보며 직업기술교육(Career Technical Education: CTE)을 개혁하고 있다. 이러한 노력의 일환으로 '공통 직업기술 기준'이 국가 기관인 '직업기술교육 컨소시엄의 주 대표자 협회'(National Association of State Directors of Career Technical Education Consortium: NASDCTEc)의 주도로 42개 주가 함께 공통 직업기술 기준을 개발하여 2012년 공포함에 따라, 직업을 준비하는 학생이 질 높은 직업기술교육을 받도록 하였다.

공통 직업기술 기준의 '직업 준비' 역시 국가 공통 기준의 대학 및 직업 준비 기초 기준과 마찬가지로, 직업 교과의 기준을 개발하기 위해 설정된 학생이 갖추어야 할 가장 근본적인 수준의 능력으로 점차 교과별로 구체화된다.

공통 직업기술 기준은 모든 직업기술 교과에 적용되는 전반적인 '직업 준비'(Career Ready Practices)와 직업군(Career Clusters) 및 직업 경로(Career Pathways)에 따른 기준으로 구성된다. 직업 준비는 직업 경로와 교과 학습에 일관성 있게 반영될 것이 요구된다. 직업 준비는 직업 준비를 위해 중요한 지식, 기능, 성향을 나타내며(NASDCTEc, 2014a: 1), 다음의 12개 사항을 포함한다(NASDCTEc, 2014b: 2-3).

1. 책임 있게 행동하고 시민과 직업인으로 기여한다.
2. 학문과 기술의 기능을 적합하게 적용한다.
3. 개인의 건강과 경제적 안녕을 위해 노력을 기울인다.
4. 명료하게, 효과적으로, 논리적으로 의사소통한다.
5. 결정이 초래하는 환경적, 사회적, 경제적 효과에 대해 고려한다.
6. 창의성과 혁신적인 능력을 발휘한다.
7. 타당성과 신뢰성이 있는 연구 전략을 사용한다.
8. 문제를 규명하고 해결하는 데 비판적 사고를 사용한다.
9. 윤리적 지도력, 효율적인 경영의 모범이 된다.
10. 개인의 목표에 맞게 교육과 직업 경로를 계획한다.

11. 생산성을 향상시키기 위해 기술을 사용한다. 12. 문화적·글로벌 능력을 사용하며 팀 내에서 생산적으로 일한다.

공통 직업기술 기준은 농업, 건축, 상업 등 16개 직업군으로 구성되며, 각 직업군은 여러 직업 경로들로 이루어진다. 각 직업군과 직업 경로에서 몇 개의 기준들이 설정된다. 공통 직업기술 기준에서 직업군과 직업 경로의 기준은 직업기술교육을 받는 학생을 위한 것이나, '직업 준비'는 직업기술교육을 받는 학생뿐 아니라 모든 학생을 위한 것으로 파악된다(NASDCTEc, 2014b: 1). 공통 직업기술 기준의 직업 준비는 모든 학생이 갖추어야 할 능력을 제시한다.

(3) 캘리포니아 직업기술교육 기준

캘리포니아 주의 경우, 공통 직업기술 기준의 '직업 준비'를 적용하여 주 교육부가 '캘리포니아 직업기술교육 기준'을 2013년에 개발·공포하였다. 캘리포니아 주의 직업기술교육 기준은 공통 직업기술 기준의 '직업 준비'와 동일한 내용의 '직업 준비 기준'(Standards for Career Ready Practice)을 설정하고, 이를 기반으로 '기초 기준'(anchor standards)을 설정한다. 기초 기준은 농업·자연자원, 예술·미디어·엔터테인먼트, 건물·건설, 기업·금융 등 15개 산업 분야(Industry Sectors)의 '경로 기준'(pathway standards)으로 구체화된다. 직업 준비 기준은 15개 산업 분야에 공통으로, 학생이 중등학교 이후의 교육, 직업 훈련, 직장으로 나아가는 것을 준비하는 데 필요한 기본적인 지식과 기능을 진술한 것이다(CDE, 2013a: v). 기초 기준은 '교과 내용'(Academics), '의사소통', '직업 계획과 유지', '기술의 이용'(Technology), '문제해결과 비판적 사고력', '건강과 안전', '책임과 유연성', '윤리와 법적 책임', '지도력과 팀워크', '필수 지식과 기능의 적용', '수행과 적용'에서 설정된 기준을 의미한다. '교과 내용'은 각 산업 분야와 관련된 교과의 내용을 안내하는 것이며, '의사소통'부터 '필수 지식과 기능'은 영어 국가 공통 기준과의 연계를 나타내는 것이며, '수행과 적용'은 산업 분야 및 경로에서의 교실, 실험실, 산업 현장의 학습에 초점을 맞춘 것이다(CDE, 2013a: 6).

이러한 기초 기준은 모든 산업 분야에서 공통으로 제시되며, 각 산업 분야에 맞게 구체화된다. 예를 들어, '농업 · 자연 자원' 산업 분야의 기초 기준 중, '문제 해결과 비판적 사고'에 대한 설명과 하위 기준을 제시하면 다음과 같다(CDE, 2013b: 3).

5.0 문제 해결과 비판적 사고
비판적이고 창의적인 사고, 논리적 추론, 분석, 탐구, 문제해결 기술을 사용하여 농업 · 자연 자원 분야의 질문에 답하고 문제를 해결하기 위한 대안적 해결책을 만들기 위해 장, 단기 연구를 수행한다(쓰기 기준 (WS) 11-12.7과 연계).
5.1 문제 해결에 대한 다양한 견해를 명료화하기 위해 중요한 질문을 규명하고 답한다.
5.2 적합한 형태의 추론(연역적, 귀납적)을 사용하여 현장에 기반한 문제를 해결한다.
5.3 복잡한 작업 환경에서 결과물을 생산하는 데 다양한 요소들이 어떻게 서로 상호작용하는지를 분석하기 위해 시스템 사고를 사용한다.
5.4 엄밀한 분석으로 정보에 기반한 결정을 하기 위해 정보를 해석하고 결론을 내린다.

'농업 · 자연 자원' 산업 분야의 다양한 경로 중, '농산업' 경로의 기준 및 하위 기준을 제시하면 다음과 같다(CDE, 2013b: 7).

A1.0 미국 자유 기업 체제 내의 의사결정 과정에 대한 이해를 나타낸다.
  A1.1 미국 자유 기업 체제와 다른 형태의 경제 체제의 요소를 구분한다.
  A1.2 개인 소유권, 동업자, 기업, 프랜차이즈, 협동조합의 주요 특징을 구별한다.
  A1.3 이익 분배의 형태의 장, 단점을 비교한다.
  A1.4 주요 경영적 결정을 하는 적합한 의사 결정 수단과 재무 기록을 분석한다.
  A1.5 최적의 이용 수준을 결정하는 생산 관계를 분석한다.
  A1.6 농업 생산물에서 고정비용과 변동비용을 계산하고 최대 이윤을 산출하기 위한 생산 수준을 결정한다.
A2.0 농산업과 농업 생산물의 기본적인 경제 원리를 설명한다.
  (A2.1~A2.6 생략)
  (A3.0~*A9.0 생략*)

기초 기준 및 하위 기준, 경로의 기준 및 하위 기준은 주로 직업기술교육을 통해 길러야 할 능력을 진술한다.

영어 국가 공통 기준, 공통 직업기술 기준, 캘리포니아 주의 직업기술교육 기준은 모두 능력을 기반으로 개발된 것으로서, 영어 국가 공통 기준의 '대학 및 직업 준비 기초 기준', 공통 직업기술 기준의 '직업 준비', 캘리포니아 주의 직업기술교육 기준의 '기초 기준'은 교육과정 설계에서 근본 출발점(platform)의 역할을 하며 모든 학교급, 학년 및 모든 교과의 학습에서 공통으로 강조되고 지향되는 능력이 된다. 이러한 설계는 출발점-학교급-학년-단원으로 이어지는 교육과정의 종적 연계뿐 아니라, 교과 간 공통으로 적용되는 능력을 제시하여 교과 간의 횡적 연계를 가져올 수 있다.

2. 역량 기반 교과 교육과정의 설계

가. 교과 특수 역량의 규명 및 구체화

역량 기반 교육과정은 역량을 지식, 기능, 가치의 요소로 파악한다(McAshan, 1979: 38; 김판욱 외, 2010: 75). 역량에 기반한 교과 교육과정을 설계하기 위해서는 교과의 지식, 기능, 가치 요소를 밝히는 작업이 필요하다. 이러한 작업은 각 교과의 교과 특수 역량을 밝히는 것과 연결된다. 다음에서는 교과 특수 역량을 이루는 교과의 지식, 기능, 가치 및 태도 차원을 살펴보고자 한다.

(1) 지식

교과의 지식은 교과 학습을 통해 '알아야 할 것'을 의미한다. 역량을 강조하는 최근의 동향은 교육과정의 구성 방향은 지식 중심에서 역량 중심으로 변화해야 한다는 점을 강조한다. 교육을 받았다면 모종의 능력을 갖추어야 함에도 불구하고 이제까지의 지식 교육은 이 점을 도외시해 왔으며, 현실과 유리된, 무기력하고 창백한 지식인만을 양산해 왔다는 것이다(김광민, 2009: 179). 역량이란 "단순히 지식을 소유하고 있는 상태가 아니라 과제 수행을 위해 자신이 갖고 있는 지식이나 기술, 전략 등을 재조정하고 능동적으로 운용할 수 있는 능력"으로 정의되기도 하고(박민정, 2009: 182), "지식, 기능, 태도를 단순히 축적한 상태 이상의 것으로, 지식, 기능, 태도가 실제 상황에서 통합적으로 발현되어 나타나는 능력"으로 정의되기도 하여(이미미, 2014: 157) 얼마나 많은 지식을 아는가에만 초점을 두기보다는 아는 것을 활용하는 것을 강조하는 개념이다.

최근의 교과 내용 구성의 동향은 "적게 가르치고 많이 학습하게 한다"(Teaching less and learning more)는 슬로건 아래 전이가를 가진 적은 수의 '핵심 개념'(big idea)을 중심으로 교육 내용을 선정·조직하는 것을 강조한다(Wiles & Bondi, 2014: 89). 핵심 개념이란 "여러 개념들을 아우르는, 교과가 기반하는 학문의 가장 기초적인 개념이나 원리"를 의미한다(이광우·온정덕·백남진, 2014: 60). Wiggins & McTigh(1998)는 핵심 개념 위주의 내용 제시는 정보와 사실들 위주의 단편적 지식의 학습보다는 '영속적 이해'(enduring understand- ing)를 도모하기 위한 것이라고 본다.

2013년에 개발된 미국의 차세대 과학 기준의 경우, 국가 공통 기준과 일관된 방향에서 엄격한 내용과 학생의 대학 및 직업 준비를 강조함으로써(NGSS Lead States, 2013) 학생에게 미래 사회에 대비하기 위한 능력을 심어주고자 하는 움직임을 반영하고 있다고 할 수 있다. 차세대 과학 기준이 이전의 내용 기준과 차별화되는 점은 모든 학생이 더 심도 있고 정교하게 학습하도록 유치원부터 12학년까지 적은 수의 '학문의 핵심 아이디어'(Discipl- inary Core Ideas)를 설정하였다는 점이다. 학문의 핵심 아이디어는 과학 교과의 개념들을 묶어주는 포괄적인(overarching) 수준의 핵심 개념이라고 할 수 있는데, 많은 수의 주제를 피상적으로 학습하는 것을 방지하고 교사와 학생이 각 아이디어를 깊이 있게 탐구할 수 있는 시간을 더 많이 주기 위해 설정되었다(National Research Council, 2012a). 차세대 과학 기준의 학문의 핵심 아이디어는 규칙성, 척도·비율·양, 시스템과 시스템 모형, 에너지와 물질, 구조와 기능, 안정성과 변화, 원인과 결과이다(NGSS Lead States, 2013).

미국뿐만 아니라 다른 나라들에서도 핵심 개념을 중심으로 교과 교육과정의 내용을 조직하는 경향이 나타난다. 예를 들어, 캐나다(온타리오 주), 호주, 싱가포르의 과학 교과와 사회 교과에서 다루는 핵심 개념을 제시하면 다음 <표 3-3>과 같다.

<표 3-3> 캐나다(온타리오 주), 호주, 싱가포르 과학 교과와 사회 교과의 핵심 개념

교과	과 학			사 회		
국가	캐나다 (온타리오 주)	호 주	싱가포르	캐나다 (온타리오 주)	호 주	싱가포르
핵심 개념 명칭	근본 개념 (Fundamental Concepts)	근본 개념 (Overarching Ideas)	지식, 이해와 적용	주요 초점 영역	사고 개념	주요 개념
핵심 개념 항목		• 규칙성, 질서와 조직 • 형태와 기능			• 규칙성과 경향	
		• 척도와 측정				
	• 시스템과 상호작용	• 시스템	• 시스템 • 상호작용			
	• 물질 • 에너지	• 물질과 에너지	• 에너지			
	• 구조와 기능	• 형태와 기능				
	• 변화와 계속성 • 지속가능성과 책무성	• 안정과 변화		• 계속성과 변화	• 계속성과 변화	• 변화와 계속성
			• 다양성 • 순환			
				• 원인과 결과	• 원인과 결과	
				• 관점	• 관점	
				• 의미와 경쟁	• 의미	
				• 증거		
				• 공감		
					• 상호관계	
						• 장소 • 환경 • 보존 • 정체성 • 존중 • 협동 • 유산 • 문화 • 지역사회

출처: Ontario Ministry of Education, 2007, 2013; Australian Curriculum, Assessment and Reporting Authority, 2015a, 2015b; Curriculum Planning and Development Division, 2013a, 2013b 참조.

<표 3-3>을 보면, 과학과 사회를 넘나들며 선정되는 교과 공통의 핵심 개념이 있다는 것을 알 수 있다. 핵심 개념을 학습함으로써 교과 내 지식과 지식 간, 교과 간, 교과의 지식과 기능 영역 간 연계되고, 나아가 학교 교육과 현실 세계를 연계시킬 수 있다(백남진, 2014; 2015). 핵심 개념을 중심으로

교과 내용을 조직하는 것은 학생이 단편적으로 지식을 학습하기보다는 개념과 개념 간의 관련성을 이해하고 통합된 방식으로 여러 교과에 걸쳐 사고하고, 나아가 학습한 것이 학생의 삶에 전이가 되도록 하므로(Ontario Ministry of Education, 2013: 14), 역량 기반 교과 교육과정을 설계하는 데 적용될 수 있다.

역량 기반 접근은 무게 중심을 능력에 둘 뿐 지식의 중요성을 간과하지 않는다. 역량 기반 접근은 기존의 지식 중심 교육을 비판하면서 그 대안으로 역량을 제시하기는 하지만 교과를 버리거나 다른 것으로 대체하는 것을 주장하는 것은 아니다(김광민, 2009: 172). Yates와 Collins(2010)는 역량을 강조하는 교육 개혁에서는 일반 역량을 교육의 방향으로 설정하고 이를 중심으로 교육 내용을 선정할 때 전통적인 학문 내용이 경시될 수 있음을 지적한다. 하지만 이들은 이러한 우려에 대해 역량 중심 교육에서는 지식만을 위한 교육은 지양하지만 교과 지식의 중요성을 결코 간과하는 것은 아니라고 하여 역량 중심 교육에서 여전히 교과의 지식이 중요함을 강조한다.

역량 기반 교과 교육과정에서는 교과 지식이 여전히 중요하지만, 과거와는 다른 모습으로 선정·조직될 것을 요구한다. 역량 기반 교과 교육과정은 교육 내용이 분절적으로(segmented) 제시되기보다는 통합될 것을 강조하고(Spady & Marshall, 1991: 68), 학생의 피상적인 학습보다는 '깊은 이해'(in-depth understanding)를 중시한다. 이러한 경향은 과거와는 다른 교과 내용의 선정·조직 방식을 요구하는 것이지 교과의 내용을 간과하는 것이라고는 볼 수 없다.

역량을 가진 사람은 단지 개인 차원에서 지식을 소유하기만 하는 것이 아니라, 사회의 문제 해결에 지식을 활용하고 현실을 변화시킬 수 있는 능력을 가진 사람이다. 그리고 해결해야 할 사회의 여러 문제들은 하나의 학문만으로는 해결할 수 없는 문제들이 많으므로 하나의 학문만으로 문제 해결에 접근하기보다는 기술, 수학, 사회학 등 관련 학문 간 통합된 시각으로 접근할 필요가 있다. 핵심 개념을 통한 내용 선정 및 조직은 결국 역량의 함양을 위한 교과 교육과 관련된다(백남진, 2015). 핵심 개념을 위주로 교과 교육 내용을 조직하는 것은 학생들이 살아가야 할 사회의 실생활 맥락을 강조하고 삶의 무대가 되는 사회가 직면한 문제를 해결하는 데 적합한 능력을 길러 주기 위한 설계 방식이라고 할 수 있다.

Drake(2012) 역시 통합적 교과 설계 방식을 제시한 바 있다. Drake는 교육과정 설계에서 학생들이 알아야 할 것인 핵심 개념(big ideas)과 영속적 이해를 'K'(Know), 할 수 있어야 할 것인 사고 기능과 탐구 기능을 'D'(Do), 그들이 알고 할 수 있어야 할 것과 관련된 태도나 신념을 갖춘 인간상을 'B'(Be)로 설정한 바 있다. Wiggins와 McTighe(1998)의 핵심 개념을 강조하는 이해 중심 설계(understanding by design)와 함께 Drake의 통합적 교과 설계 방식은 지식, 기능, 태도의 영역들 간의 통합뿐 아니라, 교과 간 통합을 강조함으로써 학생의 전인적 성장을 이끄는 교육과정과 수업을 설계할 수 있다.

(2) 기능

교과의 기능은 사고 기능 및 탐구 기능을 의미하며, 절차적 지식으로 부를 수 있다. 미국 차세대 과학 기준의 경우, 절차적 지식은 '과학적 실천'(scientific practices)(National Research Council, 2012a)과 관련되는 것이며, 과학적 실천이란 과학적 탐구 과정 및 사고 전략을 의미한다고 본다(OECD, 2013b: 6).

교과의 내용을 진술하는 기준은 흔히 "학생이 알기를 바라는 것과 할 수 있기를 바라는 것"으로 정의되며, 학생이 '알기를 바라는 것'은 개념적 지식을, '할 수 있기를 바라는 것'은 절차적 지식을 나타낸다(Solomon, 2009: 99). 이는 교과를 통해 학생이 배워야 할 지식과 기능을 의미한다.

차세대 과학 기준의 경우, '학문의 핵심 아이디어', '과학과 기술공학의 실행', '연결 개념'의 영역으로 구성되어 있는데, 이 중 과학과 기술공학의 실행은 과학적 탐구 과정 및 사고 전략에 관한 영역이다. 과학과 기술공학의 실행은 '(과학의) 질문을 제기하고 (공학의) 문제를 규정하기', '모형을 개발하고 사용하기', '조사를 계획하고 수행하기', '자료를 분석하고 해석하기', '수학적 · 연산적 사고를 사용하기', '(과학의) 설명을 구성하고 (공학의) 해결책을 설계하기', '증거로 논쟁에 참여하기', '정보를 획득 · 평가 · 전달하기'로 구성된다(NGSS Lead States, 2013). '과학과 기술공학의 실행'이라는 용어에서 과학적 '과정'(process)이나 '탐구'(inquiry) 기능(skills) 대신 '실행'(practice)이라는 용어를 사용한 것은 과학적 탐구에 참여하는 것은 기능뿐 아니라 각 실행에 구체화된 지식을 필요로 한다는 것을 강조하기 위한 것이다(National Research Council, 2012a: 41).

캐나다 온타리오 주의 경우, 과학과의 기준은 '기본 개념의 이해', '조사와 의사소통 기능의 개발', '과학 · 기술과 사회 · 환경의 관련' 영역으로 구성되는데, 조사와 의사소통 기능의 개발은 과학의 기능을 나타내는 영역으로, '시작과 계획', '수행과 기록', '분석과 해석', '의사소통'으로 설정된다(Ontario Ministry of Education, 2007). 사회과의 기준은 '맥락의 이해', '탐구', '적용' 영역으로 구성되는데, 탐구는 탐구 과정(inquiry process)을 나타내며 '질문의 형성', '정보 · 증거 · 자료의 수집과 조직', '정보 · 증거 · 자료의 해석과 분석', '정보 · 증거 · 자료 · 도출된 결론의 평가', '발견한 것의 의사소통'으로 설정된다(Ontario Ministry of Education, 2013).

싱가포르의 경우, 사회과의 기준은 '학습 결과'로서, '지식', '기능', '가치' 영역에서 제시된다. 기능은 탐구 습관과 의사 결정을 위한 능력을 기르는 것을 의미한다(Curriculum Planning and Development Division, 2013a).

이러한 캐나다 온타리오 주의 과학 및 사회과의 기준과 싱가포르의 사회과의 기준을 포함하여 캐나다(온타리오 주), 호주, 싱가포르의 과학 및 사회교과 기준에서의 기능 관련 영역을 제시하면 다음 <표 3-4>와 같다.

<표 3-4> 캐나다(온타리오 주), 호주, 싱가포르 과학 교과와 사회 교과의 기능

교과	과 학			사 회		
국가	캐나다 (온타리오 주)	호 주	싱가포르	캐나다 (온타리오 주)	호 주	싱가포르
기능 명칭	조사와 의사소통 기능의 개발	과학 탐구 기능	기능과 과정	탐구 과정	기능	기능
기능 항목	• 시작과 계획 • 수행과 기록 • 분석과 해석 • 의사소통	• 문제제기와 예측 • 계획과 시행 • 자료와 정보의 처리와 분석 • 평가 • 의사소통	• 기능 -관찰하기 -비교하기 -분류하기 -장치와 장비를 사용하기 -의사소통하기 -추론하기 -가설 설정하기 -예측하기 -분석하기 -가능성을 일반화하기 -평가하기 • 과정 -창의적 문제해결 -의사결정 -조사	• 질문의 형성 • 정보, 증거, 자료의 수집과 조직 • 정보, 증거, 자료의 해석과 분석 • 정보, 증거, 자료, 도출된 결론의 평가 • 발견한 것의 의사소통	• 연대순서 (chronology) • 용어와 개념 • 역사적 질문과 연구 • 자료의 분석과 사용 • 관점과 해석 • 설명과 의사소통	• 다양한 수단을 사용하여 정보/자료의 수집을 계획하기 • 아이디어를 탐구하고 그 적합성을 고려하기 • 주의 깊게 관찰하기 • 신뢰성과 적합성에 기반하여 정보/자료를 탐구하기 • 정보에 기반하여 숙고하고 결정하기 • 집단 내에서 사고와 감정을 유창하고 자신 있게 표현하기 • 다양한 집단 환경에서 효과적으로 역할을 수행하기 • 자신의 과업을 계획하기 • 분명히 아이디어와 발견한 것을 제시하고, 다양한 수단과 모델을 사용하여 창의적인 방식으로 설득하기

출처: Ontario Ministry of Education, 2007, 2013; Australian Curriculum, Assessment and Reporting Authority, 2015a, 2015b; Curriculum Planning and Development Division, 2013a, 2013b 참조.

미국의 수학 국가 공통 기준에서도 수학의 기능에 해당하는 '수학의 실행'(Mathematical Practice) 영역을 설정한다. 1학년의 수학 국가 공통 기준을 제시하면 다음 [그림 3-2]와 같다. [그림 3-2]에서 박스를 통해 수학의 실행이 제시된다.

Grade 1 Overview

Operations and Algebraic Thinking

- Represent and solve problems involving addition and subtraction.
- Understand and apply properties of operations and the relationship between addition and subtraction.
- Add and subtract within 20.
- Work with addition and subtraction equations.

Number and Operations in Base Ten

- Extend the counting sequence.
- Understand place value.
- Use place value understanding and properties of operations to add and subtract.

Measurement and Data

- Measure lengths indirectly and by iterating length units.
- Tell and write time.
- Represent and interpret data.

Geometry

- Reason with shapes and their attributes.

Mathematical Practices

1. Make sense of problems and persevere in solving them.
2. Reason abstractly and quantitatively.
3. Construct viable arguments and critique the reasoning of others.
4. Model with mathematics.
5. Use appropriate tools strategically.
6. Attend to precision.
7. Look for and make use of structure.
8. Look for and express regularity in repeated reasoning.

[그림 3-2] 1학년의 수학 국가 공통 기준의 사례

출처: CCSSI(2010b), p. 14.

(3) 가치 및 태도

교과 학습을 통해 길러야 할 가치 및 태도의 차원 역시 교과 특수 역량을 이루는 하나의 차원이 된다. 가치 및 태도 영역을 강조하는 사례는 PISA 과학 평가틀에서 찾아볼 수 있다. 과학적 '태도'는 PISA 2000 과학 평가틀에서부터 PISA 2015 과학 평가틀에 이르기까지 과학적 소양의 구인으로서 강조되어 왔다(OECD, 2013b: 10). PISA는 과학적 소양의 의미를 좀 더 구체화시키고 반영하여 정의적 영역의 평가를 주요한 초점으로 삼음에 따라 '태도'를 설정하고, 보다 구체적으로 '과학에 대한 흥미', '과학적 탐구에 대한 가치 인식', '자원과 환경에 대한 책임감'을 태도의 요소로 설정하였다(OECD, 2006: 35).

PISA는 과학적 소양을 "과학의 아이디어를 가지고 과학 관련 문제에 반성적인 시민으로서 참여하는 능력"으로 정의한 바 있다(OECD, 2013b: 7). 과학적 소양은 과학을 통해 학생들이 갖게 되는 능력이자 과학을 통해 길러지는 태도를 의미한다고 볼 수 있다. 특히 과학 지식과 탐구 과정에 대한 이해와 함께 과학 지식이 발전해 온 과정과 과학이 인간의 삶에 준 영향을 이해함으로써 과학과 사회와의 관련성 속에 사회가 직면한 문제들에 대해 적극적으로 해결책을 찾으려는 태도를 가질 수 있다. OECD는 과학적 소양은 과학적 지식과 개념을 이해하고 어떤 자료들을 얻기 위해 적용하는 절차를 이해하는 것만으로는 충분하지 않으며, 과학적 소양에는 사람들의 과학에 대한 흥미, 관심, 반응에 중요한 역할을 하는 태도, 신념, 동기화, 자기효능감, 가치 등이 포함되어야 한다고 본다(OECD, 2013b: 9-10). OECD는 "과학적 소양을 지닌 사람은 과학에 대한 논리적인 담론에 참여하고자 하는 능력을 갖춘 사람"(OECD, 2013b: 7)이라고 하여, 과학 교육을 통해 학생들에게 과학적 문제 해결에 적극적으로 참여하는 태도가 길러질 필요가 있음을 강조한다. 이러한 태도는 "개인, 지역, 국가, 국제 사회의 이로움을 위해 과학과 기술의 지식을 습득하고 적용하는 것을 지지하는 것이다"(OECD, 2013b: 7).

교과 특수 역량에 기반한 접근은 교과의 지식, 기능뿐 아니라 가치 및 태도를 통해 전인적 발달을 지향하는 것이다. 역량은 지식이나 기능과 같이 상대적으로 관찰 가능하고 수행으로 드러나기 쉬운 측면뿐 아니라 동기, 태도와 같이 인간의 심층적인 특성을 포함하는 '총체성'을 가지는 능력이다(윤정일 외, 2007: 239). 이러한 역량의 구성 요소들은 개별적으로 따로따로 존재하는 것이 아니라 씨줄과 날줄처럼 얽혀서 서로에게 영향을 미치는 내적 구조를 이루는 하나의 총체로 존재한다(박민정, 2009: 83). 교과를 지식, 기능, 가치 차원으로 나누어 보는 관점은 역량 접근이 대두되기 전에도 있었으나, 기존의 학문 중심 교육과정에서는 내용 지식 습득에 강조를 두고 역량은 부가적으로 습득되는 것으로 가정했다면, 역량을 강조하는 교육과정에서는 역량을 내용 지식과 동등하게 교육과정의 구성 요소로 설정함으로써(박민정, 2009: 78) 교과 특수 역량의 의미를 새롭게 조망한다.

한편, 싱가포르의 경우 대부분의 교과의 기준에서 지식, 기능 영역뿐 아니라 가치 영역을 설정하고 있는데, 사회과의 경우 설정된 '가치'는 '자기이해'(self knowledge), '감정', '경험', '타인의 필요와 관심을 이해하는 능력'을 개발하는 것을 의미한다고 보았다(Curriculum Planning & Development Division, 2013a: 5). 싱가포르의 교과 교육과정에서 지식, 기능 이외에 가치를 강조하는 것은 학생의 전인적 발달을 위해서이며 지식과 기능은 가치에 의해 뒷받침되어야 한다고 본다(Curriculum Planning & Development Division, 2013a: 5).

싱가포르의 과학 교육과정은 과학 탐구의 정신을 기르는 것을 강조하며, 탐구는 '지식, 이해, 적용', '기능과 과정', '윤리와 태도'의 세 가지 통합된 영역에 기반하는 것으로 본다. 윤리와 태도는 '호기심', '창의성', '통합성', '객관성', '개방성', '지속성', '책임감'으로 설정된다(Curriculum Planning & De- velopment Division, 2013b). 탐구로서의 과학은 다음 [그림 3-3]과 같이 나타난다.

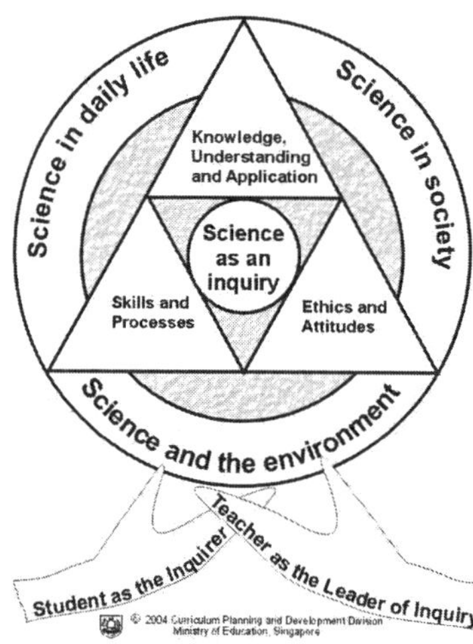

[그림 3-3] 싱가포르 과학과 교육과정의 탐구로서의 과학

출처: Curriculum Planning & Development Division(2013b), p. 1.

나. 교과의 기준

교과의 기준은 교과에서 학생이 달성해야 할 교과 특수 역량을 제시하며 "교과에서 역량을 달성할 수 있는 수단"(윤현진 · 박선화 · 이근호, 2008: 145)이라고 할 수 있다. 역량 기반 교육과정은 교과의 기준을 통해 각 학생의 역량 개발과 숙달을 강조하며, 기준은 학교 학습에서 초점을 두고 습득해야 할 것을 제시하고 학생들의 학습 진보를 점검하는 역할을 하므로 모든 학생에게 제시되어야 할 것이 강조된다(Parsons & Beauchamp, 2012: 94).

기준은 학생이 도달해야 할 목표로서 교육의 결과에 초점을 두는 본질상 역량을 함의하는 개념이다. 기준이 갖는 역량적 특성을 살펴보면 다음과 같다(백남진, 2014).

첫째, 기준은 '수용자 중심의 목표'(receiver-based objectives)(Solomon, 2009: 99)이다. '수용자 중심'의 의미는 교사가 가르친 것보다 학생이 수업의 결과로 학습하게 된 것에 초점을 두어야 한다는 것이다. 여기서 목표는 학생이 달성해야 하는 결과로서 계획 수립의 기본이 된다(Lewis, 1994). 또한 기준이라는 용어는 높은 수준의 '기대'(expectations)를 포함한다(Solomon, 2009: 4).

둘째, 목표의 역할을 하는 기준은 결과 중심 교육을 이끌게 된다. 기준은 결과에 초점을 두며 "학생이 학습하는 것을 학교가 책임지는 기제(mechanism)"를 의미하기도 한다(Raizen, 1998: 73). 기준에 대한 이러한 정의는 학생의 학습에 대해 기준이 갖는 "모니터링"(monitoring) 기능(Solomon, 2009: 4)과 관련된 책무성을 의미한다. Spady(1994a: 18)에 의하면, 결과는 "학습 경험을 하는 과정"(during the experience)을 의미하는 것이 아니라, 학생의 학습이 "끝나거나 끝난 후의 지점"을 의미한다. 미국 수학 국가 공통 기준은 수업을 위한 '수단'이 아닌 '결과'를 규정하는 성격을 지니며(CCSSI, 2010b), 차세대 과학 기준의 '수행 기대'(Performance expectations) 역시 "수업 후 학생이 할 수 있어야 할 것에 대한 진술"(NGSS Lead States, 2013: xxii)로 정의되며, '수업 활동'이 아니라 '학습 결과'를 의미한다(Bybee, 2013: 18). 학교 교육의 결과는 학생이 고등학교 졸업 시 도달해야 하는 목표가 된다.

셋째, 교육 결과를 나타내는 기준은 학생이 보여주어야 할 능력(competency)과 관련된다. 학년별 기준은 학년이 끝날 무렵 학생이 보여주어야 할 능력을 나타내는 것이지만, 궁극적으로 기준은 학교 교육이 모두 끝난 지점에서 갖추어야 하는 능력을 나타내는 것이어야 한다. 이러한 능력은 대학 및 직업에서의 기대와 관련되어야 한다는 것이 강조된다(CCSSI, 2014). 미국 국가 공통 기준은 "엄격한(rigorous) 내용과 고등사고 기능을 통한 지식의 적용을 강조함으로써 졸업 후 대학 및 직업에서 기대되는 능력을 갖춰 모든 학생들이 글로벌 경제와 사회에서 성공할 수 있도록 준비"시키는 데 초점을 두며(CCSSI, 2014), 학생이 졸업 시 보여주어야 할 능력을 출발점으로 학교 교육과정에서 하향식 설계되어 학년별로 도달해야 할 학생의 능력 특성을 '연결성'(coherence) 속에서 제시한다. 연결성은 "주요 주제 간, 학년 간, 코스 간 서로 연결"될 것을 의미하는 것이다(CCSSI, 2010b).

기준을 진술하는 것은 기준만의 문제가 아니라 교과의 지식, 기능, 가치 및 태도의 영역에서 교과의 내용을 검토하는 일을 필요로 한다. 또한 이러한 검토를 바탕으로 기준은 교과에서 학생에게 길러 주어야 할 능력을 지식, 기능, 가치 및 태도의 영역에서 다각도로 보여줄 필요가 있다. 다음에서는 교과 특수 역량을 나타내는 사례로 호주의 과학 교과, 싱가포르의 사회교과, 캐나다 온타리오 주의 건강 및 체육 교과의 기준을 살펴본다.

(1) 호주 과학과의 기준

호주 과학과의 기준은 '성취 기준'(achievement standards)으로 명명된다. 성취 기준은 "학교 교육의 특정 지점에서 보여주어야 할 학습의 질"을 의미한다(ACARA, 2015a: 12). 과학과의 기준은 '과학의 이해', '과학 탐구 기능', '인간의 노력으로서의 과학' 영역의 '구체화'(elaborations)를 반영하여 제시된다. '과학의 이해'는 과학의 지식을 나타내고, '과학 탐구 기능'은 과학의 기능을 나타낸다. '인간의 노력으로서의 과학'은 이 영역을 통해 "학생들이 과학과 사회와의 관련성 속에 과학의 역할을 인식하고 산재한 사회 문제들에 대해 과학적으로 탐구하며 해결책을 찾아 인간의 활동을 통해 자연 세계를 변화시킬 수 있으므로"(ACARA, 2015a: 4), 과학 학습을 통해 학생에게 길러져야 할 태도와 관련된다고 할 수 있다.

성취기준의 사례를 제시하면 다음 <표 3-5>와 같다. <표 3-5>는 4학년 '생물'의 '과학의 이해', '문제 제기와 예측하기'의 '과학 탐구 기능', '과학의 이용과 영향'의 '인간의 노력으로서의 과학'을 나타낸다.

<표 3-5>에서 각 영역의 '일반화'는 기호로 표시된다. 예를 들어, '생물은 생활 주기를 가진다.'는 일반화는 'ACSSU072'의 기호와 함께 표시된다. 이러한 기호는 일반화 간, 영역 간의 관련성을 나타낸다. '과학의 이해', '과학 탐구 기능', '인간의 노력으로서의 과학'은 '구체화'를 통해 더욱 세부적으로 제시되며 이를 바탕으로 성취 기준이 제시된다.

호주의 과학 기준은 지식 영역뿐 아니라 기능 및 태도 영역과 관련된 과학적 소양을 제시한다. 호주의 과학 교육과정에서 과학 교육은 "과학 지식을 현재와 미래에 적용하고 비판적이고 창의적인 사고 기능을 발전시키도록 해야 하고"(ACARA, 2015a: 4) "과학자의 연구는 과학의 본성을 반영하여 사회의 요구에 반응하며 사회에 영향을 준다는 것을 학생이 알게 해야 하므로" (ACARA, 2015a: 5) 학교에서의 과학 경험은 과학의 이러한 다면적 측면을 반영해야 한다는 점이 강조된다. 호주의 과학 기준은 지식, 기능, 태도 등 과학적 소양의 여러 측면을 나타내는 데 주력한다.

<표 3-5> 호주 4학년 과학(생물)의 성취기준 사례

	생명 과학	구체화(Elaborations)
과학의 이해 (Science Understanding)	생물은 생활 주기를 가진다. (ACSSU072)	• 생활 주기 상에 있는 생물을 관찰하고 기록하기 • 곤충, 새, 개구리와 같은 생물들의 생활 주기의 단계를 설명하기 • 동물과 식물의 생활 주기를 비교하기 • 생활 주기에 영향을 줄 수 있는 불과 발아와 같은 환경 요인을 인식하기
	식물과 동물을 포함하여 생물은 생존하기 위해 서로 의존하고 환경에도 의존한다. (ACSSU073)	• 식물이 동물에게 피신처를 제공하는 방법을 조사하기 • 생산자, 소비자, 분해자로 서식지에서의 생물의 역할을 조사하기 • 포식자-먹이의 관계를 관찰하고 설명하기 • 먹이사슬의 관계가 사라졌을 때 그 영향을 예측하기 • 생물 간의 상호작용은 경쟁적이거나 상호 이익이 될 수 있다는 것을 인식하기
과학 탐구 기능 (Science Inquiry Skills)	문제 제기와 예측하기	구체화(Elaborations)
	과학적으로 조사할 수 있는 문제를 밝히고 이전 지식에 기반하여 무슨 일이 일어날지 예측한다. (ACSIS064)	• 교사가 알려주는 문제들에서 조사할 수 있는 문제를 선택하기 • 조사가 가능한 영역을 생각하기 위해 친숙한 상황을 생각하기 • 조사하는 동안 일어날 수 있는 일을 토의하기 위해 집단으로 활동하기
인류의 노력으로서의 과학 (Science as a Human Endeavour)	과학의 이용과 영향	구체화(Elaborations)
	과학 지식은 사람들이 그들의 행동의 영향을 이해하는 데 도움을 준다. (ACSHE062)	• 의상 디자이너, 설계사나 공학자 같은 사람들이 그들이 하는 일에 적합한 물질을 선택하여 과학을 이용하는 방법을 조사하기 • 쓰레기 관리 방법을 생각하고 환경에 미칠 수 있는 영향을 생각하기 • 거주지 감소와 같은 문제에 대해 과학이 얼마나 기여해 왔고 인간의 행동이 지역 환경을 얼마나 변화시켜 왔는지 탐구하기 • 인간의 행동으로 야기된 침식의 영향을 최소화하기 위한 방법을 생각하기
4학년 성취기준		
4학년이 끝날 때까지, - 학생은 생물의 생존을 도와주는 관계와 식물 혹은 동물의 생활 주기의 주요 단계의 순서를 설명한다. - 학생은 친밀한 상황에 대해 조사할 수 있는 문제를 규명하고 조사를 통해 가능한 결과를 예측한다. - 학생은 질문을 하고 예측을 하기 위해 과학이 언제 사용되는지 확인한다. - 학생은 과학의 이해가 학생 자신과 다른 사람의 행동에 영향을 줄 수 있는 상황을 설명한다.		

출처: ACARA(2015a), pp. 41-44.

(2) 싱가포르 사회과의 기준

싱가포르의 사회과는 학생을 미래의 시민으로 준비시키는 것을 목표로 한다. 사회과에서 강조하는 시민의 능력은 지식, 기능, 가치의 총체적 측면에서 접근된다(Curriculum Planning & Development Division, 2013a: 2). 사회과의 기준은 '학습 결과'로서, '지식', '기능', '가치' 영역에서 제시된다. 사회과에서 학생의 전인적 발달을 위해 '지식'뿐 아니라 '기능'과 '가치'가 강조된다. '기능'은 탐구 습관과 의사 결정을 위한 능력을 기르는 것을 의미하며, '가치'는 '자기이해'(self knowledge), '감정', '경험', '타인의 필요와 관심을 이해하는 능력'을 개발하는 것을 의미한다(Curriculum Planning & Development Division, 2013a: 5). 초등학교 3학년의 '싱가포르의 이해'에 대한 '학습 결과'를 제시하면 다음 <표 3-6>과 같다.

<표 3-6> 싱가포르 초등학교 3학년 사회 학습 결과 사례

3학년 : 싱가포르의 이해			
지식 결과	기능 결과	가치 결과	주요 개념
학생은 다음을 할 수 있다 : • 싱가포르 내의 장소를 찾아내기 위해 싱가포르 지도를 사용한다. • 싱가포르의 물리적 환경을 설명한다. • 환경이 사람들의 삶의 방식에 어떻게 영향을 주었는지를 인식한다. • 사람들이 그들이 사는 환경을 변화시킴으로써 어떻게 그들	학생은 다음을 할 수 있다 : • 검색 엔진과 같은 다양한 수단을 사용하여 정보 / 자료를 수집하고 위치를 찾아내는 계획을 세운다. • 적합한 방식으로 정보 / 자료를 탐구한다. • 유창하고 자신 있게 생각과 감정을 표현한다. • 다양한 집단 상황에서 작업한다.	학생은 다음을 할 수 있다 : • 싱가포르의 다양한 지역을 호기심으로 탐구한다. • 싱가포르의 물리적 환경에 감사한다. • 싱가포르 사람들의 적응성과 회복력을 소중히 여긴다. • 환경을 보호할 수 있는 방법을 표현한다.	• 장소 • 환경 • 보존 • 변화와 계속성 **주요 이해** • 내가 사는 곳을 아는 것은 내가 있는 곳에 감사하게 한다. • 우리는 우리가 사는 물리적 환경을 변화시킴으로써 우리의 필요를 충족시킨다. • 우리는 환경을 보

의 필요를 충족시켜 왔는지를 설명한다. • 개인 및 집단의 행동이 사람과 그들 주위의 환경에 준 영향을 이해한다.	• 자신의 작업을 제시하기 위한 계획을 교사의 도움으로 설계한다.		호하기 위해 지혜롭게 자원을 사용한다.

출처: Curriculum Planning & Development Division(2013a), p. 26.

(3) 캐나다 온타리오 주 건강 및 체육과의 기준

캐나다 온타리오 주의 건강 및 체육과의 기준에서 학생에게 '생존 기능'(living skills)을 길러줄 것이 강조된다. 생존 기능은 '개인적 기능'(personal skills: PS), '개인 상호 간 기능'(interpersonal skills: IS), '비판적, 창의적 사고'(critical and creative thinking: CT)이다. 기준을 의미하는 '기대'(expectations)는 '활동적인 삶', '운동 역량: 기능, 개념, 전략', '건강한 삶' 영역에서 구체화된다. '활동적인 삶'은 태도 영역에, '운동 역량: 기능, 개념, 전략'은 기능 영역에, '건강한 삶'은 내용 지식에 각각 해당한다. '건강한 삶'에서는 건강 및 체육에서 다루어야 할 '핵심 주제'(key topics)를 제시하는데, 핵심 주제는 '건강의 개념 이해하기', '건강한 선택하기', '건강한 삶으로 연결하기'로 선정된다(Ontario Ministry of Education, 2015). 핵심 주제는 건강 및 체육 교과의 지식뿐 아니라, 지식을 적용하는 능력 및 건강 및 체육 교과를 통해 길러주어야 할 기능이나 태도를 나타낸다.

다음 <표 3-7>은 건강과 체육 교과의 1학년의 구체적 기대를 제시한다. <표 3-7>은 '활동적인 삶'의 'A1. 활동적인 참여', '운동 역량: 기능, 개념, 전략'의 'B1. 운동 개념과 기능', '건강한 삶'의 'C1. 건강의 개념 이해'에 대한 구체적 기대를 나타낸다.

<표 3-7> 캐나다 온타리오 주 건강과 체육 1학년의 구체적 기대 사례

A. 활동적인 삶	
A1. 활동적인 참여	1학년이 끝날 때까지, 학생은 다음을 할 것이다.: A1.1 자신의 능력에 따라, 자신의 준비도와 참여하는 능력을 향상시키는 활동을 적용하며*(예. 자진해서 참여하고, 다른 사람을 존중하고, 지시에 따르고, 순서를 교대로 하며)* 다양한 프로그램 활동*(예. 술래잡기, 낙하산)*에 적극적으로 참여한다. [PS, IS] *(A1.2~A1.3 생략)*
B. 운동 역량: 기능, 개념, 전략	
B1. 운동 개념과 기능	1학년이 끝날 때까지, 학생은 다음을 할 것이다.: B1.1 몸의 다양한 부분을 사용하여 정적 균형을 다양한 수준에서*(예. 낮은 수준: 손과 발의 무게 균형을 잡으며 몸을 웅크리기; 중간 수준: 팔을 뻗으며 앞을 향해 서서 몸을 숙이기; 높은 수준: 다리를 넓게 벌리고 팔을 머리 위로 높게 뻗기)* 수행한다. [PS] *(B1.2~B1.5 생략)*
C. 건강한 삶	
C1. 건강의 개념 이해	1학년이 끝날 때까지, 학생은 다음을 할 것이다.: C1.1 사람이 건강한 몸을 위해 음식물이 필요한 이유*(예. 음식물은 치아, 피부, 뼈, 근육, 기타 몸의 구성 요소의 건강한 성장을 위해 에너지를 제공한다)*를 설명한다. *(C1.2~C1.4 생략)*

출처: Ontario Ministry of Education(2015), pp. 86-93.

온타리오 주 건강 및 체육과의 기준에서 구체적 기대가 제시되는 '활동적인 삶', '운동 역량: 기능, 개념, 전략', '건강한 삶'의 세 차원은 서로 밀접히 연결되어 진술되며 건강 및 체육 교과를 통해 학생에게 길러 주어야 할 지식, 기능, 태도를 제시한다.

호주의 과학과, 싱가포르의 사회과, 캐나다 온타리오 주의 건강 및 체육 교과의 기준의 사례들은 지식, 기능, 가치 및 태도의 영역을 통해 교과 특수 역량을 다면적으로 보여준다. 이러한 교과의 기준을 통한 교과 특수 역량의 제시는 교과에서 학생들에게 길러 주어야 할 능력들을 한눈에 조망하여 교과에서 지식뿐 아니라 기능, 가치 및 태도 영역을 고려하여 각 영역에서 어떠한 능력을 길러 주는 데 초점을 두어 교과를 지도해야 할지 교사에게 안내를 주고, 교사는 이러한 교과의 기준을 기반으로 수업을 설계할 수 있다.

3. 역량 기반 교육과정 설계의 방향

역량 기반 교육과정 설계에서는 교육과정을 구성하는 요소가 서로 연계(alignment)될 것을 강조한다(Spady, 1994b: 36). 구체적으로 다음과 같은 측면에서 요소 간의 연계성을 살펴볼 수 있다.

가. 횡적 연계

(1) 교과 내 연계

역량 기반 교육과정에서는 단지 아는 것만을 강조하지 않고 아는 것을 적용하여 문제 해결을 하는 것, 문제 해결에 적극적으로 참여하는 태도 등을 강조한다. 역량 기반 교육과정 설계는 교과 특수 역량을 이루는 교과의 지식, 기능, 가치 및 태도를 규명하고, 이러한 교과를 이루는 영역들이 서로 연계될 것을 중시한다.

앞서 살펴본 호주의 과학과, 싱가포르의 사회과, 캐나다 온타리오 주의 건강 및 체육 교과의 기준의 사례들에서 기준을 통해 교과 특수 역량이 교과의 지식, 기능, 가치 및 태도 영역에서 제시되고 영역 간 연계성이 강조되었다.

이러한 사례들 이외에도, 미국 차세대 과학 기준 역시 기준을 이루는 영역 간, 교과 지식 간 연결성을 제시하는 데 초점을 두는 사례로서 참조해 볼 수 있다. 다음 [그림 3-4]에서 '4-LS1-1'은 차세대 과학 기준의 4학년 생물의 수행 기대 중 하나이다.

[그림 3-4] 차세대 과학 기준 수행 기대의 사례

<table>
<tr><th colspan="3">4(4학년)-LS(생명 과학)3-1 분자에서 생명체로: 구조와 과정</th></tr>
<tr><td colspan="3">수행 기대
이해를 나타내는 학생은 다음을 할 수 있다 :
4-LS1-1. 식물과 동물은 생존, 성장, 행동, 번식을 하기 위한 내부 및 외부 구조를 가지고 있다는 것을 논쟁한다.</td></tr>
<tr><th>과학과 기술공학의 실행</th><th>학문의 핵심 아이디어</th><th>연결 개념</th></tr>
<tr><td>증거로 논쟁에 참여하기
• K-2 경험을 바탕으로 3-5개 증거로 논쟁에 참여한다. 자연에 대한 적절한 증거를 인용하면서 동료에 의해 제안된 과학적 설명과 해결책을 비평한다.</td><td>LS1.A: 구조와 기능
• 식물과 동물은 성장, 생존, 행동, 번식의 다양한 기능을 하는 외부 및 내부의 구조를 가지고 있다.
(4-LS1-1)</td><td>시스템과 시스템 모형
• 시스템은 그 구성 요소와 상호작용에 의해 설명될 수 있다.</td></tr>
<tr><td colspan="3">4학년 내 연결되는 학문의 핵심 아이디어: 없음</td></tr>
<tr><td colspan="3">학년 간 연결되는 학문의 핵심 아이디어: 1.LS1.A (4-LS1-1); 1.LS1.D (4-LS1-1); 3.LS3.B (4-LS1-1); MS.LS1.A (4-LS1-1), (4-LS1-2); MS.LS1.D (4-LS1-2)</td></tr>
<tr><td colspan="3">국가 공통 기준과의 연결: 언어/문해—W.4.1, SL.4.5, 수학—4.G.A.3</td></tr>
</table>

출처: NGSS Lead States(2013)

차세대 과학 기준의 수행 기대는 '과학과 기술공학의 실행', '학문의 핵심 아이디어', '연결 개념'의 영역이 함께 제시되며, 각 영역 간 밀접한 연결성이 나타난다. 또한 수행 기대는 '학년 내 연결되는 학문의 핵심 아이디어'와 '학년 간 연결되는 학문의 핵심 아이디어'가 함께 제시되어 과학 교과 내 지식 간 연결성이 제시된다.

(2) 교과 간 연계

역량 기반 교육과정은 교과 간에 서로 연계되도록 설계되어야 한다. 역량 기반 교육과정에서 교과 간 연계되고 통합되도록 교과 교육과정을 설계하는 것과 함께 교과 기준 문서에서도 교과 간 연결성을 제시하는 데 초점을 둘 수 있다. 앞서 살펴본 차세대 과학 기준의 경우, [그림 3-4]에서 과학과 기술공학의 공통 핵심 개념인 '연결 개념'을 통해 과학과 기술공학을 연결하고, 영어와 수학 교과와의 연결을 나타내는 '국가 공통 기준과의 연결' 항목을 두어 교과 간의 관련성을 나타낸다.

또한 캘리포니아 주의 직업기술교육 기준의 경우에도 기준 간 관련성을 나타냄으로써 교과 내용 간 연계성을 제시한다. 직업기술교육 기준에서 일반 교과와의 연계 매트릭스는 일반 교과 기준과 산업 분야 기준과의 연계를 나타낸다. 즉, 일반 교과와의 연계 매트릭스를 통해 각 산업 분야의 기준과 영어와 수학 국가 공통 기준, 차세대 과학 기준, 캘리포니아 역사-사회 기준과의 연계가 코드로 제시된다. 일반 교과와의 연계 매트릭스 사례를 제시하면 다음 <표 3-8>과 같다.

<표 3-8> 일반 교과와의 연계 매트릭스 사례(농업 · 자연 자원 산업 분야)

농업 · 자연 자원	경로(pathway)						
	A. 농업 경영	B. 농기계	C. 농업 과학	D. 축산학	E. 임업 · 자연 자원	F. 관상 원예	G. 식물 · 토양 과학
영어 쓰기 기준 11-12.4. 과업, 목적, 청중에 적합한 조직, 전개, 스타일로 명료하고 일관성 있게 글을 쓴다.	A1.0, A2.0, A5.0, A7.0, A9.0	B12.0	C13.0	D1.0	E3.0, E4.0, E5.0, E6.0, E7.0, E8.0, E9.0, E10.0, E11.0, E12.0	-	G3.0, G8.0, G11.0
수학 기하학 - 모형 제작하기 모형 제작을 위해 기하학의 개념을 적용하기 2. 모형 제작을 위해 면적과 부피에 근거해 밀도의 개념을 적용한다 (예. 제곱 마일 당 인구, 입방 피트 당 열량(BTU)).	-	B4.0, B6.0, B11.0, B12.0	C8.0, C10.0	D1.0, D7.0	E4.0, E9.0, E11.0	F5.0, F7.0, F10.0, F11.0	G7.0
과학 연결 개념 2. 원인과 결과: 기계와 설명	-	B1.0, B2.0, B3.0, B4.0, B5.0, B6.0, B7.0, B8.0, B9.0, B10.0, B11.0, B12.0	C13.0	D1.0, D2.0, D3.0, D4.0, D5.0, D6.0, D7.0, D8.0, D9.0, D10.0, D11.0, D12.0	E1.0, E2.0, E3.0, E4.0, E5.0, E6.0, E7.0, E9.0, E10.0 E11.0	F2.0, F4.0, F5.0, F6.0, F7.0, F8.0, F9.0, F10.0	G2.0, G3.0, G4.0, G6.0, G8.0, G9.0, G10.0, G11.0
역사-사회 경제 원리 12.2.2. 상대적 희소성, 가격, 상품의 양에 따른 수요 및 공급의 변화 효과를 토의한다.	A1.0, A2.0	-	-	-	-	-	-

출처: CDE(2013b). pp. 33, 35, 39, 44.

<표 3-8>에서 '농업·자연 자원' 산업 분야에 속하는 경로들의 기준과 영어, 수학, 과학, 사회 등 주요 교과 기준과의 연계가 제시된다. 이러한 연계가 제시됨으로써 교사는 일반 교과와 경로의 수업을 통합해서 할 수 있고, 학생은 일반 교과의 내용을 적용하여 수행할 수 있다. 또한 이러한 연계의 제시를 통해 수업에 보다 많은 학생을 적극적으로 참여시키고, 학습 결과를 향상시킬 수 있다(CDE, 2013a: ii). 경로들과 일반 교과의 내용 간 연계성을 제시하는 것은 일반 교과의 내용은 경로 학습을 하는 데 기반이 되어 경로의 지식을 적용하여 고등 수행 능력을 기르기 위해 필요하다고 본다.

(3) 학교 교육과정 영역 간의 연계

역량 기반 교육과정은 교과, 교과 외 활동, 범 교육과정 등 학교 교육과정의 영역들 간에 연계되도록 설계되어야 한다. 예를 들어, 뉴질랜드에서는 '학생들을 자신감 있고, 서로 연결되고, 적극적으로 참여하는 평생학습자로 길러낸다'는 교육 목표 하에, 이러한 교육 목표를 구현하기 위해 교육과정 구조를 '가치', '핵심 역량', '학습 영역'의 세 측면으로 제시한다. 뉴질랜드 교육과정에서 핵심 역량은 가치, 학습 영역과 함께 교육과정의 구조를 이룬다. 가치는 '수월성', '개혁성', '탐구', '호기심', '다양성', '공평성', '지역사회와 참여', '생태학적인 지속가능성', '통합성', '존중'을 의미한다. '핵심 역량'은 '사고하기', '언어 · 상징 · 텍스트 사용하기', '자기 관리하기', '대인관계', '참여와 공헌'이다. 학습 영역으로는 영어, 예술, 건강과 체육, 언어, 수학과 통계, 과학, 사회, 기술 등이 제시된다. 뉴질랜드 교육과정의 구조도는 다음과 같다.

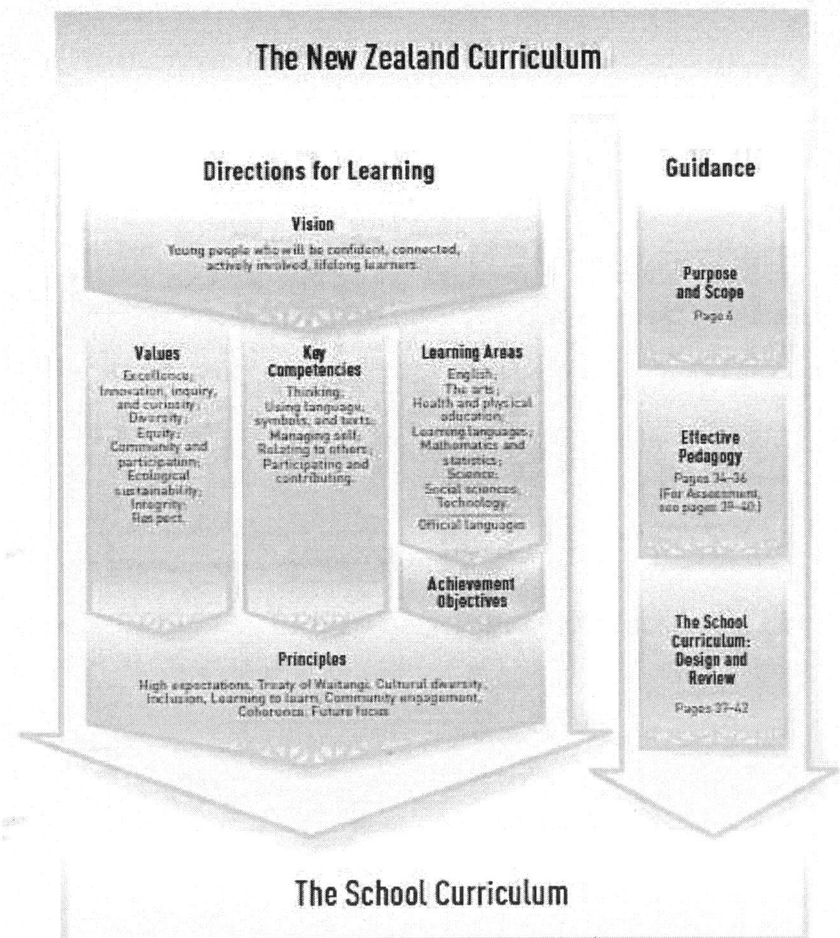

[그림 3-5] 뉴질랜드 교육과정의 구조도

출처: New Zealand Ministry of Education(2007), p. 7.

뉴질랜드 교육부는 모든 학습은 가치, 핵심 역량, 학습 영역을 상호 관련시키는 자연스러운 연계를 활용할 수 있어야 하며, 학교는 국가 교육과정의 이러한 요소들이 어떻게 교수·학습 과정 속에서 장려되고 개발될 수 있을지를 고려해야 한다고 본다(New Zealand Ministry of Education, 2007). 뉴질랜드의 교육과정에서 핵심 역량은 가치, 학습 영역과의 통합 및 연결 속에서 지도되어야 하는 것으로 간주된다.

또한 호주의 경우, 국가 교육과정은 '학습 영역', '일반 능력', '범 교육과정 주제'의 영역으로 이루어져 있다. 호주의 국가 교육과정에서 일반 능력과 범 교육과정 주제는 교과 외로 부과되지 않으며, 모든 학습 영역(영어, 수학, 과학, 사회, 인문·사회 과학, 예술, 기술, 건강과 체육, 언어 등) 내용과 밀접한 관련성을 맺으며 학습된다(ACARA, 2015b). 호주의 교과 교육과정 문서에서는 교과의 내용과 일반 능력 및 범 교육과정 주제의 연결성이 아이콘으로 제시된다. 다음 [그림 3-6]은 8학년 역사과 '아시아 태평양 세계'의 내용을 나타낸다. [그림 3-6]에서 제시되는 아이콘은 일반 능력 및 범 교육과정 주제를 나타낸다. 즉, 학습 영역의 내용과 연결되는 일반 능력 및 범 교육과정 주제가 무엇인지 아이콘이 나타내주는 역할을 한다.

2 The Asia-Pacific world	Elaborations
Students investigate ONE of these Asia-Pacific societies in depth: the Angkor/Khmer Empire or Shogunate Japan or the Polynesian expansion across the Pacific. N.B. Where appropriate, this depth study may include some reference beyond the end of the period c.1750.	
Angkor/Khmer Empire (c.802 – c.1431)	
The way of life in the Khmer Empire, including, social, cultural, economic and political features (including the role of the king). (ACDSEH011)	• describing the way of life in the Khmer Empire through stone carvings and the writings of the Chinese Ambassador Zhou Daguan (for example in relation to fishing, trading in markets, temple construction)
Explanation and communication	**Elaborations**
Develop texts, particularly descriptions and explanations that use evidence from a range of sources that are acknowledged (ACHHS156)	• using scaffolds illustrating the structural and language features of particular text types (for example descriptions and explanations) in order to create a text that communicates specific findings about the past
Use a range of communication forms (oral, graphic, written) and digital technologies (ACHHS157)	• creating an oral presentation, supported by audio-visual material, to recount the life of Temujin (Genghis Khan) and to explain his contribution to the Mongol world

[그림 3-6] 호주 8학년 역사과 아시아 태평양 세계의 내용

출처: ACARA(2015b), p. 77, p. 83.

나. 종적 연계

(1) 일반 역량과 교과의 연계

일반 역량은 그 자체로 달성 가능한 것이 아니라 교과의 학습을 통해 달성될 수 있다. 이러한 점에서 역량 기반 교육과정의 설계에서 일반 역량과 교과의 연계는 중요시되어야 한다. 다음의 호주와 싱가포르의 사례는 일반 역량과 교과를 연계하는 사례로 참조해 볼 수 있다.

먼저, 호주의 경우 일반 능력은 '조직 요소'(organizing elements)로 구분되며, 발달적인 특성을 가진 것으로 개념화되어 여러 수준으로 제시된다. 예를 들어 일반 능력 중, '문해력'의 경우 듣기, 읽기, 보기를 통해서 텍스트를 이해하기, 말하기, 쓰기, 창작을 통해서 텍스트 만들기 등의 과정을 텍스트 지식, 문법 지식, 어휘 지식, 시각적 지식과 같은 지식의 영역에 적용하는 조직 요소들로 구성된다. 호주의 교육과정평가보고기관(ACARA, 2013)이 발행한 ≪호주 교육과정에서의 일반 능력≫이라는 교육과정 관련 문서에서는 일반 능력을 소개하며 각 일반 능력과 관련되는 학습 영역을 제시한다. 예를 들어 '정보와 의사소통 기술 능력'의 여러 조직 요소 중, 'ICT를 활용하여 조사하기'의 조직 요소를 다루는 학습 영역을 제시하면 다음 [그림 3-7]과 같다.

Investigating with ICT

Level 1 Typically by the end of Foundation Year, students:	Level 2 Typically by the end of Year 2, students:	Level 3 Typically by the end of Year 4, students:	Level 4 Typically by the end of Year 6, students:	Level 5 Typically by the end of Year 8, students:	Level 6 Typically by the end of Year 10, students:
Define and plan information searches					
use ICT to identify where information is located	use ICT to identify, record and classify textual and graphic information to show what is known and what needs to be investigated	use ICT to plan an information search or generation of information, recognising some pattern within the information,	use a range of ICT to identify and represent patterns in sets of information and to pose questions to guide searching for, or generating, further information	use a range of ICT to analyse information in terms of implicit patterns and structures as a basis to plan an information search or generation	select and use a range of ICT independently and collaboratively, analyse information to frame questions and plan search strategies or data generation
Examples • using icon based programs to locate information	**Examples** • using colour coding and drawing software to show steps in a sequence	**Examples** • listing what information is required and suggesting where it may be located, creating methods of recording data from experiments	**Examples** • using tables, charts and graphic organisers such as concept maps	**Examples** • using graphic organisers to plan a search with links to sources	**Examples** • using wikis or other shared documents; searching databases
	Mathematics ACMMG045 Science ACSIS039 History ACHHK044	Mathematics ACMSP069 Science ACSIS054 History ACHHS068	English ACELY1712 MathematicsACMSP119 Science ACSIS086 History ACHHS120	Mathematics ACMNA174 Science ACSIS125 History ACHHS208	Science ACSIS165 History ACHHS168

[그림 3-7] ICT를 활용하여 조사하기의 학습 연속성

출처: ACARA(2013), p. 58.

[그림 3-7]에서 조직 요소는 6개 수준으로 나뉘어 제시되어 2, 4, 6, 8, 10 학년을 마칠 때 학생들이 드러내어야 할 능력의 기대치를 보여준다. 각 수준은 수학, 과학, 역사, 영어 등 관련 학습 영역의 내용(예. 수학 ACMMG045)과 함께 제시되어 조직 요소의 각 수준과 학습 영역의 내용 간의 관련성을 나타낸다.

또한 호주의 일반 능력은 교과의 탐구 기능 혹은 사고 기능과 결합하여 교과 교육과정에서 구현되도록 제시된다. 예를 들어, 역사과 교육과정에서 일반 능력이 어떻게 역사적 사고 기능으로 변환되는가를 역사과 교육과정 문서의 '일반 능력'의 내용을 중심으로 제시해 보면 다음 <표 3-9>와 같다.

<표 3-9> 호주 역사과의 일반 능력

일반 능력	역사과의 일반 능력
문해력	학생들이 역사적 지식을 구성해 나가고, 역사적 정보, 개념, 아이디어를 탐색, 분석, 의문을 제기하고, 토론하고 생각을 말하는데 적용된다. 역사 텍스트는 대체로 일련의 사건들을 다시 이야기하고, 과거의 사건을 내러티브로 제시하고, 개념과 아이디어를 토론하고 관점을 논쟁하는 텍스트이다.
수리력	학생들은 역사적 사건과 그 진행 과정을 조직하고 해석하는 것을 배울 때 수리력을 사용한다. 예를 들어, 연대기 표에 척도를 부여하거나 수량화된 데이터를 분석하여 원인과 결과를 파악할 때 활용된다.
정보와 의사소통 기술 능력	학생들이 디지털 정보에 접근하는 것을 용이하게 해준다. 증거와 역사적 추세를 비판적으로 분석하고, 자신이 배운 것을 다른 사람에게 제시, 전달할 뿐 아니라 지식을 구성하는 것을 협력, 토의, 논쟁할 수 있어야 한다.
비판적·창의적 사고 능력	비판적 사고는 학생들이 사료의 신뢰에 대해 의문을 제기하고 불완전한 문서로부터 과거에 대해 해석하고 증거를 사용하여 논쟁할 때 요구되는 능력이다. 창의적 사고는 학생들이 아직 검증되지 않았거나 잘 이해되지 않은 과거의 측면들을 설명하기 위해서 새로운 해석을 내릴 때 활용된다.
개인적·사회적 능력	학생들이 역사적 탐구를 통해서 인류 경험에 대해서 이해할 때 개인적 사회적 능력을 활용하게 된다. 공감하기, 성찰, 타인의 관점 존중, 의사소통 기능, 공동체와 사회에 기여하는 능력 등이 이에 해당한다.
윤리적 이해	학생들은 과거 인물의 개인적 특성, 행동, 동기가 다른 사회적 분위기 속에서 다른 기준과 기대치의 결과일 수 있음을 비판적으로 탐구함으로써 윤리적 행동을 이해한다. 학생들은 증거의 성격을 평가하여 윤리적인 이슈를 이해하고 다양한 가치와 원칙들이 사람들의 말과 행동에 영향을 미치는 방식들을 탐구한다.
문화상호 간 이해	학생들은 사람, 과거, 현재의 관점, 신념, 가치에 대해서 그리고 자신의 역사뿐 아니라 다른 이들의 역사의 중요성에 대해서 배운다. 호주의 국가 정체성의 기원과 발달, 문화유산의 형성을 이해하는 것도 포함된다.

출처: ACARA(2015b), pp. 19-21.

역사과에서 일반 역량은 사료의 신뢰성을 평가하고, 증거를 해석·종합하여 일련의 사건들을 설명하는 등의 역사적 탐구 기능을 반영하고 있고 교육 내용으로 기능을 '연대기적 사고', '용어와 개념', '역사적 질문과 연구', '사료의 분석과 사용', '관점과 해석', '설명과 의사소통'으로 설정하고 있다(ACARA, 2015b).

한편, 싱가포르의 경우 일반 역량을 반영하는 방법은 교과에 따라 다양하겠으나, 사회과 교육과정은 특히 일반 역량과 사회과 내용과의 연관성을 설명하는 데 주력한다. 다음 [그림 3-8]은 사회과 교육과정 문서에서 사회과의 내용과 21세기 역량과의 관련성을 나타내는 사례이다.

		21st Century Competencies				
Level	Values	Social-Emotional Competencies	Communication, Collaboration and Information Skills	Critical and Inventive Thinking	Civic Literacy, Global Awareness and Cross-Cultural Skills	C2015 Student Outcomes
Primary 1: Knowing Myself, Others and My Surroundings	Respect Responsibility Harmony Care	The Primary 1 topics provide opportunities for the learner to develop self-awareness and social awareness through understanding about himself, the people around him and his immediate environment. The learner also develops **relationship management skills** through examining the different roles he plays in relation to others. In addition, the learner develops **self-management and responsible decision-making skills** when he examines how his actions can affect the people and places around him.	Through the lesson activities and field-based learning activities, the learner **collaborates with others to gather and process information** in the exploration of who he is in relation to the people and places around him. The learner also documents his learning processes using **multiple modes of presentation and by communicating it to others.**	Classroom Inquiry: Critical thinking skills are incorporated into the inquiry-based approach through exploring and understanding key concepts. Lesson Activities and Field-based Learning: Critical thinking skills are developed and demonstrated **through the gathering and processing of information about** his classmates. **Inventive thinking** is then developed and demonstrated through lesson activities which require the learner to create artefacts that demonstrate application of learning.	The learner is exposed to different cultures in Singapore in field-based learning. The learner could also increase his **global awareness** through learning about renowned places around the world.	Confident Person: The learner thinks independently, works in groups and communicates effectively. Self-Directed Learner: The learner takes responsibility for his learning – questions, reflects and perseveres throughout the inquiry. Concerned Citizen: The learner develops an awareness of the importance of his role as an active citizen engaging in discussion about social responsibility. Active Contributor: The learner contributes actively in promoting and showing care for the people and places around him.

[그림 3-8] 싱가포르 사회과 교육과정에서의 21세기 역량

출처: Curriculum Planning & Development Division(2013a), p. 48.

[그림 3-8]에서 초등학교 1학년(Primary 1) '나 자신, 타인, 환경'의 사회과 내용과 핵심 가치, 사회·정서적 역량, 의사소통·협동과 정보 기능, 비판

적이고 창의적인 사고, 시민성 문해, 글로벌 인식과 범문화적 기능 등 연결되는 21세기 역량 및 교육 결과가 표시되어 그 내용을 어떻게 지도할 것인지가 제시된다.

(2) 학교 급 간, 학년 간, 단원 간의 연계

앞서 역량 기반 교육과정의 설계 방식으로서 하향식 설계 방식에 대해 살펴보았는데, 이러한 하향식 설계 방식은 역량에 기반하여 학교 급 간, 학년 간, 단원 간의 연계를 가져올 수 있는 설계 방식이다. 역량 기반 교육과정은 학교 교육과정 전반을 통해 학생에게 어떠한 능력을 길러 주어야 할지에 대한 방향을 큰 그림(big picture)으로 제시하고 안내할 수 있다.

교육과정 설계의 출발점인 역량은 학생들 개개인에게 의미가 있어야 할 뿐 아니라 사회 발전에 기여하는 가치 있는 것으로 선정되어야 하고, 모든 학년에서 지속적으로 가르쳐져야 하며 학년이 올라갈수록 심화되고 정교화되어야 한다(Remy, 1978).

(3) 학교 교육과 학교 졸업 이후의 세계와의 연계

역량 기반 교육과정은 학교 졸업 이후의 세계를 염두에 두고 학교 교육과 학교 졸업 이후의 세계가 연계되도록 설계되어야 한다. 학교 교육과정은 학생이 학교 졸업 후 사회에서 성공적인 삶을 살 수 있도록 준비될 수 있게 하고 학교 교육을 통해 습득한 역량을 학교 교육 이후의 삶에서 활용할 수 있게 해야 한다. 역량 기반 교육은 교육과 삶, 교육과 직업 세계(workplace)의 요구를 서로 연계시키는 데 기여할 수 있다(Parsons & Beauchamp, 2012: 82; Ennis, 2008: 9). Spady는 역량은 삶의 역할의 성공적인 수행을 위한 지표가 된다고 하였는데(Spady, 1978a), 이는 학교 교육과 삶을 연계시키는 것이 중요함을 의미한다. 즉, 학교 교육과정을 통해 학생들이 배우는 것은 그들이 앞으로 담당하게 될 소비자, 동료, 부모, 시민 등과 같은 삶의 주요 역할들과 연관될 것이 요구된다(Spady, 1978a). 학교 교육과정의 설계에서는 졸업 이후의 삶을 고려하여 학생을 평생 학습자로 파악하고(Spady, 1978a), 사회에서의 삶에서 성공하고 시민으로서 요구되는 역량을 기르도록 해야 한다.

역량 기반 교육과정에서 학교 교육을 통해 배운 것을 실제 삶에서 적용할 수 있도록 학생들을 교육하는 것이 중요한데, 학교에서 추구해야 할 역량은 학생이 고등학교를 졸업하고 결국 어떠한 지식과 기능을 갖춘 것이 미래 사회에 준비되었다고 볼 것인지와의 관련성 속에서 규명되어야 한다.

CHAPTER

4 교수 · 학습 및 평가

핵심 역량은 교과 교육을 통해서 길러지며, 교과 교육과정에서는 교과마다 정도와 강조점에는 차이가 있지만 학습내용을 지식, 기능, 태도의 세 차원으로 구성하고, 성취기준을 통해서 역량을 구체화한다. 역량 기반의 교과 설계에서는 '중요한' 지식이 무엇인가에 관심을 기울이면서 학생들이 지식, 기능, 태도를 통합적으로 적용하고 활용하여 수행으로 드러낼 수 있도록 하므로, 교수 · 학습 및 평가에 변화를 가져오게 된다. 역량 함양을 위한 수업에서는 학생들이 교과의 지식을 배우는 과정에서 비판적 사고, 문제해결, 의사소통 등과 같은 기능을 함께 배워야 하고, 교사는 학생들이 이를 실생활 맥락에서 통합적으로 적용하고 활용할 수 있도록 하는 기회를 제공해야 한다. 이에 이 장에서는 학교 혹은 학급 수준에서 활용 가능한 교육과정 설계 모형으로 백워드 설계를 제안하고 교수 · 학습 및 평가의 특징과 시사점을 제시하고자 한다.

1. 학교 수준의 교육과정 설계 모형: 백워드 설계

백워드 설계는 이해 중심 교육과정의 별칭으로 최근 학교 수준 혹은 학급 수준에서의 교육과정 설계모형으로 널리 활용되고 있다. 이해 중심 교육과정은 Wiggins와 McTighe가 1998년과 2005년에 출간한 저서 『Understanding by Design』에 의해 촉발된 것으로 교육과정 설계를 통해서(by design) 학생들의 이해(understanding)를 개발시키고 심화시키는 데 목적이 있다. 이들은 이해를 지식의 완전한 습득과 적용으로 규정하며 학습자들이 습득한 지식을 서로 연관지어 맥락 속에서 의미를 파악하고, 새로운 상황에 유연하고 유창하게 적용시킬 수 있을 때 이해에 도달했다고 한다(김경자 · 온정덕, 2014). 즉, 반복 훈련에 따라 단편적인 사실을 기억하고 공식에 대입해 문제를 해결하거나 단순 기능을 행하는 것은 '이해'한 결과라기보다는 아는 것에 그치는 것이다.

이해는 학습한 것을 다른 상황에 적용할 수 있는 능력이고 이는 수행을 통해서 드러난다. 이해를 위한 수업(teaching for understanding)에서는 이것을 이해 수행이라고 부른다. 수행은 학생의 발달적 수준과도 관련이 있다. 예를 들어 고등학생이 물리학의 문제들을 해결했음을 보여주는 수행은 어쩌면 대학원생에게는 일상적인 것일 수 있다. 6살의 아동에게는 어렵고 힘든 과제가 나중에 커서 중학생이 되면 당연한 것이 될 수도 있다. 따라서 어떠한 종류의 수행이 이해하였음을 드러내는가 하는 것은 영역과 맥락에 따라 다르고 정교화의 수준과 정도가 달라진다. 이해를 드러내는 수행은 학습자가 인지적 모델을 작동시킬 수 있어야 하며, 머릿속으로만 이미지를 그리거나 추론을 해내는 것만으로는 충분하지 않다. 그렇다고 해서 수행이 행동을 반드시 동반해야 하는 것은 아니다(Wiske, 1997).

이해는 배운 내용을 새로운 맥락과 상황에 지식을 활용하는 수행 능력이므로 역량의 개념과도 일맥상통한다고 볼 수 있으므로, 백워드 설계는 학교 교육과정 설계 모형으로 기능할 수 있다. 이때 교사에게 요구되는 것은 가르쳐야 할 내용을 선별하고 자신의 목적 혹은 목표를 명료화하고 평가를 수행 중심의 교수-학습의 통합된 부분으로 설정하는 것이다. 보다 적은 수의 동일한 핵심적인 지식이 학교 급이 올라감에 따라 심화되는 방식으로 학습이 이루어져야 하고, 지식을 여러 영역뿐 아니라 학생의 개인의 삶과 연관시키는 방식으로 탐구가 이루어져야 한다.

이해한다고 할 때에는 지적인 과정만 관여되지 않는다. 이들이 제시하는 이해의 증거를 보면 설명하고, 해석하고, 적용하는 수행뿐 아니라 특정 관점을 가지고 바라보고, 다른 사람의 입장에서 공감하고, 자기 자신을 돌아보고 스스로에 대한 지식을 획득하는 것도 포함된다. 그리고 이 여섯 가지 증거는 수준이나 단계가 아닌 서로 관련된 측면(facet)이다. 역량이 학습의 결과와 수행을 강조하는 개념이라고 볼 때 이해 중심 교육과정은 학교나 교실 수준에서 역량을 실제로 구현하는 교육과정 설계 모형으로 기능할 수 있다.

이해 중심 교육과정 설계의 핵심은 다음과 같이 요약될 수 있다. 첫째, 교육과정은 학생들이 학습 상황 속에서 무엇을 할 것인가에 관심을 두는 것이 아니라 학생들이 그것을 하는 결과로써 무엇을 배울 것인가에 있다. 이해 중심 교육과정은 이처럼 기대되는 학습의 결과물이 무엇인가에 관심을 기울인다. 둘째, '이해를 위한 교수와 평가'는 학습을 향상시킨다. 이해를 위한 교수와 평가는 교과서에 담긴 정보와 공식을 암기하고 기계적으로 기억해 내는 과정이 아니라, 학습자들이 핵심 개념과 원리들을 설명하고, 여러 다양한 상황에 적용하도록 도와줌으로써 학습의 전이를 도모한다. 단편적인 정보와 사실들을 맥락 없이 무조건적인 암기를 통해서 가르치게 되면 시간이 지나면 잊어버리는 의미 없는 지식이 되고 만다. 그러나 학생들이 핵심 개념과 원리들을 서로 관련짓고 큰 그림 속에서 그리고 특정 맥락 속에서 학습하게 되면, 인지 심리학자들이 주장하듯이 학습자들의 마음속에 특정 인지 구조가 구성된다. 그렇게 형성된 인지 구조는 정보와 사실들을 학습자들의 기억 속에 오래 남을 수 있게 도와줄 뿐 아니라, 맥락과 상황이 달라졌을 때에도 핵심 개념들을 이용하여 현상과 사건들 간의 연결고리들을 찾음으로써 실제를 더 잘 이해하고 문제를 해결할 수 있도록 도와준다(김경자 · 온정덕, 2014).

셋째, 기존의 훌륭한 교육과정도 '백워드 설계'를 통해 보다 유의미하고 효과적인 수업을 유도할 수 있다. 백워드 설계는 특히 학년이나 학급 수준에서 교육과정을 재구성할 때 유용하다. 지금까지는 많은 경우 주어진 학습 목표를 보고 어떤 재미있는 활동을 수업에 포함시킬 것인가를 생각하고, 수업이 모두 이루어진 후에 평가를 계획하고 실시하였다. 그러나 백워드 설계에서는 교사가 수업 전에 단원을 다 마친 후 학습자의 마음속에 남아있어야 할, 즉 가르쳐야 할 내용을 개념, 일반화/원리, 기능에 비추어 파악하고(1단계), 학습자가 그 내용을 제대로 이해했으면 어떠한 수행을 할 수 있어야 하는지 수행평가 과제를 비롯하여 평가를 계획한다(2단계). 이때 수행평가 과제는 이해의 여섯 가지 측면들이 관련되도록 개발함으로써 '이해'의 증거가 될 수 있도록 한다. 마지막으로 3단계에서는 학생들이 핵심 질문들에 답할 수 있으면서 2단계의 수행평가 과제를 성공적으로 수행할 수 있도록 학습 활동을 구성한다. 수행평가 과제는 교수 · 학습 활동의 부분으로 이루어지므로 평가와 교수 · 학습에 통합된다.

이처럼 학교 혹은 교실 수준에서 백워드로 설계하게 되면 수행평가 과제가 중요한 교육 내용을 반영할 뿐 아니라 수업 활동의 통합된 부분으로서 교수의 구심점을 제공하기 때문에 교육 내용, 수업, 평가의 일관성을 확보할 수 있다. 이를 역량 기반 교육과정과 관련지어 생각해 본다면, 학습 내용과 평가 방법이 수업 설계에서 동시에 고려되어 '역량(목표)-기준(내용)-수행(수업의 과정 및 평가)' 과정이 일관성 있게 이루어질 수 있다. 물론 이러한 과정에서 교과의 성취기준은 교과의 지식과 기능을 반영하여 수행으로 연결될 수 있는 역할을 해야 한다.

백워드 설계는 개별 교과뿐 아니라 교육과정을 통합적으로 설계할 때에도 적용이 된다. Drake(2012)는 백워드 설계에 따라 교육과정을 다학문, 간학문, 초(탈)학문적 통합의 세 유형으로 나누어 설명한다. 백워드 설계를 적용하여 프로그램을 개발하거나 그 교육적 효과를 검증한 연구는 다수 이루어졌고, 대부분 인지적인 영역뿐 아니라 정의적인 측면 혹은 인성의 요소를 결합하여 지식, 기능, 태도를 통합적하여 학습이 이루어질 수 있도록 하였다. 백워드 설계를 적용하여 단원을 구성한 사례는 [부록 1]에 제시하였다.

2. 교수 · 학습

교수 · 학습과 관련하여 Trilling과 Fadel(2009)은 다음과 같은 질문을 한다. 즉, '일의 세계에서는 점차 팀워크를 통해 문제를 해결하거나 새로운 것을 만들어 내는 경우가 많다. 그런데 왜 학생들은 대개 혼자 공부하면서 교사의 인정을 받기 위해 다른 학생들과 경쟁하는가?', '과학기술은 우리 자녀들 생활의 일부분이다. 왜 교실에서 자신의 기술 활용 능력을 확인받아야 하고, 제한된 학교 내 컴퓨터 이용 시간을 위해 경쟁하는가?', '세상은 흥미로운 것, 현실의 도전, 문제, 질문으로 가득하다. 그런데 왜 학생들은 한 과를 끝낼 때마다 현실과 동떨어진 교과서 질문에 답하느라 시간을 허비해야 하는가?', '혁신과 창의성은 미래에 매우 중요하다. 그런데 왜 학교들은 창의성과 혁신을 개발하는 데 시간을 투자하지 않는가?' 등의 질문이다.

Trilling과 Fadel(2009)은 역량 개발을 목표로 하는 교실에서는 적절한 질문 및 심도 있는 탐구, 학생 맞춤형 수업, 협동학습, 문제에 대한 창의적인 해결책 설계, 현실세계의 문제와 복잡한 프로젝트 등이 이루어진다고 하며, 교사 중심과 학생 중심 두 가지 방식이 균형을 이루어야 함을 강조한다. 그리고 구체적인 교수 · 학습 방법으로 협동 소그룹 학습, 프로젝트 학습, 문제 기반 학습, 디자인 기반 학습을 제시한다.

교사 중심	학생 중심
일방적 강의	상호작용
지식	스킬
내용	과정
기본 스킬	응용 스킬
사실과 원리	질문과 문제
이론	실제
교육과정	프로젝트
배분 시간에 따라	필요에 따라
획일적	개인적
경쟁적	협동적
교실	글로벌 커뮤니티
교과서 중심	인터넷 중심
총괄평가	형성평가
학교 중심 학습	실생활 중심 학습

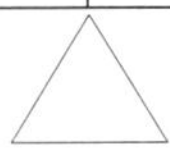

[그림 4-1] 21세기 학습 균형

출처: Trilling & Fadel(2012), p. 80.

가. 학습에 관한 연구

역량 개발을 위한 교육에서는 학생들이 무엇을 배울 것인가와 함께 학생들은 어떻게 학습하는가에 대한, 즉 학습에 대한 연구에도 관심을 기울인다(Trilling & Fadel, 2009). 미국의 국가연구협의회(National Research Council: NRC, 2000)는 '사람은 어떻게 학습하는가(How People Learn)'에 관한 연구 결과를 발표하였다. NRC는 최근 30~40여 년간 사고와 학습에 관하여 수행된 인지심리학, 발달심리학, 학습과 전이, 사회심리학, 뇌 신경과학, 학습 환경의 설계와 평가에 대한 간학문적 협력, 최신 과학기술의 학습에의 활용 등에 관한 연구들을 종합하여 인간의 학습 과정을 정리하여 발표하였다.

Bransford와 그의 동료들(2000)이 제시하는 연구 결과를 살펴보면 다음과 같다(신종호 외, 2007).

첫째, 학생들은 선경험과 선개념을 가지고 교실에 들어온다. 이는 교사가 제공하는 지식으로 아동을 채워야 한다는 빈 그릇 모델은 바뀌어야 함을 시사한다. 선개념은 오개념도 포함하고 있기 때문에 교사는 교수·학습 활동을 계획하고 실행할 때 선개념을 파악함으로써 가르치고자 하는 새로운 내용을 학생이 자기 것으로 만들어 내도록 해야 한다. 이를 위해서 학생은 자신의 오개념이 무엇인지 알아야 하며 교사는 학생의 일상적이고 경험적인 지식을 교수·학습 활동 속에서 보편적이고 개념적인 지식으로 변환시켜 주어야 한다.

둘째, 탐구라는 측면에서 학생의 역량을 개발하려면 학생이 사실적 지식에 대한 심층적인 지식 기반을 가져야 한다. 그리고 개념적 틀을 가지고 사실과 아이디어의 관계를 이해할 수 있어야 하고, 내용의 인출과 적용을 촉진하는 방식으로 지식을 조직화해야 한다. 전문가는 초보자에 비해서 뛰어난 기억력을 가지고 있는 것이 아니다. 전문가는 초보자가 보지 못하는 패턴, 관계, 불일치 요소 등을 파악한다. 즉, 개념적인 틀을 가지고 있기 때문에 초보자에게는 보이지 않는 정보의 의미를 파악하고 추출하며 이로 인해 관련 정보를 더 잘 기억하게 된다.

초등학교에서 고등학교 수준에 이르기까지 대부분의 교과목에서 학생은 초보자로 학습을 시작한다. 학생은 공부해야 할 교과목에 대한 구조화되지 않은 생각을 가지며 교실에 들어오며, 그전까지 획득한 정보의 양의 차이는 다양하다. 교육을 좀 더 형식적 지식을 갖도록 학생을 변화시키는 것이라면 탐구를 통해 학생의 지식 기반을 심화시키면서 동시에 교과에 대한 개념적 틀을 개발할 수 있게 도와주어야 한다. 학습과 전이에 대한 관한 연구에서는 학생의 지식이 개념적 틀로 조직화되어 있는 경우 지식의 전이가 좀 더 용이하게 이루어진다는 것이다. 즉, 조직화된 지식이 이미 알고 있는 것을 새로운 상황에 적용할 수 있도록 하며, 관련된 정보를 더 빨리 학습할 수 있도록 도와준다.

셋째, 메타인지 활동을 포함하는 수업은 학생이 학습 목표를 설정하고 이를 달성하기 위해 학습 과정을 모니터링 할 수 있게 도와준다. 자기주도적인 학습자는 새로운 정보가 자신이 이미 알고 있는 것과 일치하는지, 어떠한 방법을 활용할 때 학습이 일어나는지를 확인하는 일종의 내적 대화의 형태로 메타인지 전략을 개발한다. 메타인지 전략은 모든 과목에 포괄적으로 적용되는 일반적인 방법이 아니며 교과의 특성을 고려하여 교과 내용과 통합하여 맥락 안에서 가르쳐져야 한다. 구체적인 방법으로는 학급 토론이 학생의 독립성과 자기조절뿐만 아니라 메타인지 기술을 발달시키는 데 도움이 되는 것으로 알려져 있다(신종호 외, 2007).

Trilling과 Fadel(2012: 31-34)은 학습에 대한 연구결과를 바탕으로 실제적 학습, 정신 모델 구축, 내적동기, 다중지능, 사회적 학습을 이 시대에 적합한 학습으로 제시한다. 각각을 살펴보면 다음과 같다. 실제적 학습(authentic learning)은 어떠한 특정 상황에서 배운 것을 다른 상황으로 옮게 적용하는 것(예를 들어, 교실에서 배운 것을 실생활에 응용하는 것 등)을 의미한다. 수학 시험에서 슈퍼마켓에서 계산하는 내용으로 수학 문제를 푸는 것과 실제 상점에서 물건의 가격과 크기 혹은 무게를 비교하여 계산하는 것은 자동적으로 이루어지지 않는다. 따라서 새로운 지식과 기능을 배울 때에는 그것이 적용되는 맥락을 제공할 필요가 있다. 예를 들어, 미디어를 이용해 실생활 환경을 가상으로 구성하거나 특정 지식과 기능이 사용되는 것에 실제로 가봄으로써 학습에 좀 더 실질적인 상황을 제공한다면 배운 내용을 더 잘 기억하고 다른 유사한 상황에서 더 잘 적용할 수 있게 된다.

정신 모델 구축(mental model building)은 사람들이 어떻게 새로운 경험을 자신이 형성한 정신 모델에 통합시키는지, 그리고 이 모델이 어떻게 시간의 흐름에 따라 변화되는지에 관한 연구에 기초한다. 앞서 NRC의 연구 결과에서도 제시되었듯이, 사람은 모두 선경험을 가지고 있으며, 이 경험에 의존하여 때로는 오개념을 갖게 되기도 한다. 하지만 자신이 갖고 있던 정신 모델에 비추어 그에 맞지 않는 새로운 현상을 경험하면 이를 바로잡게 된다. 과거 경험을 통해 이미 알고 있는 것을 인식하는 과정, 또는 정신 모델 가운데 가장 최근에 형성되어 현재 믿고 있는 내용은 학습과정에 있어 매우 중요한 첫 단계임에도 불구하고 학생들에게 새로운 내용을 가르치느라 서두르다 학생들이 자신의 현재 정신 모델에 대해 깊이 생각해 볼 수 있도록 돕는 중요한 단계를 간과하기도 한다.

정신 모델을 구축하는 데 있어서 모델을 형성하고 다루는 경험이 물리적인 것이든(나무나 레고 블록, 로봇 부품 등) 가상의 것이든(종이나 스크린에 그리기, 컴퓨터 시뮬레이션 게임, 가상세계, 비디오 게임 등) 우리 내면의 정신 모형을 시각화하고 더욱 발전시키는 데 도움이 된다. 경험 모델링(손을 이용하는)이나 가상 모델링(스크린에서 펼쳐지는) 활동 모두 내면의 모형 형성과 머릿속에서 진행되는 학습 과정을 반영하며, 사고 과정을 눈으로 볼 수 있도록 하는 여러 방법을 제시한다.

정서지능에 관한 많은 연구 결과와 보고서에서는 학습하고자 하는 내적 동기가 부모의 인정이나 우수한 시험 성적과 같은 외적 동기보다 훨씬 중요함을 밝히고 있다. 학습 내용(개인적 경험 또는 질문)이 정서적으로 어떤 연관이 있을 때 그 배운 것이 더 오래 지속되고, 이해하는 정도 또한 깊어진다. 학생의 관심과 열정에 부합하도록 구성된 학습 프로젝트에 관한 연구 결과에 따르면 내적 동기가 적극적인 참여와 깊은 이해, 더 많이 배우고자 하는 욕구에 기여하는 것으로 나타났다. 뇌 속에 내재된 '지능 영역'이 정확히 무엇인지에 관해 활발한 토론이 진행되고 있지만 역량은 다양한 형태로 나타나고, 지능은 폭넓은 범위의 해동으로 표현된다는 사실에는 의심의 여지가 없다. 효과적인 학습을 위해서는 다양한 학습 스타일에 적합한 다중 학습 접근법이 권장되고, 학생들이 자신이 이해한 바를 표현할 수 있도록 다양한 방식을 제공해야 한다.

모든 학습은 여러 측면에서 사회적 행위로 볼 수 있다. 왜냐하면 학습이라는 것이 과거 오랜 세월 동안 수많은 사람에 의해 축적된 지식을 습득하는 과정이기 때문이다. 혼자서 책이나 웹페이지를 읽는 행위마저도 실제로는 글쓴이의 사상과 글에 영향을 준 많은 사람과 연결되는 사회적 행위인 것이다. 오프라인 및 가상 협업 모두는 학습 동기를 유발하고, 더 나은 혁신적인 결과를 도출하며, 사회적 기능을 개발하는 효과가 있는 것으로 나타났다.

나. 교수·학습 방법

역량을 개발하는 데 가장 효과적인 최선의 교수·학습방법이 존재한다고 밝혀진 메타 연구는 없지만 역량의 개념과 의미에 비추어볼 때, 그리고 학교 혹은 교실에서 이루어진 경험적 연구들에서 공통적으로 언급되는 교수·학습 방법은 탐구학습 및 수행의 강조, 학생의 특성을 고려하는 반응적 수업, 프로젝트 학습을 포함한 협력학습이다.

첫째, 수업의 목표가 지식을 습득하게 하는 경우에도 탐구학습을 통해 교과서에 제시된 사실들도 개념이나 원리를 가지고 설명하거나, 적용하거나, 평가하거나, 논증하는 등의 수행으로 나타낼 수 있도록 가르친다. 즉, 학생이 학습 내용의 의미를 파악할 수 있도록 특정 맥락에서 내용을 제시하고, 새로운 상황에서 이해한 것을 적용하는 기회를 제공한다. 따라서 교사는 단순히 재미있는 활동보다는 학생이 수업의 결과로 무엇을 할 수 있어야 할 것인지 수행을 염두에 두고 교수·학습 활동을 계획해야 한다(McTighe & Seif, 2010). 역량을 갖춘 학생은 학습한 내용을 다양한 상황에 적용, 재해석, 혹은 변형할 수 있어야 하므로 수업에서는 교실 상황에서 학습한 것을 새로운 상황에 적용하도록 하는 수행이 강조된다.

둘째, 학생의 특성을 고려하는 반응적 수업이 이루어진다. 역량 개발을 위한 교수·학습에서 강조되는 또 다른 측면은 학생 개개인의 요구와 필요에 따른 맞춤형 혹은 개별화 수업이다(ACARA, 2015). 역량은 모든 학생이 동일한 수준에서 습득하는 것으로 파악되기보다는 발달적인 성격을 띠므로 각 학생의 역량 습득에서의 차이, 다양한 수준이 고려되어야 한다. Parsons와 Beauchamp(2012)는 역량 기반 교육과정은 학생의 요구에 반응적인 수업을 통해 실현될 수 있다고 말하며 학생 맞춤형 수업 혹은 개별화된 수업(personalized instruction)의 중요성을 역설한다. 역량은 개인 간의 상호작용도 중요시하는 집단적 차원과 함께 학생들 개개인의 강점과 잠재된 능력을 키워주는 것 역시 중요한 목적이기 때문에 학생들의 다양한 학습 속도와 학습 유형을 고려하여 학생 개개인에게 유의미한 학습 경험을 제공해야 한다.

맞춤형 수업(Differentiated Instruction)에서는 학생들의 학습 속도나 방식이 다르고 차이가 있음을 인정할 뿐 아니라 그 다양성을 존중한다. Tomlinson(1999)은 학생들의 다양한 필요를 준비도, 관심, 학습 유형으로 나눈다. 학생들의 필요와 요구를 이 세 가지 주요 변인으로 범주화하여 수업을 다양화하기 때문에 모든 개별 학습자를 위한 개별화된 수업과 다르며 보다 현실적이라고 본다. 교사는 이 각각의 변인에 따라서 내용을 다양화할 수도 있고, 과정을, 혹은 결과를 다양화할 수 있다. 내용 다양화는 모든 학생들이 공통의 목표에 도달하게 하면서도 학습자들이 가지고 있는 사전 학습의 정도에 따라서 다른 학습 자료를 제공하는 것을 의미한다. 과정 다양화는 교수・학습 활동과 관련된 것으로 다양한 수업자료나 교수・학습 방법을 활용하는 것을 의미한다. 결과 다양화에서는 교사가 학생들 특성에 가장 부합하는 형태의 결과물과 수행을 허용한다. 이와 같은 교수・학습의 다양화는 교사가 학생들의 다양성을 포용하는 교실 문화의 바탕 위에 이루어진다. 소경희・홍원표・송주현(2013)의 연구에서도 역량 중심 교육과정 실행에 따른 학교 현장의 중요한 변화 중 하나가 교사가 동일 학년의 경우에도 학생들이 배우는 수준이나 방법이 다름을 인식하고 학생 개인별 수준이나 학습 양식에 따른 수업을 하게 된 것임을 보고하고 있다.

셋째, 협력적 문제해결을 기를 수 있는 소그룹 협동 학습, 프로젝트 학습, 문제 기반 학습 등이 이루어진다. 역량 기반 교육에서는 학교 학습의 결과가 이후의 학습이나 삶에서의 부딪치는 과제와 일을 효율적으로 수행하는 데 도움을 줄 수 있어야 한다. 그리고 이러한 능력은 개인 차원의 과제 수행 능력에만 머물지 않고 타인과 협력하여 문제를 해결하는 능력을 포함한다. 소그룹 협동 학습은 교사와 학생 간 상호작용뿐 아니라 다양한 특성을 가진 학생 간 상호작용을 통하여 학습을 촉진하는 데 효과적인 방법으로 널리 알려져 있다. 교사는 단순히 소그룹에 학습 과제를 부여하는 것이 유연한 집단 편성을 통해 학업 성취뿐 아니라 협동하는 법을 배울 수 있도록 세심하게 설계하고 준비해야 한다. 학생들은 집단이 달성하고자 하는 공동의 목표 달성을 위해서 개인의 책무에 바탕을 둔 긍정적인 상호작용을 통해 결정을 내리고 문제를 해결하게 된다.

프로젝트 학습은 실생활 프로젝트로써 학생들이 실제 생활에서 만날 수 있는 문제나 과제를 협력하여 해결하고, 그 집단적 문제 해결 과정에서 학문적 내용을 배우는 방법으로 정의된다(Bender, 2012). 주요 효과로는 학생의 학습 동기를 증가시키고 팀워크와 협력하는 기능을 향상시킬 뿐 아니라 개념 학습 및 학업 성취도를 높이고 프로젝트와 관련된 내용에 대한 심층 학습을 가능하게 하는 것으로 나타난다(Bell, 2010; Marzano, 2007). 프로젝트 학습은 학생들이 삶과 사회 속에서 접하게 되는 문제나 이슈를 해결하는 과정에서 교과 지식과 기능을 습득하고 활용하게 할 뿐 아니라 팀워크와 협력하는 기능을 요구하므로 협력적 문제해결을 강조하는 역량을 기르는 데 주로 활용된다(Bender, 2012; Trilling & Fadel, 2009). Drake(2012)는 프로젝트 학습의 예로 봉사학습 프로젝트를 제시하면서 인지적인 학습과 정의적인 학습이 통합될 수 있는지를 보여준다. [부록 2]에서는 교사들이 개발한 봉사학습 프로젝트의 예를 제시하였다.

프로젝트 학습의 한 유형인 문제 기반 학습은 주어진 문제 상황을 해결해나가는 과정에서 학생들이 가진 기존 지식과 경험을 통합적으로 활용하도록 하며, 실제 상황과 유사한 문제 상황을 제시하여 실생활과 유사한 경험의 학습이 이루어질 수 있도록 한다. 학생들은 문제해결의 과정에서 지식과 기능을 습득하고 활용할 뿐 아니라 다른 사람들과 협력하여 스스로 문제를 해결하게 하여 협력적 문제해결, 비판적 사고 능력, 자기 주도적 학습 능력 등을 기르는 데 효과적인 것으로 알려져 있다. 해외의 역량 기반 교육과정 운영 실태를 연구한 결과들을 살펴보면 영국, 뉴질랜드, 호주, 캐나다 앨버타 주와 퀘벡 주, 독일 함부르크 주 모두 공통적으로 프로젝트 학습과 학생 참여형 수업이 이루어지고 있음을 알 수 있다(소경희 · 홍원표 · 송주현, 2013; 홍원표 · 이근호, 2010).

우리나라 2015 개정 교육과정에서도 심층학습, 협동 학습, 토의 · 토론 학습, 실제적 학습, 학생 맞춤형 수업 등 교수 · 학습의 강조점을 '학교 교육과정 편성 · 운영'에서 다음 <표 4-1>과 같은 지침으로 제시한다.

<표 4-1> 2015 개정 교육과정의 교수 · 학습 지침

가. 학교는 교과목별 성취 기준에 따라 다음과 같은 사항에 중점을 두고 교수 · 학습이 이루어지도록 한다.

1) 교과의 학습은 단편적 지식의 암기를 지양하고 핵심 개념과 일반화된 지식의 심층적 이해에 중점을 둔다.
2) 각 교과의 핵심 개념과 일반화된 지식 및 기능이 학생의 발달 단계에 따라 그 폭과 깊이를 심화할 수 있도록 수업을 체계적으로 설계한다.
3) 학생의 융합적 사고를 기를 수 있도록 교과 내, 교과 간 내용 연계성을 고려하여 지도한다.
4) 실험, 관찰, 조사, 실측, 수집, 노작, 견학 등의 직접 체험 활동이 충분히 이루어지도록 한다.
5) 개별 학습 활동과 함께 소집단 공동 학습 활동을 통하여 협력적으로 문제를 해결하는 협동학습 경험을 충분히 제공한다.
6) 학생이 능동적으로 수업에 참여하고 자신의 생각을 표현하는 기회를 가질 수 있도록 토의 · 토론 학습을 활성화한다.
7) 학생에게 학습 내용을 실제적 맥락 속에서 적용하고 활용할 수 있는 기회를 충분히 제공한다.
8) 학생이 스스로 자신의 학습 과정과 학습 전략을 점검하고 개선하며 자기주도적으로 학습할 수 있도록 지도한다.

나. 학교는 효과적인 교수 · 학습 환경 설계를 위해 다음과 같은 사항에 중점을 둔다.

1) 교사와 학생 간, 학생과 학생 간 상호 신뢰와 협력이 가능한 교수 · 학습 환경을 제공한다.
2) 학생의 능력, 적성, 진로를 고려하여 교육 내용과 방법을 다양화하고, 학교의 여건과 학생의 특성에 따라 다양한 학습 집단을 구성하여 학생 맞춤형 수업을 하도록 한다.
3) 학교는 학습 결손을 보충할 수 있도록 특별 보충 수업을 운영할 수 있으며, 이에 대한 제반 운영 사항은 학교가 자율적으로 결정한다.
4) 각 교과의 특성에 맞는 다양한 학습이 이루어질 수 있도록 교과 교실제 운영을 활성화한다.
5) 학교는 교과용 도서 이외에 교육청이나 학교에서 개발한 다양한 교수 · 학습 자료를 활용할 수 있다.
6) 실험 실습 및 실기 지도 과정에서 학생의 안전사고를 예방하기 위해 시설 및 기계 기구, 약품, 용구 사용의 안전에 만전을 기한다.

3. 평가

역량 개발을 목표로 하는 교육에서 이루어지는 평가에서는 학생들을 능력에 따라 범주화하고 선발 및 배치의 기능을 강조하기보다는 학생들이 무엇을 알고 할 수 있는가를 확인하는 데에 초점이 있다. 학습을 통해 어떠한 변화 혹은 성장이 이루어졌는가에 대한 정보를 수집하여 피드백을 통해 교수·학습의 질 개선을 도모한다. 즉, 학생들의 성장 가능성을 중시하고 모든 학생이 학습 목표 혹은 성취기준에 도달할 수 있도록 지원하는 것이 주요 목적이 된다. 모든 학생의 목표 도달과 수업 개선이라는 목표에 도달하기 위한 교실평가 계획 및 실행은 크게 세 가지 방식으로 접근할 수 있고, 이 접근들은 서로 균형 있게 이루어져야 한다.

첫 번째 방식은 학습한 것에 대한 평가(assessment of learning)이다. 대개 총괄평가로 통용되며 일정 기간 동안의 학습이 이루어진 후에 평가가 이루어지며 대개는 일회성의 성격을 띤다. 또한 그 결과를 학생의 학업성취도로 일반화한다. 두 번째는 학습을 위한 평가 혹은 학습 지향적 평가(assessment for learning)이다. 학생의 학습을 위한 평가는 학생 개인의 강점과 부족한 점을 파악하기 위해서 정확한 정보를 수집한다는 면에서 진단(diagnostic) 평가의 성격을 띠기도 하고, 학생의 수행을 효과적인 수업 계획과 실행 전체를 통해서 평가한다는 면에서 형성 평가의 성격을 띠기도 한다. 학생평가는 교수·학습의 일부로 전 과정에 걸쳐서 이루어진다. 평가 방법의 경우, 사용된 다양한 교수·학습법과 일관되면서 그 특성을 드러내는 것을 선택해야 한다. 세 번째는 학습으로서의 평가(assessment as learning)이다. 교사와 학생 모두에게 평가 자체가 교육적 경험으로서 가치가 있는 평가를 의미하며, 자기반성을 비롯한 메타 인지적 기능이 강조된다(Earl, 2013).

가. 학습의 과정을 중시하는 평가

최근의 평가 동향을 살펴보면 '학습한 것에 대한 평가'에서 '학습을 위한', 그리고 '학습으로서의 평가'로 무게중심이 옮겨가면서 세 접근의 균형을 꾀하고 있다. 미국 ETS(Educational Testing Service)에서는 '학습한 것, 학습을 위한, 학습으로서의 인지 능력 평가(Cognitively-Based Assessment of, for, as Learning: CBAL)'라고 불리는 초·중등학교 평가시스템을 개발하였다. 명칭에서도 나타나듯이 학생들의 학업 성과를 측정하여 제시할 뿐 아니라, 교수 학습을 어떻게 계획해야 하는지에 도움을 제공하고, 평가 그 자체로서 교육적인 경험이 될 수 있도록 하여 학습을 촉진할 수 있도록 하는 데 있다(Bennett, 2010). CBAL에서는 학생들의 학업 성과를 측정하기 위해서는 기존의 표준화된 검사에서 채점 신뢰도가 높은 선다형, 단답형 문항을 출제하고 학습 지향적 평가의 측면에서는 수행평가를 활용한다. 두 가지 목적의 평가 모두 컴퓨터 기반으로 시행되고 시나리오 기반의 프로젝트 방식의 평가, 교과 통합형 수행 과제를 포함한다. 시나리오 기반의 평가는 학생이 해당 과제를 수행해야 하는 상황을 가상으로 제공하여 학생의 참여도를 높이고 더 나아가 의미 있는 학습 경험이 되게 한다(김희경 외, 2012: 63-64). 이와 같은 평가 동향은 역량 함양을 목표로 하는 교실에서도 나타난다. 교사는 형성평가와 총괄평가 모두 활용하여 학생 학습의 과정을 모니터하고 피드백을 제공해야 하며(Parsons · Beauchamp, 2012), 우리나라에서는 이를 '과정 평가' 즉 학습의 과정을 중시하는 평가라고 부른다.

학습의 과정을 중시하는 평가의 관점에서 Tomlinson과 McTighe(2006)는 학생의 다양한 특성을 고려하는 교실 수업에서 이루어지는 평가의 원칙으로 다음을 제시한다. 첫째, 가르치기 전에 학생의 특성을 다양한 방식으로 평가하여 학생의 강점과 약점을 파악한다. 둘째, 학생들이 정보를 처리하는 방식이 다양하고 선호하는 방식이 다르기 때문에 자신이 학습한 내용을 가장 잘 드러낼 수 있도록 선택권을 준다. 셋째, 피드백을 시의 적절하게 구체적으로 제공하고 학생들이 수정할 수 있는 기회를 제공한다. 넷째, 학생의 자기평가와 반성을 유도한다.

학습에 대한 연구에서도 강조되었듯이, 평가에서도 메타인지 전략과 관련하여 학생들 자신이 스스로 평가자가 되어 학습을 반성하는 기회를 제공해야 한다. 자신의 학습 진보를 모니터하고 다양한 전략을 사용하여 자신이 무엇을 알고 할 수 있는가에 대해서 질문을 하고 자기 성장이 이루어질 수 있도록 한다. 학생은 교사의 도움을 받아 학습 목표를 함께 설정하고 자신의 수행의 준거를 인지하고 있어야 한다. 수행의 준거에 따라서 스스로 과업(task)의 목표를 세우고 자신의 진보를 모니터하고 결과를 반성한다. 교사는 공식, 비공식적인 방식으로 피드백을 제공하고 학생은 그에 따라 자신이 현재 어디에 있는지, 그 다음 단계는 무엇인지 파악할 수 있게 된다.

독일 함부르크 주와 캐나다 앨버타 주의 경우는 학생들의 역량 수준을 확인할 수 있도록 학교에서 자체적으로 역량 지표나 역량 평가 지표를 개발하여 활용한다. 역량 지표 혹은 역량 평가 지표는 수업 및 평가의 틀로 활용되는데, 즉각적인 행동의 변화 확인이나 일회성의 총괄평가 목표로 사용되기보다는 역량을 지속적으로 발달시키기 위해 여러 수준으로 역량 지표를 만들어 활용한다. 또한 학생들은 학습일기장에 스스로 자신의 학습과정을 꼼꼼히 기록하며 교사와 협의하는 시간을 갖는다(소경희 · 홍원표 · 송주현, 2013).

나. 수행평가의 강조

역량 중심 교육에서는 지식과 기능의 통합적 활용 및 지식이 활용되는 맥락의 실제성을 강조할 뿐 아니라 인지적 영역과 정의적 영역의 능력 모두를 포함하므로 수행평가가 주로 사용된다. 수행평가 과제에서는 학습자들에게 의미 있고, 도전적이며, 흥미를 유발하기 위해서 실생활 맥락성, 간학문적 통합, 다차원(지식, 기능, 태도)을 포함한다(Herman, Aschbacher, & Winters, 1992). 다음 <표 4-2>에서도 나타나듯이 수행평가는 인지학습이론과도 맞물려 있으며, '교수 · 학습'에서 제시한 '학습에 대한 연구 결과'와 일관된다. 그리고 여러 학자들이 제시하는 수행평가의 주요 특징들을 살펴보면 첫째, 질적으로 우수한 교육과정에 기반하고 있다. 둘째, 평가가 과정 중심적이고 시간에 걸쳐 지속적으로 이루어진다. 셋째, 개방형의 복잡한 과제 형식으로 제시된다. 넷째, 상황이 가능한 실생활에 가깝고 간학문적이다. 다섯째, 상대적인 등급화를 지양하고 준거 지향적이다(온정덕, 2000).

<표 4-2> 인지학습이론이 교수 및 평가에 주는 함의점

학습이론	교수 및 평가에 대한 함의점
1. 지식은 구성되는 것이며 학습은 새로운 정보와 이전에 가지고 있던 지식으로부터 의미를 만들어내는 과정이다.	• 새로운 아이디어들을 토의한다. • 단 하나의 정답보다는 확산적 사고와 여러 해결책들을 만들어내도록 한다. • 여러 양식으로 표현하도록 한다. • 분석, 비교, 일반화, 예측, 가정과 같은 비판적 사고 기능을 강조한다.

2. 모든 연령, 능력의 학생들은 문제를 생각하고 해결할 수 있다. 학습은 분리된 기술들을 선형적으로 발달시키는 것일 필요는 없다.	• 모든 학생들을 문제 해결에 참여시킨다. • 문제해결, 비판적 사고, 개념에 대한 토의를 틀에 박힌 기본적인 기술의 습득에 한정시키지 않는다.
3. 학습 스타일, 주의지속시간, 기억, 발달속도, 지능에서 여러 개인차가 존재한다.	• 과제를 선택할 수 있도록 한다. • 자신의 능력, 숙달을 보여주는 방싱글 선택한다. • 사고할 시간을 주고 숙제를 준다. • 시간 내에 해결하는 시험을 남용하지 않는다. • 변경해 보고 재고하는 기회를 제공한다. • 구체적인 경험들(조작물들, 개인의 선행 경험과의 연결)을 포함한다.
4. 사람들은 그들이 목표를 알고, 모델들을 보고, 자신들이 하는 수행을 기준(standard)과 비교하는 방식을 알 때 더 잘 수행한다.	• 목표들을 논의한다. : 학생들이 목표들을 정의하도록 돕는다. • 일련의 학생들의 작품 예들을 제공하고 특성들을 논의한다. • 학생들에게 자기평가와 동료 평가의 기회를 제공한다. • 수행을 판단하는 준거를 논의한다. • 학생들이 기준에 정보를 제공할 수 있도록 한다.
5. 언제 지식을 사용하고 그것을 어떻게 적합하게 변경하고 자신의 학습을 어떻게 다룰 수 있는지를 아는 것이 중요하다.	• 새로운 지식을 적용하고 적합하게 변용할 수 있는 실생활의 기회들을 제공한다. • 학생들이 자기 평가할 수 있도록 한다. 자신들이 어떻게 학습할 때 잘하는지 혹은 못하는지를 생각하고 새로운 목표들을 설정해 보고, 자신이 왜 특정 작업을 좋아하는지 생각한다.
6. 동기, 노력, 자존감은 학습과 수행에 영향을 미친다.	• 실생활 과제와 개인적인 경험들을 연결시켜서 학생들을 동기화한다. • 노력과 결과 간의 관계를 볼 수 있도록 한다.

출처: Herman, Aschbacher, & Winters(1992), pp. 19-20.

수행평가에서는 인지적인 영역의 능력 뿐 아니라 정의적인 능력의 영역에 대한 평가가 함께 이루어지며, 실제 생활과 유사한 맥락에서의 수행 능력을 평가하여 과제 수행과 관련된 고등 사고기능이나 협력적 문제해결력을 중요하게 다루게 된다. 또한 결과뿐 아니라 그러한 결과에 도달하게 된 과정을 평가하여 학습자의 학습에서의 진보에 대한 결과를 수집하고 학생들 또한 자기 스스로의 변화와 성장을 확인하게 된다. 수행과제와 채점 기준을 개발할 때에는 그 과정에 학생의 참여를 허용하여 수업의 방향이 무엇인지 왜 그 내용을 배우는지를 확인하고 스스로 자신의 수행 정도를 평가할 수 있도록 한다(Darling-Hammond, 2010). 수행평가는 역량기반 교육과정을 실천하고 있는 해외 사례를 분석한 연구에서 공통적으로 언급되며, 이와 함께 다양한 형태의 평가가 이루어져야 함이 강조된다(홍원표 · 이근호, 2010; 이근호 외, 2013).

2015 개정 교육과정에서는 이와 같은 취지와 의미를 반영하여 '학교 교육과정 편성 · 운영'의 평가에 대한 지침을 다음과 같이 제시한다.

<표 4-3> 2015 개정 교육과정의 '평가' 지침

가. 평가는 학생의 교육 목표 도달도를 확인하고 교수 · 학습의 질을 개선하는 데 주안점을 둔다.
  1) 학교는 학생에게 평가 결과에 대한 적절한 정보 제공과 추수 지도를 통해 학생이 자신의 학습을 지속적으로 성찰하고 개선할 수 있도록 지도한다.
  2) 학생 평가 결과를 활용하여 수업의 질을 지속적으로 개선한다.

나. 학교와 교사는 성취기준에 근거하여 학교에서 중요하게 지도한 내용과 기능을 평가하며 교수 · 학습과 평가 활동이 일관성 있게 이루어지도록 한다.
  1) 학생에게 배울 기회를 주지 않은 내용과 기능은 평가하지 않도록 한다.
  2) 학습의 결과뿐만 아니라 학습의 과정을 평가하여 모든 학생이 교육 목표에 성공적으로 도달할 수 있도록 한다.
  3) 학교는 학생의 인지적 능력과 정의적 능력에 대한 평가가 균형 있게 이루어질 수 있도록 한다.

다. 학교는 교과의 성격과 특성에 적합한 평가 방법을 활용한다.
  1) 서술형과 논술형 평가 및 수행평가의 비중을 확대한다.

> 2) 정의적, 기능적, 창의적인 면이 특히 중시되는 교과는 타당한 평정 기준과 척도에 따라 평가를 실시한다.
> 3) 실험 · 실습의 평가는 교과목의 성격을 고려하여 합리적인 세부 평가 기준을 마련하여 실시한다.
> 4) 창의적 체험활동은 내용과 특성을 고려하여 평가의 주안점을 학교에서 결정하여 평가한다.
> 5) 전문 교과Ⅱ의 실무 과목은 성취 평가제와 연계하여 내용 요소를 구성하는 '능력 단위' 기준으로 평가할 수 있다.

다. 핵심 역량 평가 시스템의 사례

핵심 역량이 강조됨에 따라 핵심 역량들이 의미와 하위요소들을 규명하고 이러한 능력들을 측정하고자 하는 다양한 시도들이 이루어지고 있다. 다음에서는 2009년부터 진행되어 온 '21세기 역량의 평가와 교육(Assessment and Teaching of 21st Century Skills: ATC21S)' 프로젝트에서 개발한 평가 시스템, PISA 2015에 도입된 협력적 문제해결 역량 평가 모형, 그리고 미국에서 국가 공통 기준(CCSS)과 일관된 방식으로 개발된 '향상되고 균형 잡힌 평가 컨소시엄'(Smarter Balanced Assessment Consortium: SBAC)을 개관하고자 한다.

(1) ATC21S

ATC21S 프로젝트에서는 21세기 역량을 '사고 방식', '업무 방식', '업무 수단', '사회성'으로 범주화하고 각 하위기능을 다음 [그림 4-2]와 같이 설정하였다. 그리고 비판적 사고, 문제 해결, 의사결정, 협력은 '협력적 문제해결'로 수렴되고, ICT와 정보 문해력, 개인적 · 사회적 책임 의식은 '디지털 네트워크를 통한 학습'으로 수렴되는 개념적 틀을 개발하였다. 그리고 핵심 역량 평가를 위해 '협력적 문제해결'과 '디지털 네트워크를 통한 학습' 능력을 평가하는 평가 시스템을 개발하는 작업에 착수했다. '협력적 문제해결력' 평가는 크게 '지적인 영역'과 '사회적 영역'으로 나뉜다. 지적인 영역은 '과제 조절'(task regulation)과 '지식 형성'(knowledge building)으로 구성되고, 사회적 영역은 '참여', '관점', '사회적 조절'로 구성된다. '디지털 네트워크를 통한 학습'은 '개념적으로 네트워크에서 소비자로 기능하기', '네트워크에서 생산자로 기능하기', '네트워크를 통해서 사회 자본 개발에 참여하기', '네트워크에서 지적인 자본에 참여하기'로 구성된다. 개발된 평가의 시범 운영에는 호주, 싱가포르, 핀란드, 미국, 코스타리카, 네덜란드가 참여하였고, 연구 결과는 OECD에 전달되었고 PISA 2015에 반영되었다.

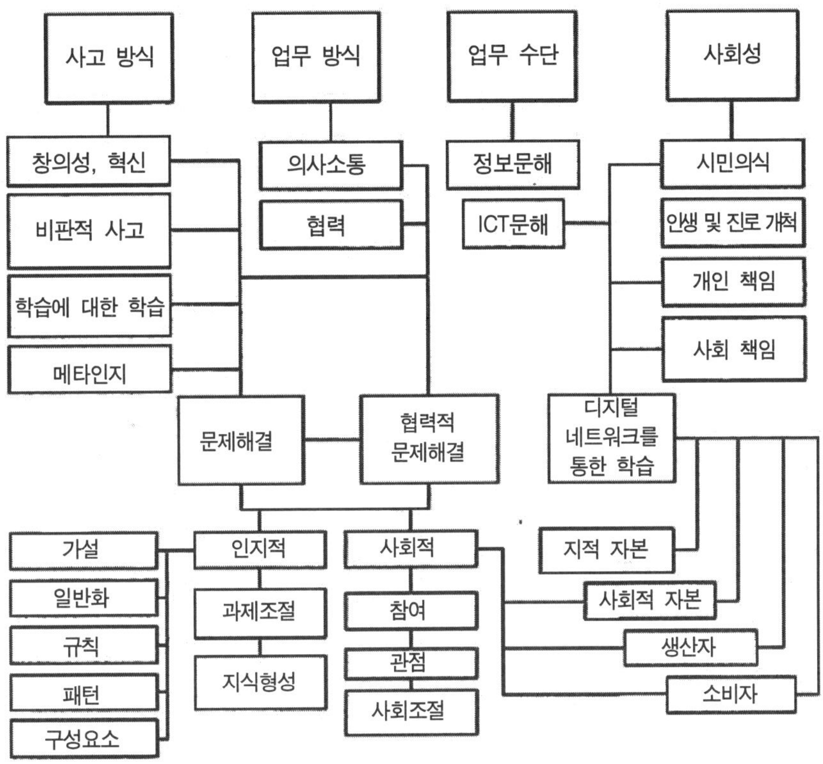

[그림 4-2] ATC21S의 21세기 역량의 하위요소 간 관계

출처: Giffin & Care(2015), p. 11.

(2) PISA 2015

OECD 회원 국가를 중심으로 만 15세 학생의 '소양'을 평가하는 국제학업성취도 비교연구인 PISA에서는 2015년부터 컴퓨터 기반 협력적 문제해결력을 평가 영역에 포함하였다. 협력적 문제해결력은 '협력'과 '개인적 문제해결력'의 조합으로 이루어진다. 협력은 각 개인이 자신이 가진 지식과 기능을 어떻게 문제를 해결하는 데 도움을 줄 수 있을 것인가 뿐 아니라 타인이 문제해결에 기여하는 데 가진 지식과 기능을 알고 존중하는 것을 의미한다. 또한 집단 내에서 지식과 기능을 공유하는 것뿐 아니라 발생 가능한 갈등이나 불일치 혹은 관점의 차이 등이 있을 때 그것들을 해결하고 조율하는 과정에서 협력은 자신들이 가진 의견과 해석들을 명료화하고 가능한 정보들을 더 깊이 탐구하고 보다 많은 해결책들을 비교하면서 개인이 혼자 수행한 것보다 더 나은 결과를 가져오게 한다. PISA 2015에서는 협력적 문제해결력을 두 명 이상의 가상 인물이 문제에 대한 해결책에 도달하기 위해서 자신이 가진 지식, 기능, 노력을 끌어내고 동시에 문제 해결에 필요한 이해와 노력을 공유하는 과정에 효과적으로 참여하는 개인의 능력으로 정의한다. 그리고 이러한 정의는 '공유된 이해를 수립하고 유지하기', '문제해결을 위해 적절하게 행동하기', '팀을 조직하고 유지하기'라는 세부 역량으로 구성된다. 협력적 문제해결력의 요인과 과정은 다음 [그림 4-3]과 같다.

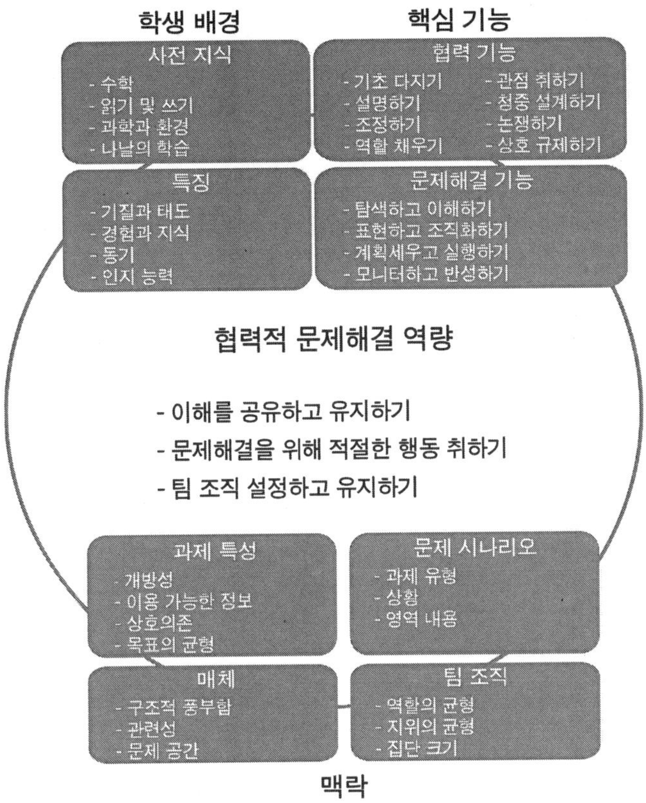

[그림 4-3] PISA 2015 문제해결력 평가의 요인과 과정

출처: OECD(2013c), p.13.

(3) SBAC

미국의 국가 공통 기준에서는 학습해야 할 내용과 학습의 결과로 드러내어야 할 수행을 진술한다. 기준 문서에서 유치원부터 12학년에 걸쳐 구체적인 기대치를 제시하였다면 개별 학생들이 어느 정도로 그 기대치를 달성하고 있는가를 파악하는 평가 시스템이 필요하다. 따라서 교육부에서는 차세대 평가로 SBAC 평가 체제를 개발하였고, 이는 영어(모국어)와 수학에서 3~8학년과 고등학교 학생들을 대상으로 종합적이고 혁신적인 평가 체제를 개발하는 것을 목표로 한다(SBAC, 2014).

현재 23개의 주가 컨소시엄에 참여하고 있으며 이 새로운 평가 체제를 2014년, 2015년에 걸쳐 시범 적용하였다. 이 평가 체제는 다음과 같은 특징을 가진다. (1) '대학 진학과 직장 준비도'에 대한 진보를 엄격하게 평가한다. (2) 모든 컨소시엄 주에 대해서 공통적으로 적용하는 분할점수(cutscore)가 있다. (3) 목표 달성뿐 아니라 학생 성장에 대한 정보도 제공한다. (4) 심각한 지적 장애가 있는 학생들을 제외한 모든 학생들에 대해서 타당하고, 신뢰롭고, 공정함을 추구한다. (5) 시험을 온 라인으로 치른다. (6) 여러 측정치들을 사용한다(SBAC, 2014).

이 평가 체제는 형성평가와 총괄평가의 역할을 수행하며 기존의 'No Child Left Behind' 법안 통과 후에 진행된 평가의 목적과 문항의 종류 측면에서 큰 차이점을 지닌다. 예전의 국가 혹은 주 수준의 평가에서는 전통적인 객관식 평가에 의존하고 지식의 상기를 요구하는 문항들이 대부분이었고, 주별로 분할점수를 정하고 평가 결과를 책무성을 묻는데 사용하였다. 하지만 이 새로운 평가 체제에서는 다양한 종류의 문항들 즉, 선택형, 단답형, 서술형, 수행 과제들을 포함한다.

모든 평가는 컴퓨터로 실시되고, 컴퓨터 능력적응검사(computer adaptive testing: CAT) 문항과 수행평가(performance test: PT) 문항으로 구성된다. 컴퓨터 능력적응검사는 기계가 채점하고 문항 난이도가 개별 학생들의 반응에 따라 달라지고, 공통 기준의 전 범위에 걸쳐 평가가 이루어진다. 수행평가 문항의 경우 교사가 수행 과제를 설명하고 안내할 수 있고, 사람이 채점한다. 수행 과제를 문항에 포함시킨 이유로는 수행평가가 교실에서 학생들의 지적으로 도전적이며 높은 수준의 수업이 일어나도록 유도하기 때문이다(SBAC, 2014).

다음 <표 4-4>와 <표 4-5>에서 나타나듯이 주 수준 평가에서 수행평가를 포함하고 있으며 컴퓨터로 채점하는 문항들의 경우도 높은 수준의 사고 기능을 측정할 수 있도록 개발되고 있음을 알 수 있다. <표 4-4>는 초등학교 3-5학년 학생을 대상으로 하는 영어(모국어) 평가 문항의 종류를 보여주는 평가명세표(table of specifications)이며, <표 4-5>는 읽기 영역의 평가요소와 지식의 깊이(Depth of Knowledge: DOK)를 함께 제시한 평가 문항 구성표이다.

<표 4-4> 영어 평가문항 구성표(초등학교 3-5학년)

<table>
<tr><th rowspan="2">채점 영역</th><th rowspan="2">내용 영역</th><th colspan="2">문항</th><th rowspan="2">문항 총계</th></tr>
<tr><th>컴퓨터 능력적응 문항</th><th>수행평가 문항</th></tr>
<tr><td rowspan="2">읽기</td><td>문학적인 글</td><td>10</td><td rowspan="2">0</td><td rowspan="2">20</td></tr>
<tr><td>정보전달의 글</td><td>10</td></tr>
<tr><td rowspan="3">쓰기</td><td>조직/목적</td><td rowspan="2">5</td><td>1</td><td rowspan="3">13</td></tr>
<tr><td>증거/정교화</td><td>1</td></tr>
<tr><td>형식</td><td>5</td><td>1</td></tr>
<tr><td>말하기/듣기</td><td>듣기</td><td>9</td><td>0</td><td>9</td></tr>
<tr><td>연구</td><td>연구</td><td>5</td><td>3</td><td>8</td></tr>
</table>

Source: SBAC(2014).

<표 4-5> 읽기 문항 샘플(초등학교 3-5학년)

<table>
<tr><th>내용
영역</th><th>평가 요소</th><th>지식의 깊이</th><th>컴퓨터
능력적응
문항</th><th>문항
총계</th></tr>
<tr><td rowspan="7">문학적인
글</td><td>중심 생각</td><td>2, 3</td><td>2</td><td rowspan="7">10</td></tr>
<tr><td>추론 및 평가</td><td>3</td><td>2</td></tr>
<tr><td>주요 세부사항</td><td>1, 2</td><td rowspan="5">6</td></tr>
<tr><td>단어 의미</td><td>1, 2</td></tr>
<tr><td>텍스트 내/간 분석</td><td>3, 4</td></tr>
<tr><td>텍스트 구조와 특징</td><td>2, 3</td></tr>
<tr><td>언어 사용</td><td>2, 3</td></tr>
<tr><td rowspan="7">정보 전달의
글</td><td>중심 생각</td><td>2, 3</td><td>2</td><td rowspan="7">10</td></tr>
<tr><td>추론 및 평가</td><td>3</td><td>2</td></tr>
<tr><td>주요 세부사항</td><td>1, 2</td><td rowspan="5">6</td></tr>
<tr><td>단어 의미</td><td>1, 2</td></tr>
<tr><td>텍스트 내/간 분석</td><td>3, 4</td></tr>
<tr><td>텍스트 구조와 특징</td><td>2, 3</td></tr>
<tr><td>언어 사용</td><td>2, 3</td></tr>
</table>

Source: SBAC(2014).

요약하면, 핵심 역량 함양을 목표로 하는 교육에서는 크게 두 가지 측면이 강조된다. 첫 번째는 학생들에게 단편적인 기술과 지식을 습득하게 하는 것이 아니라 학교에서 배운 것을 일상생활에 적용하고 학교 밖의 상황에서 필요한 능력으로 전이할 수 있기를 기대한다. 또 다른 측면은 학습자 개개인이 자신의 능력을 최고로 발휘하는 수준에서 수행할 수 있기를 기대하는 것이다.

이러한 관점이 교실에서 이루어지는 교수·학습 및 평가에 대한 시사점을 살펴보면 다음과 같이 요약될 수 있다. 첫째, 교수·학습 활동이 수행을 포함해야 한다. 수행이란 단순히 겉으로 드러나는 행동이 아닌 지식을 적용, 분석, 평가하는 고차원적 인지 수준의 능력을 발휘하는 것과 관련된다. 따라서 교과의 지식과 기능을 통합적으로 적용하여 새로운 상황과 맥락에서 문제를 해결하는 기회를 제공해야 한다.

둘째, 학생들에게 협력적 문제해결의 경험을 제공해야 한다. 학생들에게 이후의 학습이나 삶에서의 부딪치는 과제와 일을 효율적으로 수행할 수 있도록 하는 능력을 갖추어 주어야 한다는 것은 개인 차원의 과제 수행 능력에만 머물지 않고 타인과 협력하여 문제를 해결하는 능력을 포함한다. 특히 미래 사회에서 시민으로서, 직장인으로서 성공적으로 살아가기 위해서는 혼자만 잘하는 것보다는 자신이 속한 팀이 잘할 수 있는 공통의 노력에 적극적으로 참여하는 것이 필요하다는 인식이 확산되고 있고, 이는 국제학업성취도 평가에도 반영되고 있다.

셋째, 학생의 다양한 특성에 부합하는 교수·학습이 이루어져야 한다. 역량은 모든 학생이 동일한 수준에서 습득하는 것으로 파악되기보다는 발달적인 성격을 띠므로 각 학생의 역량 습득에서의 차이, 다양한 수준이 고려되어야 한다. 역량은 개인 간의 상호작용도 중요시하는 집단적 차원이 있지만 학생들 개개인의 강점과 잠재된 능력을 키워 주는 것 역시 중요한 목적이기 때문에 학생들의 다양한 학습 속도와 학습 유형을 고려하여 학생 개개인에게 유의미한 학습 경험을 제공하는 학생 맞춤형 수업이 이루어져야 한다.

넷째, 평가가 교수·학습과 연계되어야 한다. 지식이 활용되는 맥락의 실제성이나 적용 능력을 보는 수행평가가 강조될 뿐 아니라 학습의 과정을 중시하는 평가가 이루어져야 한다. 일정 기간 동안의 학습이 이루어진 후 학습의 결과만 보는 평가에 의존하기보다는 학습의 전 과정에 걸쳐 학생들에게 피드백을 제공함으로써 학생들이 스스로 자신의 학습을 성찰하고 다양한 전략을 이용하여 자신의 진보를 파악할 수 있도록 도와주어야 할 것이다.

CHAPTER

5 한국의 역량 기반 교육과정 설계의 과제

우리나라 2015 개정 교육과정은 우리나라 교육과정으로서는 최초로 핵심 역량을 설정하였고, 교과 교육과정 역시 역량에 기반하여 편성되었다고 볼 수 있다. 이에 이 장에서는 우리나라에서 이루어진 핵심 역량 연구와 함께 2015 개정 교육과정에서 역량을 총론 문서와 교과 교육과정 문서에 어떠한 방식으로 반영하고자 하였는지를 살펴보고자 한다. 그리고 우리나라에서 역량을 기반으로 교육과정을 설계할 때 함께 고민하고 해결해야 할 과제를 제시하고자 한다.

1. 핵심 역량 차원

우리나라의 경우 2009 개정 교육과정 기초연구에서부터 미래 사회에 대비할 수 있는 역량이 학생들에게 길러져야 할 것이 강조되어 왔으나, 국가적 차원에서 설정되지는 못했고 2015 개정 교육과정에서는 그 동안 한국교육과정 평가원을 중심으로 이루어진 역량에 대한 연구를 기반으로 역량을 공식적으로 교육의 지향점으로 삼았다. 우리나라에서 이루어진 핵심 역량 관련 연구와 이 연구들에서 제시하는 핵심 역량을 제시하면 다음 <표 5-1>과 같다.

<표 5-1> 국내 연구에서 제시하는 핵심 역량 사례

연구	핵심 역량
곽병선 외 (2001)	1) 문제해결능력 2) 정보통신기술활용능력 3) 수리능력 4) 의사소통능력 5) 학습능력 6) 신체활용 · 관리 7) 협동작업능력
교육혁신 위원회 (2007)	1) 창의력 2) 갈등관리 3) 문제해결력 4) 협동과 봉사 5) 의사소통능력 6) 자기주도적 학습능력 7) 적극적 시민성 8) 예술 · 문화적 감상
국가교육 과정포럼 운영위원회 (2007)	1) 내면적 자원 2) 기본학습능력 3) 팀의 일원으로 일하는 능력 4) 외국어 역량 5) 공동체 의식 6) 놀기 능력 7) 리더십 8) 봉사정신 9) 긍정적인 생각 10) 자신감 11) 건강 12) 경제의식 13) 시민성 14) 문제해결능력 15) 의사소통능력 16) 자기주도적 학습능력 17) 정보활용능력 18) 인성교육 19) ICT 리터러시
윤현진 외 (2007)	1) 갈등 조정 능력 2) 문제 해결 능력 3) 의사소통 능력 4) 정보 처리 능력 5) 시민 의식 6) 창의력 7) 다문화 이해 능력 8) 자기주도적 학습 능력 9) 삶의 향유 능력
이광우 외 (2008)	1) 창의력 2) 문제해결능력 3) 의사소통능력 4) 정보처리능력 5) 대인관계능력 6) 자기관리능력 7) 기초학습능력 8) 시민의식 9) 국제사회문화이해 10) 진로개발능력
김동일 외 (2009)	1) 전공분야에 대한 지식 2) 논리적 사고력 3) 학습능력 4) 창의성 5) 리더십 6) 대인관계능력 7) 가치관 및 태도
박순경 외 (2014)	1) 의사소통능력 2) 자기관리능력 3) 시민의식 4) 대인관계능력 5) 창의적 사고능력 6) 문제해결능력 7) 정보처리능력

2015 개정 교육과정에서는 한국교육과정평가원에서 핵심 역량과 관련하여 수년 동안 수행해 온 정책 연구 결과에 기초하여 여러 차례의 전문가 협의회를 통해 2015 개정 교육과정 총론의 '추구하는 인간상' 항목에 핵심 역량을 제시하였다. 한국교육과정평가원에서 마련한 시안에서는 아래와 같이 7가지 핵심 역량이 제안되었다. 그러나 이것들은 대체로 지적인 역량으로서, 인성, 윤리, 감성 등의 역량이 부족하다는 의견이 나왔다.

국가교육과정개정연구위원회는 새 교육과정의 개정 방향이 창의융합형 인재 육성이고, 인문학적 소양과 과학기술적 소양의 균형 잡힌 함양을 추구한다고 할 때 창의융합과 관련된 역량과 인문·예술적 정서 및 가치 관련 역량이 포함되어야 한다고 보고 그 역량을 각각 '창의·융합 사고능력'과 '심미적 감성 능력'이라는 이름으로 제시하였다. 이에 국가교육과정개정연구위원회는 한국교육과정평가원에서 제시한 7가지 총론의 핵심 역량을 2015 개정 교육과정의 개정 방향을 반영하여 다음 <표 5-2>와 같이 6가지로 정련하여 제시하였다.

<표 5-2> 국가교육과정개정연구위원회에서 정련한 핵심 역량

한국교육과정평가원기초연구 안(案)	국가교육과정개정연구위원회 안(案)
• 의사소통능력 • 자기관리능력 • 시민 의식 • 대인관계능력 • 창의적 사고능력 • 문제해결능력 • 정보처리능력	• 의사소통능력 • 자기관리능력 • 공동체 의식 • 창의·융합 사고능력 • 정보처리능력 • 심미적 감성능력

출처: 김경자 외(2015), p. 118.

그러나 역량의 표현 방식과 의미에 대하여 공청회와 전문가 협의회 등을 통한 지속적인 논의가 이루어졌고, 그 과정에서 핵심 역량에 포함되어야 할 것들이 새롭게 제시되기도 하고, 역량의 명칭에 대한 논의도 많이 있었다. 이 과정에서 창의·융합 사고능력은 창의적 사고 역량으로 수정되었고 특히 '심미적'이라는 용어가 자칫 좁은 의미의 미술적 혹은 예술적 능력으로 오해될 수 있다는 의견도 있었지만 최종적으로 6가지 핵심 역량으로 마무리 되었다.

현재 개정 고시된 2015 개정 교육과정 총론 문서에서는 '추구하는 인간상'의 항목에 핵심 역량을 인간상을 구현하는 방식으로, 즉 인간상이 갖추어야 할 능력으로 제시하고 있다. 하지만 핵심 역량과 교육적 인간상의 관계는 '자기관리 역량'과 '자주적인 사람'의 경우와 같이 일부 인간상과 일부 핵심 역량이 좀 더 밀접한 관계를 맺고는 있지만 일대일 대응관계로 규정할 수 없으며, 각 역량도 상호 배타적이라기보다는 서로 밀접히 관련된다.

<표 5-3> 2015 개정 교육과정의 인간상과 핵심 역량

우리나라의 교육은 홍익인간의 이념 아래 모든 국민으로 하여금 인격을 도야하고, 자주적 생활 능력과 민주 시민으로서 필요한 자질을 갖추게 함으로써 인간다운 삶을 영위하게 하고, 민주 국가의 발전과 인류 공영의 이상을 실현하는 데에 이바지하게 함을 목적으로 하고 있다. 이러한 교육 이념과 교육 목적을 바탕으로, 이 교육과정이 추구하는 인간상은 다음과 같다. 가. 전인적 성장을 바탕으로 자아정체성을 확립하고 자신의 진로와 삶을 개척하는 자주적인 사람 나. 기초 능력의 바탕 위에 다양한 발상과 도전으로 새로운 것을 창출하는 창의적인 사람 다. 문화적 소양과 다원적 가치에 대한 이해를 바탕으로 인류 문화를 향유하고 발전시키는 교양 있는 사람 라. 공동체 의식을 가지고 세계와 소통하는 민주 시민으로서 배려와 나눔을 실천하는 더불어 사는 사람 이 교육과정이 추구하는 인간상을 구현하기 위해 교과 교육을 포함한 학교 교육 전 과정을 통해 중점적으로 기르고자 하는 핵심 역량은 다음과 같다. 가. 자아정체성과 자신감을 가지고 자신의 삶과 진로에 필요한 기초 능력과 자질을 갖추어 자기 주도적으로 살아갈 수 있는 자기관리 역량 나. 문제를 합리적으로 해결하기 위하여 다양한 영역의 지식과 정보를 처리하고 활용할 수 있는 지식정보처리 역량 다. 폭넓은 기초 지식을 바탕으로 다양한 전문 분야의 지식, 기술, 경험을 융합적으로 활용하여 새로운 것을 창출하는 창의적 사고 역량 라. 인간에 대한 공감적 이해와 문화적 감수성을 바탕으로 삶의 의미와 가치를 발견하고 향유하는 심미적 감성 역량 마. 다양한 상황에서 자신의 생각과 감정을 효과적으로 표현하고 다른 사람의 의견을 경청하며 존중하는 의사소통 역량 바. 지역 · 국가 · 세계 공동체의 구성원에게 요구되는 가치와 태도를 가지고 공동체 발전에 적극적으로 참여하는 공동체 역량

2015 개정 교육과정에서처럼 핵심 역량을 인간상과 관련지어 제시하는 것은 싱가포르나 호주에서도 나타난다. 하지만 싱가포르와 호주의 경우 교

육의 최종 지향점이 인간상이라기보다는 핵심 역량이며 그러한 역량을 갖춘 사람을 길러내고자 한다. 이들 나라에서는 교육의 목표가 지식만을 습득하도록 하는 것이 아닌 역량을 갖추어 주는 것이기에 교육과정 설계의 시작점이 핵심 역량인 것이다. 하지만 우리나라의 경우 지금까지 이루어진 국가 교육과정 개발의 틀에서 크게 벗어나지 않으면서 역량을 도입한 것이라고 할 수 있다. 2009 개정 교육과정을 포함하여 이전 국가 교육과정에서는 홍익인간이라는 교육이념을 바탕으로 교육적 인간상을 최상위에 놓고 학교급별 교육 목표를 설정하였다. 2015 개정 교육과정은 2009 개정 교육과정에서 지향한 4가지 인간상의 연속선상에서 인간상을 설정하였고, 그 다음 핵심 역량과 연결 짓는 작업을 한 것이다. 그리고 학교급별 교육 목표는 여전히 인간상에 기초하여 개발되었다. 따라서 우리나라의 핵심 역량은 다음 <표 5-4>와 같이 인간상과 학교급별 교육 목표 사이에 자리한다.

<표 5-4> 교육적 인간상 및 핵심 역량과 학교 급별 교육 목표와의 연계

추구하는 인간상		핵심 역량	학교급별 목표		
			초	중	고
			초등학교 교육은 학생의 일상생활과 학습에 필요한 기본 습관 및 기초 능력을 기르고 바른 인성을 함양하는 데 중점을 둔다.	중학교 교육은 초등학교 교육의 성과를 바탕으로, 학생의 일상생활과 학습에 필요한 기본 능력을 기르고 바른 인성 및 민주 시민의 자질을 함양하는 데 중점을 둔다.	고등학교 교육은 중학교 교육의 성과를 바탕으로, 학생의 적성과 소질에 맞게 진로를 개척하며 세계와 소통하는 민주 시민으로서의 자질을 함양하는 데 중점을 둔다.
자주적인 사람	가. 전인적 성장을 바탕으로 자아정체성을 확립하고 자신의 진로와 삶을 개척하는 자주적인 사람	자기관리 역량 · 지식정보처리 역량 · 창의적 사고 역량 · 심미적 감성 역량 · 의사소통 역량 · 공동체 역량	1) 자신의 소중함을 알고 건강한 생활 습관을 기르며, 풍부한 학습 경험을 통해 자신의 꿈을 키운다.	1) 심신의 조화로운 발달을 바탕으로 자아존중감을 기르고, 다양한 지식과 경험을 통해 적극적으로 삶의 방향과 진로를 탐색한다.	1) 성숙한 자아의식과 바른 품성을 갖추고, 자신의 진로에 맞는 지식과 기능을 익히며 평생학습의 기본 능력을 기른다.
창의적인 사람	나. 기초 능력의 바탕 위에 다양한 발상과 도전으로 새로운 것을 창출하는 창의적인 사람		2) 학습과 생활에서 문제를 발견하고 해결하는 기초 능력을 기르고, 이를 새롭게 경험할 수 있는 상상력을 키운다.	2) 학습과 생활에 필요한 기본 능력 및 문제해결력을 바탕으로, 도전정신과 창의적 사고력을 기른다.	2) 다양한 분야의 지식과 경험을 융합하여 창의적으로 문제를 해결하고, 새로운 상황에 능동적으로 대처하는 능력을 기른다.
교양 있는 사람	다. 문화적 소양과 다원적 가치에 대한 이해를 바탕으로 인류 문화를 향유하고 발전시키는 교양 있는 사람		3) 다양한 문화 활동을 즐기고 자연과 생활 속에서 아름다움과 행복을 느낄 수 있는 심성을 기른다.	3) 자신을 둘러싼 세계에서 경험한 내용을 토대로 우리나라와 세계의 다양한 문화를 이해하고 공감하는 태도를 기른다.	3) 인문·사회·과학기술 소양과 다양한 문화에 대한 이해를 바탕으로 새로운 문화 창출에 기여할 수 있는 자질과 태도를 기른다.
더불어 사는 사람	라. 공동체 의식을 가지고 세계와 소통하는 민주 시민으로서 배려와 나눔을 실천하는 더불어 사는 사람		4) 규칙과 질서를 지키고 협동정신을 바탕으로 서로 돕고 배려하는 태도를 기른다.	4) 공동체 의식을 바탕으로 타인을 존중하고 서로 소통하는 민주 시민의 자질과 태도를 기른다.	4) 국가 공동체에 대한 책임감을 바탕으로 배려와 나눔을 실천하며 세계와 소통하는 민주 시민으로서의 자질과 태도를 기른다.

하지만, 역량 함양을 교육의 목표로 삼고 이를 중심으로 교육과정을 설계하고자 한다면 핵심 역량을 최상위에 위치시키고 이를 하향식으로 설계할 필요가 있다. 이와 함께 좀 더 명료화, 구체화되어야 할 것은 각 역량을 구성하는 하위요소이다. 2015 개정 교육과정 총론 해설서에서는 각 역량의 하위요소를 다음 <표 5-5>와 같이 규명하고 있다(온정덕 외, 2015).

<표 5-5> 핵심 역량의 의미와 하위요소

역량	의미	하위요소
자기 관리 역량	자신의 삶, 학습, 건강, 진로에 필요한 기초적 능력 및 자질을 지속적으로 계발·관리하고, 변화하는 사회에 유연하게 적응하며 살아갈 수 있는 능력	자아정체성 확립, 자신감 획득, 자기 통제 및 절제, 기본 생활 습관 형성, 자신의 감정 조절, 건강관리, 기초학습능력 및 자기주도 학습능력, 진로 개발 능력, 합리적 경제생활, 여가 선용 등
지식 정보 처리 역량	학습과 삶 등에서 직면하게 되는 문제를 해결하기 위하여 다양한 정보와 자료를 수집·분석·평가·선택하고, 적절한 매체를 활용하여 지식과 정보와 자료를 효과적으로 처리함으로써 합리적으로 문제를 해결할 수 있는 능력	논리적, 비판적 사고를 통한 문제 인식, 지식정보의 수집·분석·활용 등을 통한 문제 해결 방안의 탐색, 해결 방안의 실행 및 평가, 매체 활용 능력 등
창의적 사고 역량	다양한 영역에 대한 폭넓은 기초 지식과 자신의 전문 영역에 대한 깊이 있는 지식을 바탕으로 새롭고 독창적인 아이디어를 산출해내고, 다양한 분야의 지식·기술·경험을 융합적으로 활용할 수 있는 능력	창의적 사고 기능으로 유창성, 융통성, 독창성, 정교성, 유추성 등이 하위 요소로 포함. 정의적 측면에서의 창의적 사고 성향으로서 민감성, 개방성, 독립성, 과제집착력, 자발성 등이 포함. 서로 다른 분야의 지식과 기술들을 융합하여 의미 있고 새로운 것을 산출하는 사고 능력으로서의 융합적 사고도 하위 요소로 포함

심미적 감성 역량	다양한 가치에 대한 개방적 태도와 반성적 성찰을 통해서 자신과 타인과 사회 현상들을 공감적으로 이해하고, 문화적 소양과 감수성을 통해 삶의 의미와 사물들의 아름다움과 가치를 발견하고 향유하며, 이를 바탕으로 질 높은 삶과 행복을 누릴 수 있는 능력	문화적 소양과 감수성, 문화적 상상력, 타인의 경험 및 인간에 대한 공감 능력, 다양한 가치에 대한 존중, 정서적 안정감, 의미 있고 행복한 삶의 추구와 향유 등
의사 소통 역량	다양한 상황에 적합한 언어, 상징, 텍스트, 매체를 활용하여 자신의 생각과 감정을 효과적으로 표현하는 능력, 타인의 말과 글에 나타난 생각과 감정을 올바르게 이해하는 능력, 다른 사람의 의견을 경청하고 존중하며 갈등을 효과적으로 조정하는 능력	언어 및 비언어적 표현 능력(말하기, 듣기/경청, 쓰기, 읽기, 텍스트 이해 등), 타인 이해 및 존중 능력, 갈등 조정 능력 등
공동체 역량	지역 · 국가 · 지구촌의 구성원으로서 요구되는 가치와 태도를 수용하고 실천하는 능력, 지역적 · 국가적 · 세계적 차원의 다양한 문제 해결에 책임감을 가지고 적극적으로 참여하는 능력, 다양한 사람들과 원만한 관계를 가지고 협업하고 상호작용하는 능력, 다른 사람들을 배려하며 함께 살아갈 수 있는 능력	시민의식, 준법정신, 질서의식, 공정성과 정의감, 참여와 책임의식, 협동과 협업 능력, 나눔과 배려 등

하지만 해외 사례들을 살펴보면, 특히 호주의 경우, 핵심 역량에 해당하는 각 일반 능력(general capabilities)-문해력, 수리력, 정보와 의사소통 기술 능력, 비판적 · 창의적 사고, 개인적 · 사회적 능력, 윤리적 이해, 문화 상호 간 이해-의 하위요소를 '조직 요소(organizing elements)'라는 이름으로 구체화하고 있음을 알 수 있다. 호주 교육과정평가보고기관(ACARA, 2013)이 발행한 ≪호주 교육과정에서의 일반 능력≫이라는 교육과정 관련 문서에 의하면,

비판적·창의적 사고의 일반 능력은 다음과 같은 하위요소들로 구성된다.

- 탐구하기(정보 및 아이디어 파악, 탐색, 조직하기)
- 아이디어, 가능한 것, 행동 생성하기
- 사고와 과정을 반성하기
- 논리와 절차를 분석, 종합, 평가하기

그리고 각각의 하위요소는 다음 <표 5-6>에서와 같이 보다 구체적인 수행으로 구성된다.

<표 5-6> 비판적·창의적 사고 핵심 역량의 의미와 하위요소

역량	비판적·창의적 사고	
하위 요소	탐구하기	- 문제 제기하기 - 정보 및 아이디어를 파악하고 명료화하기 - 정보를 조직하고 처리하기
	아이디어, 가능한 것, 행동 생성하기	- 가능한 것들을 생각해보고 아이디어를 연결하기 - 대안 고려하기 - 해결책을 찾고 아이디어를 실행에 옮기기
	사고와 과정을 반성하기	- 사고에 대해서 생각하기(메타인지) - 과정들을 대해 반성하기 - 지식을 새로운 맥락에 전이시키기
	논리와 절차를 분석, 종합, 평가하기	- 논리를 적용하고 추론하기 - 결론을 이끌어내고 행동방침 설계하기 - 절차와 결과를 평가하기

호주의 일반 능력은 조직 요소들로 구분될 뿐 아니라, 발달적인 특성을 가진 것으로 개념화되어 여러 수준으로 제시된다. 그리고 수준별로 진술된 일반 능력의 조직 요소들은 수학, 과학, 역사, 영어 등 관련 학습 영역의 내용을 함께 제시한다. 이러한 제시 역시 조직 요소 수준에서 학습 영역 간

연결성을 나타내는 것이라고 볼 수 있다. 또한 일반 역량과 교과 특수 역량을 연결할 수 있는 기제가 된다고 할 수 있다. 다음 [그림 5-1]은 비판적 · 창의적 사고의 첫 번째 하위요소인 '탐구하기(정보 및 아이디어 파악, 탐색, 조직하기)'에서 첫 번째 수행인 '문제 제기하기'의 예시이다. 1수준은 초등학교 취학전 교육을 마칠 때, 2수준은 2학년, 3수준은 4학년, 4수준은 6학년, 5수준은 8학년, 6수준은 10학년을 마칠 때 할 수 있어야 할 것을 보여준다. 그리고 아래에 관련 교과의 성취기준을 표시하여 역량과 교과, 교과 간 연계를 드러낸다.

Critical and Creative Thinking Learning Continuum

Inquiring – identifying, exploring and organising information and ideas

Level 1 Typically by the end of Foundation Year, students:	Level 2 Typically by the end of Year 2, students:	Level 3 Typically by the end of Year 4, students:	Level 4 Typically by the end of Year 6, students:	Level 5 Typically by the end of Year 8, students:	Level 6 Typically by the end of Year 10, students:
Pose questions					
pose factual and exploratory questions based on personal interests and experiences **Examples** • asking why events make people happy or sad English ACELT1783 Science ACSIS014 History ACHHS017	pose questions to identify and clarify issues, and compare information in their world **Examples** • asking how and why certain actions and events occurred English ACELA1589 Mathematics ACMSP048 Science ACSHE034 History ACHHS049	pose questions to expand their knowledge about the world **Examples** • asking who, when, how and why about a range of situations and events English ACELA1483 Mathematics ACMSP068 Science ACSIS064 History ACHHS083	pose questions to clarify and interpret information and probe for causes and consequences **Examples** • inquiring into cause and effect of significant events in their lives English ACELA1517 Mathematics ACMSP118 Science ACSIS231 History ACHHS119	pose questions to probe assumptions and investigate complex issues **Examples** • questioning causes and effects of local and world events English ACELT1628 Science ACSIS139 History ACHHS150	pose questions to critically analyse complex issues and abstract ideas **Examples** • questioning to uncover assumptions and inferences and provoke debate about global events English ACELT1812 Mathematics ACMSP228 Science ACSIS198 History ACHHS184
Identify and clarify information and ideas					
identify and describe familiar information and ideas during a discussion or investigation **Examples**	identify and explore information and ideas from source materials **Examples**	identify main ideas and select and clarify information from a range of sources **Examples**	identify and clarify relevant information and prioritise ideas **Examples**	clarify information and ideas from texts or images when exploring challenging issues **Examples**	clarify complex information and ideas drawn from a range of sources **Examples**

[그림 5-1] 비판적 · 창의적 사고 일반 능력의 하위요소 및 학습의 연속성

출처: ACARA(2013), p. 75.

이처럼 호주에서 일반 능력을 구체화하고 문서에서 일반 능력에 대해 자세하게 설명하는 방식은 국가 교육과정에서 핵심 역량을 설정하고 이를 교과 교육과정에 반영해야 하는 과제를 안고 있는 우리나라의 국가 교육과정에 시사하는 바가 크다. 2015 개정 교육과정이 고시되었고 실행의 준비 단계에 있으므로, 핵심 역량 및 각 핵심 역량의 하위 요소들을 명확히 규정하고 설명하여 그 의미가 공유되도록 해야 할 것이다. 또한 핵심 역량을 어떠한 수행으로 드러낼 수 있는지 교과 학습과는 어떻게 연결되는지를 보여주는 지표를 개발할 필요가 있다. 이러한 작업은 핵심 역량을 교실에서 구현하도록 도와줄 뿐 아니라 핵심 역량을 평가하는 기반이 될 수 있다.

2. 교과 역량[3] 차원

2015 개정 교육과정에서는 국가 수준의 교육과정이 추구하는 인간상을 제시하는 것과 동시에, 교육과정을 통해 기르고자 하는 핵심 역량과 교과별 특성을 반영한 교과 역량을 추출하고, 이러한 역량이 교과 교육과정의 기능과 성취기준, 교수·학습 및 평가에 반영될 수 있도록 하는 데 관심을 기울였다(이광우 외, 2015).

가. 핵심 역량-교과 역량-기능의 관계

2015 개정 교육과정에서 교과별로 다음 <표 5-7>과 같은 교과 역량 및 기능이 설정되었다.

3) 2장에서는 역량의 차원을 일반 역량과 교과 특수 역량으로 구분하여 살펴본 바 있다. 2015 개정 교과 교육과정에서는 교과 특수 역량을 교과에 따라 '교과 역량' 혹은 '교과 핵심 역량'으로 부른다.

<표 5-7> 2015 개정 교과 교육과정의 교과 역량 및 기능

<table>
<tr><th>핵심 역량</th><th>교과</th><th>교과 역량</th><th>기능</th></tr>
<tr><td rowspan="3">자기 관리 역량 · 지식 정보 처리 역량 · 창의적 사고 역량 · 심미적 감성 역량 · 의사 소통 역량 · 공동체 역량</td><td>국어(1-고1)</td><td>비판적·창의적 사고 역량, 자료·정보 활용 역량, 의사소통 역량, 공동체·대인관계 역량, 문화 향유 역량, 자기 성찰·계발 역량</td><td>맥락 이해·활용하기, 청자 분석하기, 내용 생성하기, 내용 조직하기, 자료·매체 활용하기, 표현·전달하기, 내용 확인하기, 추론하기, 평가·감상하기, 경청·공감하기, 상호 교섭하기, 점검·조정하기</td></tr>
<tr><td>도덕</td><td>자기존중 및 관리능력, 도덕적 사고능력, 도덕적 대인관계능력, 도덕적 정서능력, 도덕적 공동체 의식, 윤리적 성찰 및 실천 성향</td><td>○도덕적 자아정체성
자기인식 및 존중하기, 자기감정 조절하기, 자기감정 표현하기, 도덕적 습관화, 생활계획 수립하기, 모범사례 반복하기, 유혹 이겨내기
○도덕적 대인관계능력
경청·도덕적 대화하기, 타인 입장 이해·인정하기, 약속 지키기, 감사하기
○도덕적 정서 능력
도덕적 민감성 갖기, 공감 능력 기르기, 다양성 수용하기
○공동체의식
관점 채택하기, 공익에 기여하기, 봉사하기
○도덕적 판단 능력
도덕적 가치·덕목 이해하기, 올바른 의사결정하기, 행위 결과 도덕적으로 상상하기
○실천 능력
실천 의지 기르기, 책임감 있게 행동하기
○윤리적 성찰 능력
심미적 감수성 기르기, 자연과 유대감 갖기, 반성과 마음 다스리기</td></tr>
<tr><td>사회</td><td>창의적 사고력, 비판적 사고력, 문제 해결력 및 의사결정력, 의사소통 및 협업 능력, 정보 활용 능력</td><td>조사하기, 분석하기, 추론하기, 적용하기, 탐구하기, 의사 결정하기</td></tr>
</table>

핵심 역량	교과	교과 역량	기능
	역사	역사 사실 이해, 역사 자료 분석과 해석, 역사 정보 활용 및 의사소통, 역사적 판단력 과 문제 해결 능력, 정체성과 상호 존중	(제시되지 않음)
	통합사회(10)	비판적 사고력 및 창의성, 문제 해결 능력과 의사 결정 능력, 자기 존중 및 대인 관계 능력, 공동체적 역량, 통합적 사고력	파악하기, 설명하기, 조사하기, 비교하기, 분석하기, 제안하기, 적용하기, 추론하기, 분류하기, 예측하기, 탐구하기, 평가하기, 비판하기, 종합하기, 판단하기, 성찰하기, 표현하기
	한국사	역사 사실 이해, 역사 자료 분석과 해석, 역사 정보 활용 및 의사소통, 역사적 판단력과 문제 해결 능력, 정체성과 상호 존중	(제시되지 않음)
	수학(1-10)	문제 해결, 추론, 창의・융합, 의사소통, 정보 처리, 태도 및 실천	비교하기, 구별하기, (시각) 읽기, 표현하기, 이해하기, 계산하기, 측정하기, 어림하기, 그리기, 추론하기, 설명하기, 활용하기, 문제 해결하기 등
	과학, 통합과학(10)	과학적 사고력, 과학적 탐구 능력, 과학적 문제 해결력, 과학적 의사소통 능력, 과학적 참여와 평생 학습 능력	문제 인식, 탐구 설계와 수행, 자료의 수집, 분석 및 해석, 수학적 사고와 컴퓨터 활동, 모형의 개발과 사용, 증거에 기초한 토론과 논증, 결론 도출 및 평가, 의사소통
	실과(기술・가정)	실천적 문제해결능력, 생활자립능력, 관계형성능력, 기술적 문제해결능력, 기술시스템설계능력, 기술활용능력	탐색하기, 계획하기, 실천하기, 조작하기, 활용하기, 적용하기, 종합하기, 평가하기, 제안하기, 설계하기, 제작하기, 실행하기, 판단하기, 조사하기, 추론하기 등
	체육	건강관리 능력, 신체 수련 능력, 경기 수행 능력, 신체 표현 능력	시도하기, 분석하기, 수련하기, 극복하기, 협력하기, 의사소통하기, 경기 수행하기, 탐구하기, 신체 표현하기, 감상하기 등
	음악	음악적 감성 역량, 음악적 창의·융합 사고 역량, 음악적 소통 역량, 문화적 공동	노래 부르기, 악기로 연주하기, 신체표현하기, 만들기, 구별하기, 표현하기, 발표하기, 참여하기, 조사하기

핵심 역량	교과	교과 역량	기능
		체 역량, 음악정보처리 역량, 자기관리 역량	
	미술	미적 감수성, 시각적 소통 능력, 창의·융합 능력, 미술 문화 이해 능력, 자기 주도적 미술 학습 능력	감각 활용하기, 탐색하기, 반응하기, 발견하기, 나타내기, 관련짓기, 관찰하기, 상상하기, 계획하기, 방법 익히기, 발전시키기, 구체화하기, 표현하기 등
	영어(1-10)	영어 의사소통 역량, 자기관리 역량, 공동체 역량, 지식정보처리 역량	식별하기, 파악하기, 추론하기, 모방하기, 적용하기, 표현하기, 설명하기, 구별하기

출처: 이광우 외(2015: 51-52)의 교과 역량 제시 표를 기반으로 2015 개정 교과 교육과정의 내용체계를 참조하여 교과별 기능을 제시함.

각 교과 교육과정의 교과 역량에 대해서는 교과 역량이 해당 교과의 성격에 적합하게 추출된 것인지 검토할 필요가 있다(이광우 외, 2015). 또한 교과 역량은 핵심 역량과 유기적인 관련성을 가지고 개발될 것이 교과 교육과정 개발 과정에서 강조되었으나(이광우 외, 2015), 교과 역량이 핵심 역량과 실제로 유기적인 관련성을 가지고 개발되었는지, 교과 역량과 핵심 역량은 어떠한 관계에 있는지 등을 검토할 필요가 있다.

2015 개정 교육과정과 같이 교과 역량을 설정하는 사례는 독일 헤센 주와 캐나다 퀘벡 주의 교과 교육과정에서도 찾아볼 수 있다(소경희·이상은·박정열, 2007; 이승미, 2012). 독일 헤센 주와 캐나다 퀘벡 주는 범교과적 핵심 역량과는 별도로 교과별로 교과 고유의 역량을 설정한다. 독일 헤센 주 과학 교육과정에서는 교과 특수 역량으로 '지식과 기술의 습득' '의사소통' '평가'를 제시한다. 캐나다 퀘벡 주의 수학과 교육과정에서는 교과 특수 역량으로 '수학과 관련된 상황적 문제 해결하기' '수학적 개념과 과정을 사용하여 추론하기' '수학적 언어를 사용하여 의사소통하기'를 제시한다. 또한 독일 헤센 주와 캐나다 퀘벡 주에서 각 교과 특수 역량은 하위 요소로 구분

된다. 예를 들어, 독일 헤센 주 과학 교육과정의 '지식과 기술의 습득'의 교과 특수 역량은 '조사 및 탐구', '계획 · 설계'의 하위 요소로 구체화된다(이승미, 2012). 캐나다 퀘벡 주의 경우, 수학과 교육과정의 교과 특수 역량은 다음 <표 5-8>에서와 같이 하위 요소로 구체화된다.

<표 5-8> 캐나다 퀘벡 주의 수학과 교육과정의 교과 특수 역량

	교과 특수 역량	
캐나다 퀘벡 주 <수학>	• 수학과 관련된 상황적 문제 해결하기	• 상황적 문제의 요소를 이해하기 • 상황과 관련된 정보를 공유하기 • 해결책을 타당화하기 • 해결에 이르는 다양한 전략을 적용하기 • 상황적 문제를 모형화하기
	• 수학적 개념과 과정을 사용하여 추론하기	• 수학적 상황의 요소를 규정하기 • 수학적 개념과 과정을 참조하여 행동이나 진술을 정당화하기 • 주어진 상황에 적합한 수학적 개념과 과정을 동원하기 • 주어진 상황에 적절한 수학적 과정을 적용하기
	• 수학적 언어를 사용하여 의사소통하기	• 수학적 언어와 친숙해지기 • 수학적 메시지를 해석하고 작성하기 • 수학적 언어와 일상의 언어를 연결하기

출처: Ministere de l'Education(2001), p. 143.

캐나다 퀘벡 주의 각론에는 교과별 내용체계가 '교육내용' 혹은 '필수지식'이라는 이름으로 제시되어 있고, 이러한 교과별 교육내용이나 필수지식의 제시에 앞서 교과별로 길러져야 할 역량, 즉 교과 특수 역량이 제시된다. 각론에서는 각 교과가 해당 교과를 통해서 길러야 할 서너 개의 교과 특수 역량을 규명해 놓고 있으며, 각 역량에 대해 동일한 형식으로 설명하고 있다(소경희 · 이상은 · 박정열, 2007).

하지만 독일 헤센 주와 캐나다 퀘벡 주의 사례에서는 교과 특수 역량을 설정할 뿐 우리나라 2015 개정 교과 교육과정에서와 같이 ‘기능’을 따로 설정하지는 않는다. 2015 개정 교육과정의 교과 교육과정 개발에서 교과의 ‘기능’을 ‘내용 체계’에서 나타낼 것이 개발의 지침으로 제시된 바 있다(이광우 · 정영근, 2015). <표 5-7>에서 제시된 교과의 기능은 내용 체계를 통해 제시된다. 여러 교과 중, 과학과 교육과정의 내용 체계를 제시하면 다음 <표 5-9>와 같다.

<표 5-9> 과학과 교육과정 문서의 내용 체계 사례

영역	핵심 개념	일반화된 지식	학년군(학교급) 내용 요소			기능
			초등학교		중학교	
			3~4학년	5~6학년	1~3학년	
생명의 연속성	진화와 다양성	생물은 환경 변화에 적응하여 진화한다.	•다양한 환경에 사는 동물과 식물 •동물과 식물의 생김새	•균류, 원생생물, 세균의 특징과 사는 곳	•생물 다양성의 중요성	•문제 인식 •탐구 설계와 수행 •자료의 수집 · 분석 및 해석 •수학적 사고와 컴퓨터 활용 •모형의 개발과 사용 •증거에 기초한 토론과 논증 •결론 도출 및 평가 •의사소통
		다양한 생물은 분류 체계에 따라 분류한다.	•특징에 따른 동물 분류 •특징에 따른 식물 분류		•생물 분류 목적과 방법 •종의 개념과 분류 체계	

출처: 교육부(2015), p. 9.

2015 개정 과학 교육과정은 ‘내용 체계’를 통해 기능을 ‘문제 인식’, ‘탐구 설계와 수행’, ‘자료의 수집, 분석 및 해석’, ‘수학적 사고와 컴퓨터 활용’, ‘모형의 개발과 사용’, ‘증거에 기초한 토론과 논증’, ‘결론 도출 및 평가’, ‘의사소통’으로 제시한다(교육부, 2015). 2015 개정 교과 교육과정에서

기능은 성취기준을 진술하기 위해 설정해 놓은 요소라고 볼 수 있다. 하지만 교과 역량과 기능은 모두 교과를 통해 할 수 있어야 할 능력을 의미하므로, 우리나라 교과 교육과정에서 교과 역량과 기능을 굳이 엄밀히 구분하여 따로 설정할 필요가 있는지, 우리나라의 교과 교육과정의 기능은 독일 헤센 주, 캐나다 퀘벡 주의 사례에서와 같이 교과 역량을 구체화한 하위 요소와는 어떤 차이가 있는지 등을 검토할 필요가 있다.

역량 기반 교과 교육과정은 국가, 주, 교과에 따라 다양하게 나타날 수 있을 것이다. 우리나라, 독일 헤센 주, 캐나다 퀘벡 주와 같이 교과 역량을 분명히 추출하는 나라들도 있지만, 교과 역량을 설정하지 않고 교과를 통해 할 수 있는 능력을 교과의 기능으로 추출하는 나라들도 있다. 예를 들어, 앞서 3장에서 교과 특수 역량을 반영한 교과 기준의 사례로 살펴보았던 호주, 싱가포르, 캐나다 온타리오 주의 경우 기능 혹은 (탐구)과정이라는 부르는 '기능'을 설정하고, 교과 역량을 지식, 기능, 가치 및 태도 차원의 총체적인 것으로 파악하며 기능을 교과 역량을 이루는 하나의 차원으로 보았다. 교과 교육과정에서 교과 역량과 기능을 모두 설정한 우리나라의 경우 교과 역량과 교과의 기능이 서로 어떠한 관계에 있는지 검토할 필요가 있다.

보다 근본적으로, 교과 역량과 기능의 관계를 검토하는 것과 관련하여 어떠한 원리에 의해 교과 교육과정이 개발되었는지를 검토할 필요가 있다. 2015 개정 교과 교육과정의 개발 지침을 제시한 한국교육과정평가원의 『국가 교육과정 각론 조정 연구』(이광우 외, 2015)에서는 교과 역량을 주로 기능 차원에서 파악하고 있는 것으로 보인다. 이 연구에서 교과 역량은 해당 교과 역량과 관련된 기능과 활동에 의해 길러진다고 보고, 다음 [그림 5-2]와 같은 그림으로 교과 역량, 기능, 수업 활동의 관계를 제시하였다.

[그림 5-2] 교과 역량-기능-수업 활동과의 관계

출처: 이광우 외(2015), p. 8.

또한 이 연구는 교과 교육과정 개발에서 고려해야 할 요소들의 관계를 다음 [그림 5-3]과 같이 제시하였다.

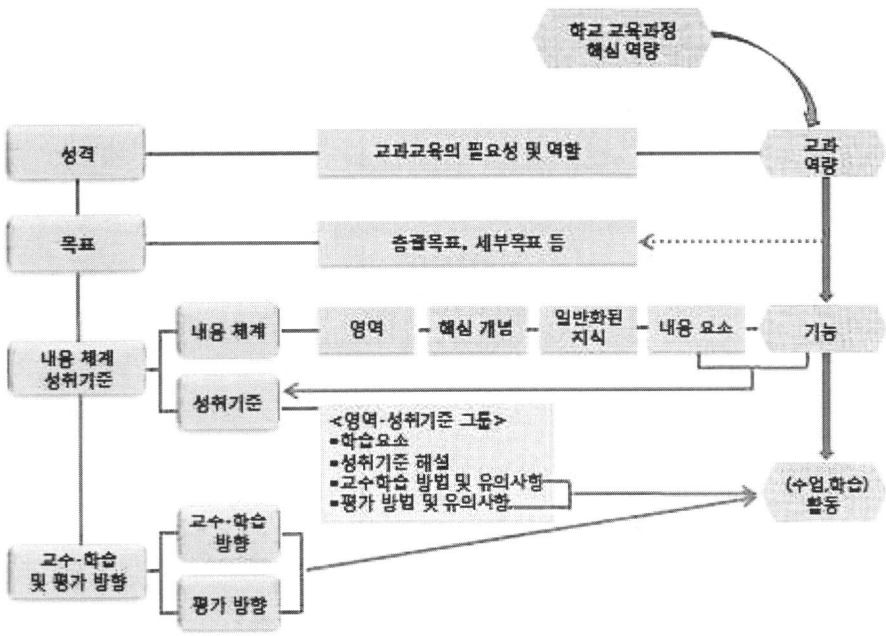

[그림 5-3] 2015 개정 교과 교육과정 문서 체제와 조정 구도

출처: 이광우 외(2015), p. 17.

이러한 [그림 5-2], [그림 5-3]의 개념도들을 통해서는 교과 역량은 기능과의 맥락 속에서 파악되어야 하는 것으로 생각되기 쉽다. 특히 [그림 5-3]에서 핵심 개념, 일반화된 지식 등을 포함하는 내용 체계와 교과 역량의 연결성이 분명히 드러나지 않아 교과 역량은 기능 차원에만 관련되는 것으로 제시된다. 역량은 지식, 기능, 가치 및 태도를 포함하는 총체적인 개념으로 정의되는 바(McAshan, 1979), 교과 특수 역량 역시 이러한 총체성을 갖는 것으로 생각될 필요가 있다.

2015 개정 교과 교육과정은 학생이 단지 지식을 알고 있기만 하는 상태에 머무는 것이 아니라 할 수 있는 능력을 강조하며 지식 중심 교육과정을 벗어나려는 설계를 지향하였다고 볼 수 있다. 하지만 이러한 지향하는 바를 교과 교육과정이 제대로 담고 있는지는 향후 지속적으로 검토되어야 할 것이다.

나. 교과 역량-성취기준의 관계

2015 개정 교육과정의 교과 교육과정 문서에서는 내용 체계가 제시된 후 성취기준이 제시된다. 과학과의 경우 다음과 같이 성취기준이 제시된다(교육부, 2015: 13). 이 성취기준은 4학년 물질의 성질 단원에 해당한다.

> **(1) 물질의 성질**
>
> [4과01-01] 서로 다른 물질로 만들어진 물체들을 비교하여 물체의 기능과 물질의 성질을 관련지을 수 있다.
>
> [4과01-02] 크기와 모양은 같지만 서로 다른 물질로 이루어진 물체들을 관찰하여 물질의 여러 가지 성질을 비교할 수 있다.
>
> [4과01-03] 서로 다른 물질을 섞었을 때 물질을 섞기 전과 후의 변화를 관찰하여 어떤 성질이 달라졌는지 설명할 수 있다.
>
> [4과01-04] 여러 가지 물질을 선택하여 다양한 물체를 설계하고 장단점을 토의할 수 있다.

교과의 성취기준은 교과 역량을 나타내며 교과 역량을 달성하는 수단이 된다. 그러므로 2015 개정 교과 교육과정에서 성취기준이 교과 역량과 밀접한 관련을 맺으며 개발되었는지, 성취기준이 교과 역량을 나타내주고 있는지에 대해서 세밀한 검토가 이루어질 필요가 있다. 앞서 2장에서 핵심 개념은 아는 것을 실생활에 적용하는 전이력을 가진, 역량을 기르고자 하는 교육과 무관하지 않은 것임을 살펴보았다. 2015 개정 교과 교육과정에서 밝힌 핵심 개념 및 일반화된 지식 등은 교육과정 개정의 주안점인 역량을 기르기 위해 구체화된 것이라고 할 수 있다. 핵심 개념, 일반화된 지식 등이 성취기준에 녹아들어 교과 역량을 나타내도록 성취기준이 진술되었는지 각 교과 교육과정을 점검할 필요가 있다(김두정 외, 2015).

또한 성취기준은 교과 역량의 여러 측면을 보여주는 것이어야 할 것이다. 2009 개정 교육과정의 경우에는 교과의 성취기준은 주로 '~ 안다. 이해한다'로 진술되어 지식 측면을 제시하는 데 초점을 두었으나, 이에 비해 2015 개정 교육과정에서 교과 교육과정은 내용 체계에 기능을 설정하고 이를 성취기준의 진술에 반영하려고 하였다(이광우 외, 2015). 이러한 점으로 2015 개정 교육과정의 성취기준은 2009 개정 교육과정의 성취기준보다 교과 역량의 더 많은 측면을 보여줄 수 있겠으나, 실제로 성취기준에 교과의 기능이 녹아들어 교과 역량을 나타내 주고 있는지에 대해서는 검토가 필요하다.

그리고 2015 개정 교과 교육과정의 성취기준은 지식과 기능 차원에 비해 가치 및 태도 차원을 나타내는 데에는 초점을 두지 않았다. 우리나라의 교과 성취기준에서 가치 및 태도를 포함하여 교과 역량을 이루는 여러 차원을 보여주어 교사로 하여금 수업에서 학생에게 어떠한 역량을 길러 주어야 할지 알 수 있도록 종합적인 조망을 해 줄 필요가 있다. 앞서 3장에서 호주, 싱가포르, 캐나다 온타리오 주 등에서 성취기준은 교과의 지식, 기능, 가치 및 태도 차원에서 교과 역량을 보여주었는데, 이러한 사례들이 향후 역량 기반 교과 교육과정의 개발을 위해 참조될 필요가 있다.

다. 핵심 개념의 선정

핵심 개념을 위주로 교과 교육과정의 내용을 구조화하는 것은 2015 개정 교육과정의 개정의 주안점이었다. 2015 개정 교과 교육과정에서 일부 교과의 핵심 개념의 사례를 제시하면 다음 <표 5-10>과 같다.

<표 5-10> 교과별 핵심 개념

교과	영역	핵심 개념
국어	듣기 · 말하기	듣기 · 말하기의 본질, 목적에 따른 담화의 유형, 듣기 · 말하기와 매체, 듣기 · 말하기의 구성요소, 듣기 · 말하기의 과정, 듣기 · 말하기의 전략, 듣기 · 말하기의 태도
도덕	자신과의 관계	성실(핵심가치)
사회	정치	민주주의와 국가, 정치과정과 제도, 국제 정치
통합사회	삶의 이해와 환경	행복, 자연환경, 생활공간
수학	수와 연산	수의 체계, 수의 연산
과학	힘과 운동	시공간과 운동, 힘, 역학적 에너지
통합 과학	물질과 규칙성	물질의 규칙성과 결합, 자연의 구성 물질
실과(기술 · 가정)	인간발달과 가족	발달, 관계
체육	건강	건강관리, 체력증진, 여가 선용, 자기관리
음악	표현	소리의 상호작용, 음악의 표현 방법
미술	체험	지각, 소통, 연결
영어	듣기	소리, 어휘 및 문장, 세부 정보, 중심 내용, 맥락

출처: 이광우 외(2015), p. 52.

앞으로 2015 개정 교과 교육과정에서 교과별로 선정된 핵심 개념에 대해 제대로 추출된 것인지 검토가 필요하다. 추출된 핵심 개념의 타당성에 대해서는 이광우 등(2015)의 연구에서도 문제를 제기한 바 있다. 즉, 일부 교과에서는 하위영역의 제목을 부여하는 방식으로 핵심 개념을 선정하거나 주제 및 소재의 형태로 제시하는 등 기존 교육과정 문서의 형식을 답습하는 문제점이 나타나기도 하였다. 또한 이광우 등(2015)은 이러한 문제에 대한 원인으로 연구진의 핵심 개념에 대한 충분한 이해 부족, 교과의 성격에 따른 핵심 개념 추출의 어려움 등을 제시하였다. 예컨대, 과학이나 사회와 같은 내용 교과의 경우 해당 영역의 기저를 이루는 가장 기초적인 개념이나 원리를 추출하는 것이 상대적으로 수월하였으나, 국어나 영어처럼 '기능'을 강조하는 교과의 경우에는 교과 내용을 구성하는 중심적 개념으로서 핵심 개념을 추출하는 것이 쉽지 않은 것으로 나타났다(이광우 외, 2015).

핵심 개념 위주의 교과 교육과정 개발 방식은 2015 개정 교육과정에서 새롭게 도입된 것으로, 향후 핵심 개념에 대한 교과 개발진의 이해 속에 기존의 단원명 위주의 개발 및 분과 위주의 개발 방식을 극복하고 교과 내 영역 간, 교과 간에 공유될 수 있는 핵심 개념을 추출할 수 있도록 개발진들의 협력과 긴밀한 의사소통이 요구된다고 하겠다.

CHAPTER 6

역량에 기반한 교사 교육과정 설계[4)]

글로벌 사회, 지식기반 사회로의 변화는 학교에서 학생에게 창의성, 사고력, 문제해결력 등의 역량을 키워줄 것을 요구하게 되었다. 이러한 변화는 학생뿐 아니라 교사에게도 새로운 능력을 요청하며, 이는 교사 역량으로 개념화되고 있다.

OECD는 2005년 ≪효율적인 교사 양성≫ 보고서를 통해 미래 사회에 학생을 준비시키고 학생의 학습을 향상시키기 위해 교사의 질이 확보되어야 하며, 효율적인 교수를 위해 교사의 역량이 필요함을 강조한 바 있다(OECD, 2005b). 또한 OECD는 2012년에는 ≪21세기를 위한 교사와 학교지도자 양성≫ 보고서를 통해 교사 역량 개발의 필요성을 다시 한 번 강조하였다(OECD, 2012). 이 보고서에서 교사의 역량은 교과에 대한 전문적인 지식, 효과적인 교수 방법 및 전략, 학생의 자기주도적 학습을 촉진시키기 위한 전략, 학생의 수업 동기를 자극할 수 있는 방법, 다른 교사와의 협업, 수업 도구를 다룰 수 있는 기술공학적 능력, 자신의 교수 경험에 대한 반성 등을 의미한다.

DeSeCo 프로젝트를 통해 전 세계적으로 역량에 대한 관심을 촉발시킨 OECD는 이 보고서들을 통해서 역량에 기반한 교육 개혁을 위해 교사의 역량이 중요하다는 점을 강조하였다. 최근 여러 나라들은 교사가 역량을 갖추어야 함을 강조하며 교사 교육 및 교사 양성 교육과정을 이러한 방향에

4) 이 장의 내용은 백남진 · 온정덕(2017a), 백남진 · 온정덕(2017b)에 기반하여 작성되었다.

맞게 개선하려는 노력을 하고 있다. 미국, 영국, 호주, 싱가포르 등 해외 여러 나라들은 교사 교육을 통해 교사가 달성해야 할 역량을 설정하고 이를 교사 양성 교육과정에 반영하고 있다. 이러한 역량은 교사가 담당하는 학교급, 교과의 구분 없이 모든 교사가 공통으로 갖추어야 할 핵심 역량이라고 할 수 있다. 외국의 경우 교사의 핵심 역량은 교사 기준(teaching standards, professional teaching standards)을 통해 구체화되어 제시되고 있다.

본 장에서는 역량 기반 교사 교육 및 교사 양성 교육과정 설계의 동향을 알아보고자 한다. 구체적으로 이하에서는 교사 역량의 의미, 역량 기반 교사 교육과정 설계, 교사 기준 등에 대해 살펴보고, 교사 핵심 역량의 설정 사례를 미국과 싱가포르를 중심으로 살펴본다. 마지막으로, 이러한 사례들의 검토를 바탕으로 우리나라의 역량에 기반한 교사 교육 및 교사 양성 교육과정 설계의 과제를 탐색한다.

1. 교사 역량의 의미

역량 기반 접근은 '무엇을 아는가'보다는 실제로 '무엇을 할 줄 아는가'를 강조한다. 교사는 교직을 수행하는 전문가로서, 교과 내용 지식, 교수학적 지식, 학습자에 대한 지식, 교육 상황에 대한 지식 등의 교수 지식(teaching knowledge)(Shulman, 1987)을 활용한다. 교직 수행에서 교사는 지식을 단지 알기만 하는 것이 아니라, 아는 것을 교실 및 학교의 다양한 상황에 적용하는 능력이 필요하다(Bransford, Darling-Hammond, & LePage, 2005).

교사 역량은 교사가 문제 상황에 부딪혔을 때 문제를 해결해 나가는 수행을 강조하는 개념이다(최진영 외, 2009). 교사의 역량은 정해진 용량의 사실과 아이디어의 저장고가 아니라, '수업에 필요한 지식과 기능을 창조하는' 원천이 된다(Bransford, Darling-Hammond, & LePage, 2005). 전문가가 가지고 있는 지식은 개별적 사실이나 명제로 환원할 수 없고, 오히려 이들의 지식은 지식을 사용할 상황 및 조건과 긴밀히 연결되어 있다(NRC, 2012b).

교사의 수행능력은 지식과 기능이 동시에 작용하여 문제해결을 하는 것으로서(최진영 외, 2009), 교사는 이러한 과정에서 자신이 습득한 광범위한 지식과 기능을 조직하여 사용한다(NRC, 2012b). 역량이란 지식 차원만이 아니라 기능, 태도 등이 복합적으로 작용하여 문제 해결을 위해 개인이 이러한 여러 차원의 능력을 선택, 조절, 조합, 통합하여 발현되어 나타나도록 하는 능력이라고 할 수 있다. 즉, 역량은 지식, 기능, 가치 및 태도의 복합적 차원에서 총체적으로 파악되는 개념이다. 교사 역량은 지식, 수행, 태도의 결합체로 파악되기도 하고(최진영 외, 2009), 명제적 지식, 절차적 지식, 성향을 모두 포함하는 의미가 된다(McDiarmid & Clevenger-Bright, 2008).

교사 역량은 발달적 성격을 지닌다. 이러한 입장을 취할 때 역량은 모든 학생이 동일한 수준에서 습득하는 것으로 파악되기보다는 각 학생의 역량 습득에서의 차이 및 다양한 수준을 고려해야 하는 개념이 된다. 교사는 교직에 들어오기 전 교직 수행에 필요한 지식과 기능을 습득하기는 하지만, 교사의 수행능력은 교직 생애 전 과정을 통해 계속 새로운 지식과 기능을 구성하며 발달되어야 한다(Bransford, Darling-Hammond, & LePage, 2005).

교사 역량과 관련되어 사용되는 용어 중, 교사의 '핵심 역량'(key competency)이라는 용어가 있다. 이는 교사가 길러야 할 역량들 중에서 더욱 중요하고 강조되어야 할 것을 의미한다(이경진 · 최진영 · 장신호, 2009). 따라서 교사의 핵심 역량을 설정하기 위해서는 무엇이 더 중요한지에 대한 그 사회구성원들의 합의가 필요하다. 핵심 역량은 그 사회가 지향해야 할 방향을 제시하는 지표(indicator)(Spady, 1978a)의 역할을 하므로, 교사의 핵심 역량은 그 사회가 지향하는 교사 교육의 목표가 될 수 있다. 교사 핵심 역량은 교사가 담당하는 학교급, 교과를 막론하고 모든 교사에게 요구되는 것으로 일반적, 공통적 특성을 갖는다. 교사 핵심 역량은 모든 교사에게 요구되는 역량이지만, 이러한 역량은 교사에 따라 다양한 수준으로 발달해 나가는 것이 된다(NIE, 2010b; CCSSO, 2013).

2. 역량 기반 교사 교육과정 설계

역량 기반 교육과정에서는 달성해야 할 최종 결과에 초점을 두고 이러한 궁극적인 결과로부터 추구해야 할 가능한 결과들을 하향식 설계(design-down)할 것이 강조된다(Spady, 1994b).

역량 기반 교육은 교사 교육과 관련하여 '역량 기반 교사 교육' 혹은 '수행 기반 교사 교육'의 용어로 사용되었다(McAshan, 1979). 역량 기반 교사 교육은 기존의 '과목 기반(course-based) 교사 교육'과 대조되는 것으로, 교사자격 부여는 자격요건으로 요구되는 여러 과목들을 이수하는 것보다 수행능력에 기반하여 이루어져야 한다는 것을 강조한다(Zeichner, 2005). 교직 수행에서는 단지 많이 아는 것보다 수행능력이 중요하므로 능력에 기반한 하향식 설계가 더욱 요구된다. 기존의 과목 중심의 교사 교육 프로그램은 지나치게 이론적으로 실제와의 관련성이 적고 분절화되고 일관적이지 못한 강좌를 제공하며 교사 양성 기관의 교수진 간에 교수(teaching)에 대한 공유할 만한 명료화된 개념이 부족하다는 문제점이 지적될 수 있다(Darling-Hammond, et al., 2005).

역량을 강조하는 교사 교육은 교사 양성 교육과정이 역량 혹은 수행을 기반으로 설계되어야 한다고 본다(Zeichner, 2005). 즉, 교사 양성 교육과정을 통해 아는 것을 활용하여 훌륭한 수행으로 나타낼 수 있는 교사의 능력을 길러 주는 것을 강조한다. 이러한 수행에 대한 강조는 교사 양성 기관에서 교육을 마친 후 졸업생이 나타내야 할 교육의 결과(역량)를 중요시하는 것이다. 역량 기반 교사 양성 교육과정에서는 학생(예비교사)이 졸업 시 보여주어야 할 능력을 기반으로 교사 양성 기관의 교육과정이 설계된다. 교사 양성 교육과정을 역량에 기반하여 설계하는 것은 교수와 학습에 대한 일관된 비전을 주며 여러 코스와 분야에 걸쳐 관련되는 전략들을 통합시킬 수 있다(Darling-Hammond, et al., 2005). 즉, 역량에 기반한 교사 양성 교육과정의 설계는 교사 양성 교육과정의 조직, 구성, 운영이 역량을 목표로 일관성과 명확한 초점을 가지고 이루어지게 할 수 있다(NCTAF, 1996; Zeichner, 2005). 일관된 프로그램을 가지고 있다는 것은 모든 교직원이 동일하게 사고해야 한다는 것을 의미하기보다는 교직원들 간에 전문적인 기준과 기대에 대해 공통된 기반이 있다는 것을 의미한다. 즉, 일관된 프로그램은 교사 양성에서의 전문적인 비전, 기준, 그리고 기대 등에서 정합성이 이루어질 수 있게 한다(Darling-Hammond, et al., 2005).

교사 양성 교육과정은 교사 양성 기관을 졸업한 후에도 교사 역량이 발달되어야 한다는 점을 고려하여 양성 이후의 교사의 전문성 발달, 자격 및 인증 부여, 평가 등 관련 체제들과 연계되어야 한다(Darling-Hammond, 2012; CCSSO, 2010). 또한 교사로서의 역량을 키워 가는 데 기초가 될 핵심 아이디어와 이해를 가지도록 설계되어야 한다(Bransford, et al., 2005; CCSSO, 2010).

3. 교사 기준

가. 교사 기준 개발의 동향

교사 기준은 1980년대에 미국에서 시작된 기준운동의 맥락 속에서 설정되기 시작했다. 기준운동에는 지식 기반 경제 체제에서 학교 교육이 변화해야 한다는 요구가 많은 영향을 미쳤다. 즉, 모든 학생이 지식 기반 사회에서 요구되는 사고력을 길러 해결해야 할 문제를 인식하고, 정보를 검색·종합하고, 새로운 해결책을 찾고, 자신의 방식으로 학습하고, 타인과 협업할 것이 기준 중심의 학교 교육 개혁에서 강조되었고, 이를 위해 교사의 역할과 직무가 재규정될 것을 요구하였다(Darling-Hammond, Wise, & Klein, 1999).

이 당시 교사에 대한 새로운 기대는 '효율적인 교수'를 강조하며 교사 기준을 설정하도록 했다. 효율적인 교수란, 학생의 학습을 적극적으로 지원하는 교사에 초점을 두는 개념이다(CCSSO, 2013). 2002년 연방 정부 수준에서

‘낙오아동방지법’(NCLB)이 제정된 후 ‘질 높은 교사’의 확보가 가장 시급한 교육문제로 부각되었고, ‘교사와 미국의 미래에 대한 국가위원회’(National Commission on Teaching and America's Future: NCTAF)는 학교의 교수·학습 상황을 개선하기 위해 2006년까지 달성해야 할 장기적인 목표를 설정하였다. 이 목표는 지식, 기능, 헌신을 갖춰 학생을 잘 가르치는 교사에 의해 모든 학생이 교육 받을 것, 모든 교사는 전문성을 개발할 것, 모든 교사 교육 프로그램은 전문적 기준을 충족할 것 등이었다(Darling-Hammond, 1996: 196). 이러한 목표를 달성하기 위해 모든 교사 양성 기관의 교사 교육 프로그램에서는 ‘훌륭한 교수’(good teaching)에 대한 공통의, 명료한 비전이 설정되어야 하고, 교수 실제(teaching practice)와 교사의 수행을 규정하는 기준에 의해 교사 교육이 이루어지고 교사가 평가되어야 한다는 점이 강조되었다(Darling-Hammond, 2012).

교사 기준의 설정은 카네기 특별위원회의 권고에 따라 1987년 설립된 ‘전문 교사 기준 제정을 위한 국가위원회’(National Board for Professional Teaching Standards: NBPTS)로부터 시작되었다. NBPTS는 독립 기구로서, 전문 단체로서는 처음으로 학교 교사를 대상으로 경력교사(advanced teacher)의 면허 기준을 설정하기 위해 구성되었다. 이 기관의 목적은 경력교사가 알아야 하고 할 수 있어야 하는 것에 대해 높고 엄격한 기준을 설정하고, 이러한 기준에 부합하는 교사자격을 부여하는 국가 체제를 개발·시행하고, 학교 교육 개혁과 관련하여 학생의 학습을 개선하는 것이었다(Darling-Hammond, 2012: 143). NBPTS는 1992년 교사가 무엇을 알고 할 수 있어야 하는가에 대해 교과 공통으로 적용되는 다섯 가지 ‘핵심 제안’[5]을 제시하였고, 이후 이 제안을 기초로 교과별 교사 기준이 개발되었다.

5) 다섯 가지 핵심 제안은 다음과 같다. 1. 교사는 학생과 학생의 학습을 위해 헌신해야 한다. 2. 교사는 가르치는 교과와 이 교과를 학생에게 어떻게 가르칠 것인가에 대한 지식을 갖추어야 한다. 3. 교사는 학습에 대한 관리와 모니터링을 해야 하는 책임을 갖는다. 4. 교사는 자신의 실천을 체계적으로 생각하고 경험을 통해 배워야 한다. 5. 교사는 학습공동체의 구성원으로서 다른 구성원들과의 협력관계를 구축하고 유지해야 한다(Darling-Hammond, Wise, & Klein, 1999).

한편, 신규교사를 위한 기준은 '주 교육감위원회'(Council of Chief State School Officers: CCSSO) 산하 '주 공통의 교사평가 및 지원을 위한 컨소시엄'(Interstate Teacher Assessment and Support Consortium: InTASC)에 의해 구체화되었다. InTASC는 체계적인 기준 기반 개혁을 통해 교사 양성, 교사자격증 부여, 교사의 지속적인 전문성 개발을 목적으로, 각 주의 교육기관과 국가 수준의 교육조직들이 연합하여 구성되었다(CCSSO, 2013). InTASC는 1992년 담당 교과 영역이나 학년에 상관없이 모든 신규교사에게 요구되는 '신규교사의 자격과 전문성 개발을 위한 기준'(Model Standards for Beginning Teacher Licensing and Development: A Resource for State Dialogue)을 개발하였다. 이 기준은 신규교사가 갖추어야 할 지식, 기능, 수행을 나타낸 것이다(CCSSO, 2013).

NBPTS와 InTASC의 교사 기준으로 인해 국가 수준의 인증에 대한 관심이 증대되었으며, 이러한 교사 기준은 주들의 교사 교육 인증, 교사 자격 및 면허 부여, 교사 평가에 활용되었다(Darling-Hammond, 2012: 141).

InTASC는 2013년에 '핵심 교사 기준'(InTASC Model Core Teaching Standards and Learning Progressions for Teachers 1.0)을 발표하였다. 1992년에 개발된 기존의 교사 기준이 신규교사를 대상으로 개발된 것과 달리, 핵심 교사 기준은 신규교사뿐 아니라 경력교사에 이르기까지 모든 교사를 대상으로 개발되었다. 또한 핵심 교사 기준은 2010년 국가 공통 기준의 공포로 변화된 학교 교육의 방향을 반영하며 오늘날의 학습 상황에 맞는 교사에게 필요한 새로운 지식과 기능을 나타내고자 하였다.

OECD는 교사 역량이 교사가 알아야 하고 할 수 있어야 할 것을 명료히 나타내는 진술로 제시되어야 하며, 이러한 진술을 교사 교육, 교사자격 부여 및 교사의 전문성 개발을 위한 틀로 사용할 것을 권고한 바 있다(OECD, 2005b; OECD, 2012).

최근 미국뿐 아니라 여러 나라들은 교사의 질을 높이기 위해 교사 기준을 설정하고 있다(최진영 외, 2009; Darling-Hammond, 2012). 영국의 '교사 기준'(Teachers' Standards)(Department for Education, 2011), 호주의 '교사전문성 기준'(Australian Professional Standards for Teachers)(AITSL, 2014), 싱가포르의 '졸업생교사 역량 틀'(Graduand Teacher Competencies Framework: GTCF)(NIE, 2010a) 등은 교사 기준에 해당하는 사례들이다.

나. 교사 기준의 의미

교사 기준은 교직 수행에 있어서 교사가 알아야 하고 할 수 있어야 할 것으로 정의된다(Darling-Hammond, Wise, & Klein, 1999; Darling-Hammond, 2012). 따라서 기준을 설정하기 위해서는 교사가 알아야 하고 할 수 있어야 할 것에 대한 합의가 우선적으로 이루어져야 한다(NCTAF, 1996). 또한 교사 기준은 수행에 기반하여 교사의 바람직한 지식, 기능, 성향(disposition)을 구체화한 것으로 정의되기도 하는데, 여기서 기능이란 효율적 교수를 위해 지식을 행동으로 전환하는 능력을 의미하며, 성향이란 합리적이고 전문적으로 사고하고 행동하려는 경향을 의미한다(Darling-Hammond, Wise, & Klein, 1999).

교사 기준은 결과에 초점을 둔다. 결과에 초점을 둠으로써 교사 기준은 교사의 수행능력을 제시하게 된다(Zeichner, 1993). 교사 기준에서 수행능력을 제시하는 것은 교사가 교과, 학생, 지역사회, 교육과정 등에 대한 자신의 지식을 통합하여 실제에 적용하는 능력을 나타내기 위해서이며, 교사 기준은 상세하고 사소한 교사의 행동보다는 교사의 지식과 수행이 통합된 모습을 제시하여야 한다(Darling-Hammond, Wise, & Klein, 1999).

교사 기준 개발의 노력은 체제적 접근의 맥락에서 바라볼 수 있다. Fullan & Quinn(2016)은 교육개혁이 성공적으로 이루어지기 위한 주요 요소로 '초점이 명확한 방향 설정', '협력적 문화 계발', '학습에 대한 깊이 있는 이해', '책무를 확실하게 하기'를 제시한다. 이 중, 협력적 문화 계발은 공통의 목표를 가지고 모든 사람들의 전문 지식을 발달시키는 것을 의미한다. 또한 이들은 교사 역량을 개발하기 위해서는 협력적 문화 계발의 맥락 속에서 교육체제의 모든 수준에서 공통의 지식과 기능에 대한 기반을 개발하는 것이 중요하다고 주장한다. 교사 기준 역시 교수를 위한 공통의 기반을 규정하기 위한 노력이라고 할 수 있다(Darling-Hammond, Jaquith., & Hamilton, 2012).

교사의 역량 개발을 위해서는 합의된 공통의 기반이 체제적 접근 속에서 적용되는 것이 필요하다(Fullan & Quinn, 2016). 즉, 교사 기준은 그 공통의 기반이 될 수 있으며, 교사 양성, 교사자격 및 면허 부여, 지속적인 전문성 개발과 관련된 일련의 활동들에 명확함과 초점을 가져다 줄 수 있을 뿐만 아니라 일련의 활동들이 서로 연결되게 하여(NCTAF, 1996) 결국 교사 양성과 관련된 체제 전반에 변화를 가져올 수 있는 지렛대가 될 수 있다(Darling-Hammond, 2012).

교사 기준은 많은 나라들에서 교사 양성 교육과정을 설계, 운영하는 데 기반이 될 뿐 아니라, 교사자격 및 면허 부여, 교사평가 등 교사의 전문성을 개발하는 데 활용되고 있다(Darling-Hammond, 2012). 즉, 교사 기준은 교사 양성 교육과정에서뿐만 아니라, 이후 현직교사로서 지속적으로 개발시켜야 할 능력을 구체화하여 제시함으로써, 교사 양성 과정과 이후의 현직교사의 전문성 발달, 자격 및 인증 부여, 평가 등이 연계되게 한다(Darling-Hammond, 2012).

4. 외국의 교사 핵심 역량 설정

가. 미국의 InTASC 핵심 교사 기준

앞서 살펴보았듯이, InTASC는 기존의 교사 기준을 개정하여 2013년에 핵심 교사 기준을 발표하였다. 핵심 교사 기준은 40개 이상의 주에서 채택되어 교사 양성 교육과정을 편성·운영하는 데 가장 직접적으로 영향을 주며 교사 교육, 교사자격 부여 및 면허 갱신, 교사 평가 체제를 개발하는 데 기반이 되어 왔다(CCSSO, 2010; Darling-Hammond, 2014). 핵심 교사 기준은 주 정부의 교사 양성 프로그램을 승인하는 '교사 양성 교육 인증기관'(Council for the Accreditation of Educator Preparation: CAEP)의 인증기준에 반영되고 있다(CCSSO, 2010; CAEP, 2015). 이하에서는 핵심 교사 기준의 개정 배경 및 방향, 내용 구성에 대해 살펴보고자 한다.

(1) 개정 배경 및 방향

2010년 공포된 국가 공통 기준은 유치원부터 12학년(K-12)의 학교 교육을 받는 모든 학생들이 학교 졸업 후 대학 혹은 직업세계로 진입하는 데 필요한 능력을 갖출 것을 목표로 개발되었다. 이러한 능력을 위해 국가 공통 기준은 엄격한 교과 내용과 함께 고등사고 기능(high-order skills)을 통한 지식의 적용을 강조한다(CCSSO, 2013: 4). 핵심 교사 기준은 국가 공통 기준과의 연계를 강조하며 개발되어 학생에게 새롭게 요구되는 능력을 길러 주기 위해 필요한 교사의 능력을 규정한다. 즉, 핵심 교사 기준은 "K-12학년의 모든 학생이 오늘날의 세계에서 대학 혹은 직업세계로 진입하는 데 준비되어야 한다는 목표를 달성하기 위해 교사가 알아야 하고 할 수 있어야 할 것을 나타낸 것"이다(CCSSO, 2013: 3). 이 기준은 공통 핵심(common core)의 성격을 가지며, 교과 및 학년을 막론하고 모든 교사에게 공통으로 적용되는 교수 실제에 대한 원리 및 기반을 제시한 것이다(CCSSO, 2013).

핵심 교사 기준은 효율적인 교사를 준비시키고, 그 자격을 부여하고, 교사의 전문적 능력 개발을 지원하기 위해 일관되고 연계된 교사 교육의 체제적 접근(systemic approach)에 입각하여 개발되었다(CCSSO, 2010). 이 기준은 변화하는 공교육 체제에서 '학습'과 '효율적인 교수'는 어떠한 것이 되어야 하는지에 관심을 갖는다. 즉, 이 기준은 모든 학습자가 자신의 학습에 주도적으로 임하며 학습한 내용을 적용하고 실생활의 문제를 해결하는 것을 강조한다. 그리고 이러한 학습을 위해 교사는 학생의 학습 경험에 영향을 주는 학생의 다양성을 고려하고, 학습 효과를 극대화시키도록 노력할 것을 강조한다. 이 기준은 효율적인 교수란 "모든 학생이 높은 학업성취 수준을 달성하도록 하는 것"이라고 본다(CCSSO, 2013: 3).

핵심 교사 기준은 학생의 성취를 향상시키기 위해 개정의 주요 방향을 '다양한 학습자를 위한 개별화된 학습', '지식과 기능의 적용', '평가 능력(assessment literacy)의 향상', '협력적 전문 문화', '교사 및 행정가의 새로운 지도력'으로 설정하였다. '다양한 학습자를 위한 개별화된 학습'은 장애, 문화적·언어적 차이를 포함하여 교사가 학습자의 다양한 특성에 맞춤식 교육을 해야 한다는 것이며, '지식과 기능의 적용'은 오늘날 학습자가 세상을 살아가는 데 필요한 학문 및 일반적인 지식과 기능(문제해결력, 의사소통, 창의력, 호기심, 혁신, 개인 간 능력, 학문 간 종합하는 능력, 글로벌 인식, 윤리, 기술적 전문성 등과 같은 태도와 성향)이 필요하다고 보는 것이다. '평가 능력의 향상'은 평가를 교수 과정과 분리된 것으로 보는 기존의 시각을 극복하고 학습자의 학습 향상을 위해 필요한 교사의 평가 능력을 강조하는 것이며, '협력적 전문 문화'는 이제까지 교사를 고립시키고 가르치는 일을 교사 혼자만의 활동으로 다루어 오던 경향을 극복하기 위해 교사 간 협력을 강조하는 것이다. '교사 및 행정가의 새로운 지도력'은 교사가 교직의 초반부터 자신을 지도자로 인식하고 모든 학생의 학습을 책임지기 위해 지도력을 발휘할 것을 강조하는 것이다(CCSSO, 2013: 4).

(2) 내용 구성

(가) 핵심 교사 기준의 항목 구성

핵심 교사 기준은 '학습자와 학습', '내용', '수업 실제', '전문적 책임'의 주요 영역으로 구성된다. 각 영역은 몇 개의 기준으로 구체화되어 총 10개의 기준이 제시된다. 핵심 교사 기준은 다음 <표 6-1>의 10개 기준을 포함한다.

<표 6-1> 미국 InTASC 핵심 교사 기준의 항목

영역	기준	
학습자와 학습	1	학습자의 발달
	2	학습 차이
	3	학습 환경
내용	4	내용 지식
	5	내용의 적용
수업 실제	6	평가
	7	수업 계획
	8	수업 전략
전문적 책임	9	전문적 학습과 윤리적 실제
	10	리더십과 협동

출처: CCSSO(2013)

핵심 교사 기준은 '기준 4. 내용 지식'을 통해 '교사는 자신이 가르치는 학문의 주요 개념, 탐구 수단, 구조를 이해하고 학습자의 내용 습득에서 학문을 접하고 의미 있는 학습경험이 되도록 한다.'는 것과 '기준 5. 내용의 적용'을 통해 '교사는 지역 및 세계의 실제적인(authentic) 문제와 관련된 비판적인 사고, 창의성, 협동적 문제 해결에 학생을 참여시키기 위해 개념을 서로 연결하고 다양한 관점을 사용하는 법을 이해한다.'는 것을 강조한다. K-12학년에 적용되는 국가 공통 기준 역시 엄격한 내용과 고등사고 기능을 통한 지식의 적용을 강조하는데, 이와 일관되게 핵심 교사 기준은 '기준 4', '기준 5'를 통해 교과 지식을 습득하고 이를 적용하는 능력을 학생에게 길러줄 것을 강조한다(CCSSO, 2013: 4).

(나) 복합적인 교사 실제의 측면: 수행, 필수 지식, 주요 성향

각 기준은 교수 실제(teaching practice)를 '수행', '필수 지식', '주요 성향'의 측면에서 복합적으로 설명한다. 이러한 측면들은 교사 개인의 성장을 위한 학습에 초점을 둔다. '수행'은 교수의 실제에서 관찰되고 평가될 수 있는

측면이며, '필수 지식'은 교직을 효과적으로 수행하는 데 필요한 명제적 지식 및 절차적 지식을 나타내며, '주요 성향'은 교사의 수행에서 주요 역할을 하는 행동 습관과 도덕적 헌신을 나타낸다(CCSSO, 2013: 6). 각 측면은 몇 개의 하위 기준으로 구체화된다. 예를 들어, '기준 5. 내용의 적용'에 대해 수행, 필수 지식, 주요 성향 측면에서 하위 기준들을 제시하면 다음 [그림 6-1]과 같다.

<table>
<tr><td colspan="2">기준 5. 내용의 적용
교사는 지역 및 세계의 실제적인 문제와 관련된 비판적인 사고, 창의성, 협동적 문제해결에 학생을 참여시키기 위해 개념을 서로 연결하고 다양한 관점을 사용하는 법을 이해한다.</td></tr>
<tr><td>수행</td><td>필수 지식</td></tr>
<tr><td rowspan="3">5(a) 교사는 학습자가 다양한 교과의 관점과 범교과 기능을 사용하며 복잡한 쟁점 및 문제를 분석하도록 하는 프로젝트(예. 사실적 정보의 획득과 관련된 생물, 화학 교과 및 정책 시행의 검토와 관련된 사회 교과의 내용에 기초하여 수질을 연구하는 것)를 개발하고 실시한다.
5(b) 교사는 학습자가 간학문적 주제(예. 금융 리터러시, 환경적 리터러시)를 통해 내용 지식을 실제 세계의 문제에 적용하도록 한다.
5(c) 교사는 다양한 상황에서 내용의 학습이 효과적으로 이루어지도록 학생이 새로운 도구와 자료를 사용하도록 한다.
[5(d)~5(h) 생략]</td><td>5(i) 교사는 자신이 담당하는 교과 영역의 앎의 방식을 이해하고, 자신의 교과 영역이 다른 교과 영역과 탐구방식에서 어떤 관련이 있는지, 문제·쟁점·관심 등을 전달하는 데 각 교과의 접근이 어떠한 장점과 한계점을 갖는지 이해한다.
5(j) 교사는 간학문적 주제들(예. 시민 리터러시, 건강 리터러시, 글로벌 인식)이 핵심 교과들과 어떻게 연결되는지를 이해하고 이러한 주제들을 의미 있는 학습 경험으로 엮을 수 있는 방법을 안다.
[5(k)~5(p) 생략]</td></tr>
<tr><td>주요 성향</td></tr>
<tr><td>5(q) 교사는 지역 및 세계가 직면한 문제들에 대해 교과 지식을 활용하는 방법을 지속적으로 탐구한다.
5(r) 교사는 교과 내용 이외의 지식과 이러한 지식이 학습을 촉진시킨다는 점을 중요하게 여긴다.
[5(s) 생략]</td></tr>
</table>

[그림 6-1] 수행, 필수 지식, 주요 성향(5. 내용의 적용)

출처: CCSSO(2013). p. 27.

나. 싱가포르의 교사 핵심 역량 틀: V³ SK와 GTCF

현재 싱가포르에서 모든 교사가 길러야 할 핵심 역량은 V³SK(framework of Values³, Skills and Knowledge 혹은 V³SK Model)와 GTCF의 두 틀을 통해 제시된다. V³SK는 교사가 길러야 할 역량을 가치・기능・지식의 영역에서 나타내며, GTCF는 싱가포르 교사 양성 기관인 국립교육원(NIE)의 졸업예정자를 위한 교사 기준이다. 이 두 틀은 국립교육원의 교육과정을 설계하고 운영하는 데 적극 반영된다. 본 장에서는 V³SK와 GTCF의 개발의 배경 및 동향, 내용 및 활용 등에 대해 알아보고자 한다.

(1) 개발의 배경 및 동향

싱가포르에서 교사 역량은 학생이 길러야 할 역량과 관련하여 논의된다. 싱가포르는 1997년 이후 국가의 새로운 비전으로 '사고하는 학교, 학습하는 국가'(Thinking Schools, Learning Nation)를 지향하며, '국가적 학습 문화'를 형성하고 글로벌화된 미래 사회에서 요구되는 창의적 사고 기능과 학습 기능의 개발을 강조하였다(Goodwin, 2012). 이러한 방향은 21세기를 위해 모든 학생을 교육시키는 데 초점을 두고자 하는 의지를 나타내는 것이었고, '덜 가르치고, 많이 학습하게 하는'(Teach Less, Learn More) 방향을 학교 교육에서 강조하게 하였다(Goodwin, 2012: 34). 싱가포르 교육부는 2008년 '기대하는 교육결과'(Desired Outcomes of Education: DOE)[6]라는 교육비전을 제시하고, 2010년 학교 교육을 통해 모든 학생에게 길러 주어야 할 '21세기 역량'[7]을 발표하였다. 세계화와 기술의 발전은 미래를 이끄는 주요 동인으로서 학생

---

6) 기대하는 교육결과는 자신감 있는 사람, 자기주도적인 사람, 적극적으로 기여하는 사람, 사려 깊은 시민으로 제시된다(Singapore Ministry of Education, 2014b).

7) 21세기 역량은 핵심 가치(존중, 책임감, 끈기, 성실, 관심, 조화), 사회·정서적 역량(자신에 대한 자각, 자기 조절, 사회에 대한 자각, 관계 조절, 의사결정에 대한 책임), 지적 역량(시민성 문해, 글로벌 인식과 범문화적 기능, 비판적이고 창의적인 사고, 정보와 의사소통 기능)이다(Singapore Ministry of Education, 2014b).

들이 이러한 변화를 마주할 수 있도록 준비되어야 한다는 점이 21세기 역량에서 중요시되었고, 학교에서 21세기에 성공적으로 살아가기 위한 지식, 기능, 가치를 가르쳐야 한다는 점이 강조되었다(Singapore Ministry of Education, 2014b).

이러한 학교 교육의 방향 속에 질 높은 교사(quality teachers)를 양성해야 한다는 요구가 증대하였고, 21세기 역량을 갖춘 학생을 교육시키는 데 필요한 지식과 기능을 교사가 갖추도록 교사 양성이 이루어질 것이 강조되었다(NIE, 2012).

싱가포르의 교사 양성은 전적으로 난양기술대학 산하 국립교육원이 책임지고 있다고 할 수 있다(김도기·이정화, 2008). 국립교육원은 '사고하는 교사'를 길러 내고자 하며, 이를 위해 견고한 이론적 기반과 함께 수행능력을 강조하는 교사 교육 프로그램을 설계하고 운영하는 데 초점을 둔다(NIE, 2010a: 1). 국립교육원의 교육목표는 21세기의 학습자를 기르는 데 요구되는 21세기 교사를 양성하는 것이다(NIE, 2010a: 1).

국립교육원은 변화하는 교사 교육의 요구에 따라, 기관의 교육과정을 재설계하는 작업을 2005년에 착수하였다. 그 결과, VSK(Values, Skills, Knowledge Model)를 산출하게 되었는데, 이는 '덜 가르치고, 많이 학습하게 하는' 학교 교육의 슬로건을 반영하여 학생의 사고력 및 역량을 길러 주기 위한 방향과 일관되게 개발되었다(Goodwin, 2012: 32). 이후 국립교육원은 '교사 양성 교육과정의 검토 및 개선'(Programme Review and Enhancement: PRE) 프로젝트를 2008년에 시작하였다. PRE 프로젝트의 결과로, ≪21세기를 위한 교사 교육 모델≫(Teacher Education Model for the 21st Century: TE21)(NIE, 2009) 보고서가 나오게 된다. TE21 보고서는 21세기 학습자를 위해 요구되는 21세기 교사상을 제시하여 신규교사 및 경력교사를 포함한 모든 교사에게 학교의 효과적인 교수·학습에 필요한 가치 및 역량을 준비시켜야 한다는 점을 강조하였다(NIE, 2012: 3). PRE 프로젝트를 통해 교사 역량 개발을 위한 국립교육원의 교사 양성 교육과정은 '교사 성장 모델'에 기반하여 설계되어 교사의 지속적 학습과 성장을 강조한다(NIE, 2012).

TE21 보고서는 이전의 VSK를 개선한 V³SK를 채택하고, 이와 함께 V³SK를 반영한 GTCF를 국립교육원의 교육과정에 적용할 것을 제안하였다. GTCF의 경우, 교육부에 의해 기존에 도입되었던 '신규교사 역량 틀'과 V³SK를 통합하여 구성되었다(NIE, 2010b). V³SK와 GTCF는 교사 역량을 길러 주기 위한 교사 교육을 위해 국립교육원의 교육과정을 정련하는 방향이 되고 있다(NIE, 2012: 6).

(2) V³ SK의 내용 및 활용

V³SK는 교사 역량을 강조하는 최근의 세계적 동향에 따라, 21세기 교실을 위해 교사가 갖추어야 할 학생의 학습 결과를 향상시키는 데 필요한 가치, 기능, 지식을 제시한다(NIE, 2010a). V³SK에서 '가치', '기능', '지식' 영역의 구체적인 내용을 제시하면 다음 [그림 6-2]와 같다.

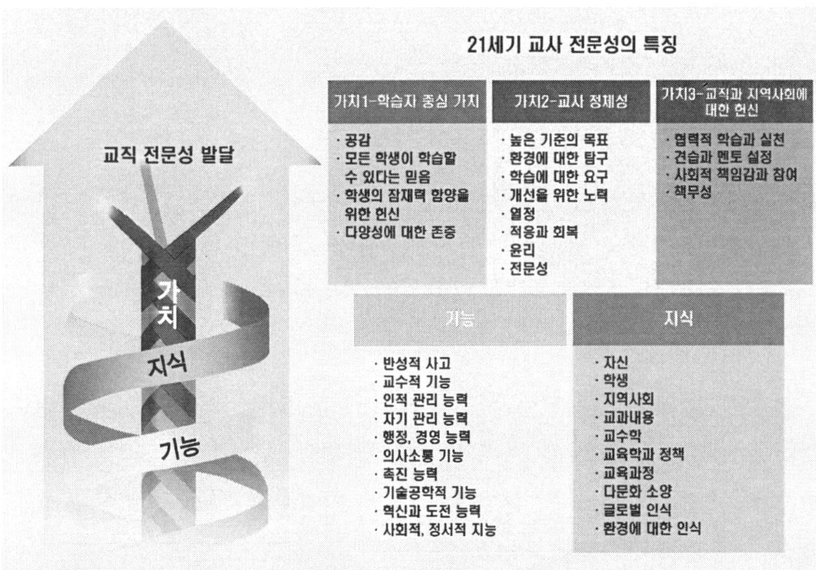

[그림 6-2] V³ SK 모델

출처: NIE(2010a), p. 4.

V^3SK는 개정 이전의 VSK가 단일한 '가치' 영역을 제시한 것과 달리, '가치' 영역을 '학습자 중심 가치', '교사 정체성', '교직과 지역사회에 대한 헌신'의 세 측면으로 구분하여 더욱 정교화하여 제시한다. '학습자 중심 가치'는 교사의 업무에 중심이 되는 가치로서, 학습자의 발달과 다양성을 알고, 모든 학생이 학습할 수 있다고 믿고, 학습자를 돌보며, 교과 내용을 이해하도록 가르치고, 가장 잘 학습하는 법을 알고, 최상의 학습 환경을 설계하는 것을 포함한다. '교사 정체성'은 교육환경의 빠른 변화를 인식하고 높은 기준으로 학생의 학습을 이끌고 학생의 요구에 반응하는 것이다. '교직과 지역사회에 대한 헌신'은 협동을 통한 전문성 신장을 위해 노력하고 지역사회를 위해 실천가가 되고자 노력하는 것이다(NIE, 2010a: 3).

V^3SK는 국립교육원의 교사 교육의 철학을 구현하기 위한 것으로, 긍정적인 태도, 필요한 기능, 깊고 폭넓은 내용 지식을 소유한 교사를 기르기 위한 국립교육원의 프로그램과 코스를 설계, 운영, 개선하는 데 활용된다(NIE, 2010a: 3).

(3) GTCF의 내용 및 활용

GTCF는 국립교육원의 졸업예정자들을 위한 벤치마크와 목표를 제시한, 일련의 교사 기준(professional standards)이다(NIE, 2010a: 4). GTCF는 국립교육원의 교육과정을 끝마칠 무렵, 졸업예정자가 교과 수업을 하고, 타인과 함께 일하고 타인을 존중하는 등 학생을 교육시키는 핵심 역할에 대해 적합하게 준비되었다는 것을 나타낸다. GTCF는 일선 학교에 보내질 모든 졸업예정자들이 교직 수행의 과업으로 보여주어야 하는 학습 결과(outcomes)를 의미한다(NIE, 2010b: 54).

GTCF는 '전문적 실행', '지도력과 관리', '개인적 효율성'의 3개 수행 영역으로 이루어진다. 수행 영역에 따른 7개의 핵심 역량(Core Competencies)은 다음 <표 6-2>와 같다.

<표 6-2> 수행 영역과 핵심 역량

수행 영역	핵심 역량	학습 초점 수준
전문적 실행	1. 모든 학생의 교육	CB
	2. 질 높은 학습의 제공	CB
	3. 질 높은 교과 외 활동의 학습 제공	CB
	4. 지식의 배양	
	(1) 교과의 숙달	CB
	(2) 반성적 사고	CB
	(3) 분석적 사고	CB
	(4) 진취성	A
	(5) 창의적 교수	A
	(6) 미래에의 초점	A
지도력과 관리	5. 개혁 추진의 의지 이끌어 내기	
	(1) 환경에 대한 이해	A
	(2) 타인에 대한 격려	A
	6. 타인과의 협력	
	(1) 학부모와 파트너 되기	A
	(2) 팀에서 활동하기	CB
개인적 효율성	7. 자신과 타인의 이해	
	(1) 자신에 대한 조율	CB
	(2) 개인적 성실함과 법적 책임의 행사	A
	(3) 타인에 대한 이해와 존중	CB
	(4) 회복력과 적응성	CB

출처: NIE, 2010a: 5

<표 6-2>에서 각 핵심 역량에 대해 '달성 역량'(Capacity Building: CB)과 '개발 지속 역량'(Awareness: A)의 학습 초점 수준이 제시된다. 기본적인 역량인 '달성 역량'은 졸업생 교사가 달성해야 할 역량으로, 국립교육원의 교육과정을 이수한 학생이라면 졸업 시 보여주어야 한다고 생각되는 '보장된' 학습 결과를 의미한다. 보장된 학습 결과는 증거에 기반한 것으로 나타나야 한다. '개발 지속 역량'은 졸업생이 현직교사로서 전문성 개발 및 멘토링을 통해 향후 더 발전시킬 필요가 있는 역량을 의미한다(NIE, 2010b: 54).

5. 한국의 교사 핵심 역량 및 교사 기준의 탐색

우리나라 역시 다가올 사회를 대비하기 위해 학생에게 역량을 길러줄 것을 교육에서 강조하며, 이를 위해 교사의 역량이 필요하다는 점이 많은 연구들(정미경 외, 2011a; 정제영 외, 2013; 김창환 외, 2015; 박도영 외, 2016)을 통해 주장되어 왔다. 이하에서는 우리나라의 교사 핵심 역량 및 교사 기준의 탐색 동향을 살펴보고자 한다.

가. 교사 핵심 역량

최근 우리나라에서 교사의 핵심 역량을 제안하는 정책연구들이 수행되어 왔다. 이 연구들은 교사 교육 관련 체제가 교사의 핵심 역량에 기반하여 개선되어야 할 필요가 있다고 보고, 이러한 핵심 역량이 무엇이 되어야 할 것인지를 탐색하였다.

이러한 연구들 중, 정미경 등(2011a)은 《교사 선발방식 개선 방안 연구》에서 신규교사의 핵심 역량을 개념 정의하고 각 역량의 태도, 지식, 수행 등에 속하는 세부 역량 요소를 제시하였다. 정제영 등(2013)은 《미래 교육 환경 변화에 따른 교원정책의 시사점 탐색 연구》에서 미래 교사의 역량을 제시하였고, 김창환 등(2015)은 《한국의 교육지표·지수 개발 연구(Ⅳ): 교원 역량지수 개발 연구》에서 교원역량지수체계를 개발하기 위해 미래 교원의 핵심 역량을 제시하였다. 그리고 박도영 등(2016)은 《역량중심 교육환경에 따른 교사 임용시험 체제의 개선 방향》에서 교사임용시험 체제의 개선을 위해 참조되어야 할 교사에게 요구되는 핵심 역량을 탐색한 바 있고, 조영환 등(2016)은 《교원의 핵심직무 역량강화 연수 운영을 위한 원격연수 교육과정 설계》에서 교원의 인문적 역량을 제시한 바 있다. 이 연구들에서 제시되는 교사 핵심 역량은 다음 <표 6-3>과 같다.

<표 6-3> 정책연구들에서 제시하는 교사 핵심 역량

<table>
<tr><th>정미경 등
(2011a)</th><th>김창환 등
(2015)</th><th>박도영 등
(2016)</th><th>조영환 등
(2016)</th><th colspan="2">정제영 등
(2013)</th></tr>
<tr><th>신규교사의 핵심 역량</th><th>미래 교원의 핵심 역량</th><th>교사 역량</th><th>교원의 인문적 역량</th><th colspan="2">미래 교사의 역량</th></tr>
<tr><td>■ 교직 소양</td><td></td><td></td><td>■ 인문적 이해
■ 신뢰와 배려
■ 성찰하기
■ 탐구하기</td><td rowspan="2">지식역량</td><td rowspan="2">■ 교과 및 교육과정에 대한 이해
■ 학습자의 학습과 발달에 대한 이해
■ 학급운영에 대한 이해
■ 교육시스템에 대한 이해
■ 학생문화에 대한 이해
■ 교육환경에 대한 이해
■ 지역사회에 대한 이해
■ 미래사회에 대한 이해
■ 교육평가에 대한 이해</td></tr>
<tr><td>■ 수업 능력</td><td>■ 교수역량
■ 학생이해 및 지도역량</td><td>■ 교수
■ 학생이해 지도</td><td></td></tr>
<tr><td>■ 대인관계 능력
■ 네트워킹 능력 (연계능력)</td><td>■ 교육공동체 형성 및 참여 역량</td><td>■ 공동체</td><td>■ 교육환경 감수성</td><td>수행역량</td><td>■ 수업설계, 수업관찰, 수업 분석 능력
■ 학생지도 능력
■ 교과 및 교육과정 운영을 위한 콘텐츠 개발 능력
■ ICT 매체 활용 능력
■ 비전 및 계획 추진 능력
■ 다양한 정보 수집 및 활용 능력</td></tr>
<tr><td>■ 지식 정보 능력</td><td></td><td>■ 지식정보 활용</td><td></td><td rowspan="4">협동역량</td><td rowspan="4">■ 관계 형성 능력
■ 의사소통 능력
■ 공동작업 능력
■ 갈등관리 능력</td></tr>
<tr><td>■ 의사소통능력</td><td></td><td></td><td></td></tr>
<tr><td>■ 리더십</td><td></td><td>■ 학교경영지원</td><td></td></tr>
<tr><td></td><td>■ 자기개발 및 관리 역량</td><td>■ 전문성관리</td><td>■ 자기인식
■ 자기수용
■ 자기성장</td></tr>
</table>

우리나라에서는 이러한 연구들을 통해 교사의 핵심 역량이 어떠한 것이 되어야 할 것인지 교사 선발방식 개선, 교원정책 개선, 교원역량지수 개발, 교사 임용시험 체제의 개선, 교원 원격연수 교육과정 설계 등 다각도에서 탐색되고 있지만, 아직 교사 핵심 역량에 대해 합의가 되어 있지는 않다. 우리나라의 교사 핵심 역량의 설정은 다각도에서 산발적으로 이루어지기보다는 이러한 탐색 방향들을 아울러서 공통으로 적용할 수 있도록 이루어질 필요가 있다.

나. 교사 기준

우리나라 교사 양성 기관의 교육과정 운영이나 교사자격 취득 등은 교사의 전문적 역량을 반영한 기준에 기반하여 이루어지고 있다기보다는, 국가가 정한 이수과목 및 학점과 같은 요건에 의해 이루어지고 있다. 교사 양성 교육과정은 일반적으로 교양과목, 전공과목, 교직과목의 세 영역으로 구분된다(정미경 외, 2011b). 이 중, 교양과목의 내용과 이수 학점 수는 대학에 따라 차이가 있지만, 전공과목과 교직과목의 구성과 이수 학점 수는 '교원자격검정령 시행규칙(2013. 3. 23)'을 통해 정부 차원에서 가이드라인이 정해져 있다(정미경 외, 2011b). 이러한 요건은 교사의 실질적 능력을 나타내 주는 데 한계가 있다고 생각되었고(정진곤 · 황규호 · 조동섭, 2004; 전제상, 2010; 황규호 외, 2014), 교사 양성과 관련하여 교사 양성 교육과정이 확보해야 할 전문성에 대한 명료한 기준이 미흡하다는 점을 문제로 보고 교사의 질 관리를 위해 국가 수준의 교사자격 기준이나 교사전문성 기준을 확립해야 한다는 주장이 꾸준히 있어 왔다(정진곤 · 황규호 · 조동섭, 2004; 전제상, 2010; 황규호 외, 2014). 이러한 기준들은 외국의 교사 기준에 해당한다고 볼 수 있다.

예를 들어, 정진곤 · 황규호 · 조동섭(2004)은 《교원양성체제 개편 종합방안 연구》에서 교원양성 교육과정 개선의 바탕으로서 교사자격에 대한 역량 중심의 기준이 개발될 필요가 있다고 하였다. 이 연구는 교사 양성 교육과정을 개발, 개선할 뿐 아니라, 교사자격 부여를 위한 전형의 기준, 교사 양성 교육기관의 평가 및 인증 기준으로 활용될 수 있는 교사자격기준을 설정할 것을 제안하였다(정진곤 · 황규호 · 조동섭, 2004). 이후 주영주 등(2005)은 《교원양성체제 개편 후속 조치 정책연구》를 통해 예비교사들이 적응적 전문성을 개발하기 위한 '교원전문성기준'을 개발하였고(주영주 외, 2005: 50),[8] 이 연구를 바탕으로 교육인적자원부는 2006년 학교 교육력 제고를 위

8) 교원전문성기준(주영주 외, 2005)은 다음과 같다.: 1. 교사는 한국교육이념이 추구하는 인간됨을 구현한다. 2. 교사는 교육적 사명감을 가지고 학생의 학습에 헌신한다. 3. 교사는 가르치는 교과내용과 학문의 구조를 이해한다. 4. 교사는 학생의 학습과 발달을 이해한다. 5. 교

한 교원양성체제 개선 방안의 일환으로 '신규교사의 자질과 능력에 관한 일반기준'을 발표하고 이를 교원양성기관의 교육과정 편성, 교원양성기관 평가, 교원선발의 중점 평가요소로 활용하고자 하였으나(정미경 외, 2011a), 이 기준은 실제 적용되지는 못하였다.

교육부가 2013년 출범시킨 교직발전 기획단 활동의 일환으로 수행된 《교원양성 교육과정 및 무시험검정기준 개정 연구》(황규호 외, 2014)에서는 역량 중심의 국가 수준 '교사자격기준'의 도입이 주장된 바 있다. 이 연구에서 자격기준으로 교사가 갖추어야 할 전문적 역량과 자질 및 소양 등을 제시하여 교원교육의 기본방향을 점검하고, 교원양성 교육과정의 학습내용 선정의 기초로 활용하며, 교사자격 부여를 위한 무시험검정 및 교원임용고사, 교사 양성 교육기관의 평가를 위한 기준으로 활용할 수 있도록 할 것이 제안되었다(황규호 외, 2014: 148-149).

우리나라는 그간 정책연구들을 통해 교사자격기준이나 교원전문성기준과 같은 교사 기준의 필요성이 주장되고 '신규교사의 자질과 능력에 관한 일반기준'이 발표된 바 있지만, 정책적으로 실제 적용되어 온 것은 아니다.

6. 역량 기반 교사 교육 및 교사 양성 교육과정 설계의 과제

역량에 기반한 학교 교육과정의 변화는 교사 교육이 역량에 기반하여 이루어질 것을 요구한다. 이하에서는 이제까지 살펴본 미국, 싱가포르의 교사 핵심 역량 및 교수 기준 설정의 동향과 우리나라의 교사 역량 및 교사 기준 탐색의 동향을 바탕으로, 우리나라의 역량 기반 교사 교육 및 교사 양성 교육과정 설계의 과제를 제시하고자 한다.

사는 교육과정과 수업을 효과적으로 계획하고 운영한다. 6. 교사는 학생이 교과를 의미 있게 학습하도록 지원한다. 7. 교사는 효과적인 학습 환경과 문화를 조성한다. 8. 교사는 학생의 학습을 모니터하고 평가한다. 9. 교사는 교육공동체 구성원과 협력관계를 구축한다. 10. 교사는 혁신적 전문성을 개발한다.

가. 교사 핵심 역량 및 교사 기준의 설정

우리나라의 역량 기반 교사 교육을 위해서는 우선 교사 핵심 역량에 대한 합의를 도출할 필요가 있다. 역량에 기반한 교사 교육과정 설계는 교사 양성 과정뿐 아니라 졸업 후 현직교사의 전문적 역량 신장을 위한 지원 및 평가 체제 등과 연계성 확보의 기반이 될 수 있다. 미국의 핵심 교사 기준에서 제시하는 교사 역량은 교사 양성 과정과 신규교사, 경력교사로 진행되며 모든 교사가 지속적으로 길러야 할 것이었고, 싱가포르의 V³SK와 GTCF에서 제시하는 교사 역량은 교사들의 담당 학교 급, 학년, 교과뿐 아니라 신규교사, 현직교사 등 경력을 막론하고 모든 교사들이 함양해야 할 핵심 역량이 무엇인지를 보여주었다.

앞서 살펴보았듯이, 우리나라에서 교사 핵심 역량은 교사 선발방식 개선, 교원정책 개선, 교사 임용시험 체제의 개선 등 다각도에서 여러 연구들을 통해 탐색되고는 있지만, 아직 합의의 과정을 거치지 않은 실정이다. 교사의 핵심 역량에 대한 합의는 교사 교육의 방향에 대해 공통의 기반을 이끌어 내는 것이라고 할 수 있다. 교사 역량에 기반한 교사 교육과정을 설계하기 위한 기초로서 교사 핵심 역량에 대한 사회적 합의를 이끌어 내는 것이 최우선 과제가 되어야 할 것이다.

그리고 이를 바탕으로 교사 기준을 설정하고, 교사 교육 및 교사 양성 교육과정 설계에 반영할 필요가 있다. 교사 기준 또한 여러 연구들을 통해 탐색되어 왔으나, 실제 적용되지는 못하였다. 향후 교사 핵심 역량에 대한 탐색과 설정은 역량을 구체화시켜 나타내는 교사 기준의 개발을 포함하며 이루어져야 할 것이다. 교사 기준은 교사 역량에 대한 기대를 나타내며 지향해야 할 교사 역량의 구체적인 모습을 제시해 주어 교사 역량이 구호에 그치기보다 교사 역량을 구현하기 위한 수단이 될 수 있을 것이다.

교사 기준의 설정은 평생학습의 차원에서 교사가 자신의 역량을 발달시키도록 일관성 있는 노력을 기울이게 할 수 있다. 교사 기준은 교사 양성 및 교사자격 취득과 교원임용시험, 교사 재교육 및 연수, 승진, 평가 등 교사 관련 정책 및 프로그램 개발 등이 공통의 역량을 지향하게 하므로 교사 양성 교육과정과 이후의 관련 체제가 서로 연계되어 교사의 역량 발달을 지속적으로 지원하도록 하는 데 기여할 수 있을 것이다.

나. 교사 교육과정 설계의 재개념화

교사 교육과정은 교사에게 역량을 길러줄 것을 목표로 설계될 필요가 있다. 우리나라의 교사 양성 기관의 교육과정 편성은 주로 교사자격을 취득하기 위해 국가가 정한 이수과목 및 학점과 같은 규정에 의해 이루어진다. 이와 같은 접근에서는 교사가 되기 위해 요구되는 이수과목은 근본적으로 교사에게 어떠한 역량을 길러 주기 위해 필요한 것인지, 교사에게 요구되는 역량을 기르기 위해서는 어떠한 과목 및 교육내용이 필요한지 등에 대해 적절한 답을 하는 데 한계가 있어 보인다. 교육과정 편성에 있어서, 역량 기반 접근은 단지 과목만을 나열하기보다 어떠한 역량을 기르기 위해 필요한 과목이 무엇인지를 고려하고 과목을 통해 어떠한 역량을 기를 것인지를 검토하게 한다. 또한 역량 기반 교사 양성 교육과정 설계는 교사 역량을 가장 상위에 놓고 교사 역량(교육목표)-교육내용-수업-평가 간 일관성을 도모하고 이러한 각 요소가 역량을 목표로 명확한 초점을 가지고 이루어지게 할 수 있다. 역량 기반 접근은 그간 우리나라의 과목 위주, 지식 위주의 교사 양성 교육과정 편성에 대해 재개념화를 요구한다.

역량 기반 접근은 교사 양성 교육과정의 과목 편성 및 구성에 있어서뿐만 아니라, 과목의 내용을 선정, 조직하는 데 있어서 역량을 중심으로 재개념화, 재조직할 것을 요구하며, 교사 양성 기관의 수업 및 평가가 학생(예비교사)의 수행능력을 기르는 방향으로 변화될 것을 요구한다. 특히 학생을 평가하는 데 있어서 무엇을 얼마나 많이 아는가보다 무엇을 실제로 잘할 수 있는지를 평가하는 것이 중요하다. 이와 함께 현직교사의 재교육 및 연수,

평가 등이 수행 기반의 교사 양성 교육과정과 일관된 맥락에서 지속적인 교사의 성장을 위해 이루어질 필요가 있다.

다. 학교 교육의 방향과의 일관성

교사 교육 및 교사 양성 교육과정은 학교 교육과정 개혁의 방향과 일관되게 설계되어 학생이 길러야 할 역량을 길러 줄 수 있는 교사의 역량이 개발되도록 해야 한다. 미국의 핵심 교사 기준은 학생이 글로벌 사회에서 살아가고 학교 졸업 후의 세계에 준비되도록 하기 위한 국가 공통 기준과의 연계성 속에서 학생이 지식과 기능을 적용하여 문제해결력, 의사소통, 창의력 등의 고등사고력을 기를 것을 강조하였다. 싱가포르에서는 학생이 21세기 사회에서 살아가는 데 필요한 창의적 사고 기능과 학습 기능의 개발을 강조하며 '21세기 역량'이 발표되었고, '사고하는 학교, 학습하는 국가'를 지향하는 국가 비전에 따라 '사고하는 교사'를 양성하는 것이 교사 교육의 목표가 되었다. 싱가포르에서 21세기 역량을 갖춘 학생을 기르는 데 필요한 역량을 교사가 갖추어야 한다는 점이 강조되었고, 국립교육원의 교육과정 개선은 변화된 학교 교육의 방향과 일관된 맥락에서 이루어졌다.

우리나라의 2015 개정 교육과정 역시 학생이 미래 사회에 대비하는 핵심역량을 기를 것을 표방하며 지식을 활용하여 문제를 해결하는 능력을 강조한다. 2015 개정 교육과정은 핵심 역량을 함양하여 바른 인성을 갖춘 창의융합형 인재를 기르고자 하며, 이에 따라 교사가 융·복합적 지도능력을 갖추기 위해 교사 교육은 어떠해야 하는지를 탐색해야 할 과제를 안은 우리나라에 미국과 싱가포르의 사례는 시사점을 준다.

미국, 싱가포르와 우리나라는 공통적으로 미래 사회에 대비하는 학생의 역량을 강조하며 이를 위해 교사가 역량을 갖출 것을 요구한다. 우리나라의 교사 교육 및 교사 양성 교육과정은 2015 개정 교육과정의 개정 방향과 일관된 맥락 속에 핵심 역량을 갖춘 창의융합형 인재를 기르기 위해 학생에게 고등사고력 및 적용력을 강조하고 통합적이고 실생활 맥락을 반영한 학습이 이루어지도록 설계될 필요가 있다. 우리나라의 교사 교육은 학생의 역량을 길러 줄 수 있는 교사의 역량 신장을 목표로 이루어져야 할 것이다.

[부록 1] 백워드 설계를 적용한 단원 구성의 사례

1. 단일 교과 사례[9)]

<1단계>

관련 성취기준

- 사4041 조상들의 옛날 생활 모습을 알 수 있는 자료를 찾아 오늘날 생활 모습과 비교하여 다른 점을 찾을 수 있다.
- 사4091 우리나라 또는 다른 나라의 다양한 생활 모습을 조사하고 각 생활 모습의 유사점과 차이점에 대해 설명할 수 있다.
- 사4092 문화 형성의 특징을 환경적 특성과 관련지어 설명하고 서로 다른 문화를 존중하려는 자세를 가질 수 있다.
- 사4093 문화가 시간의 흐름에 따라 변화하거나 유지한다는 것을 사례를 들어 설명할 수 있다.

개념

- 문화
- 변화
- 지속
- 다양성

9) 출처: 이화은(2015). 탈학문적 통합에 따른 국제이해교육프로그램 개발 및 적용에 대한 질적 연구. 석사학위논문. 경인교육대학교.

일반화

- 문화는 시간의 흐름에 따라 변화하기도 하고 지속되기도 한다.
- 우리나라와 다른 나라는 다양한 생활 모습으로 살아간다.

기능

- 자료를 수집하고 특징 비교하기
- 수집한 자료를 통해 예측하기
- 다양한 사례를 통해 원인(이유) 분석하기

핵심질문

- 우리나라 문화는 시간의 흐름에 따라 어떻게 변화되거나 지속되었는가?
- 우리나라 문화는 시간이 흐름에 따라 어떻게 변화되거나 지속될 것인가?
- 우리나라와 다른 나라의 문화는 어떻게 다른가?
- 생활 모습에 따라 생각과 행동이 어떻게 다르게 나타나는가?

〈2단계〉

수행과제 : 일본 T소학교에 한국 전통문화 홍보하기

우리나라와 지리적으로 가까운 이웃나라로서 예로부터 서로 많은 영향을 주고 받고 있는 대표적인 나라는 일본 입니다. 특별히 우리 학급은 지난 1학기부터 일본의 T 소학교 친구들과 편지를 주고 받으며 교류 활동을 하고 있습니다. 그런데 얼마 전, 일본 T소학교 교장 선생님으로부터 편지 한 통을 받았습니다. 한국의 전통문화에 대해 궁금해 하는 일본 T소학교 친구들과 지역 주민들을 위해 '한국 문화 전시관'을 준비 중에 있으며 여러분이 '한국 문화 전시관 큐레이터'로 활동해 주기를 부탁하였습니다. 따라서 여러분은 한국문화 전시관 개최를 위해 '한국 전통문화 설명서'를 작성해야 합니다. 각 팀의 주제에 맞게 한국 전통문화의 변화 모습(과거와 오늘날)을 잘 나타내야 하며 그림(사진)이나 도표를 포함한 설명서로 작성해야 합니다. 실물, 모형 및 동영상 자료를 참고 자료로 같이 보내도 됩니다. 주제는 의생활(1팀), 식생활(1팀), 주생활(1팀), 여가생활(1팀), 의례문화(1팀), 생활도구(1팀)로 하며 전시물과 설명서

를 준비하면 됩니다.
여러분의 설명서와 자료는 일본 T소학교로 보내기 전에 교실 내에 전시될 것이며 영상 편지로서 동영상 촬영도 이루어질 예정입니다. 각 모둠의 대표자 1명은 전시물에 대한 자세한 설명을 하고, 대표자 역할은 번갈아 가면서 수행합니다. 다른 학생들은 관람객이 되어 자유롭게 관람한 후에 전시물에 대한 소감문을 작성합니다.

루브릭(준거)

영역	뛰어남	보통	노력요함	부족함
설명서 구성 10점	설명서에 도표, 그림과 설명글을 효과적으로 포함시키고 배치하여 전체적인 내용과 세부 사항을 알기 쉽게 제시하였다.(10)	설명서에 도표, 그림과 설명글을 포함시키고 배치하여 전체적인 내용과 세부 사항을 제시하였다. (8)	설명서에 도표, 그림과 설명글을 포함시키고 배치하였으나 전체적인 내용과 세부 사항을 알기 어렵다. (5)	설명서의 도표, 그림과 설명글이 보는 이에게 혼동을 일으킬 수 있으며 명료하지 못하다. (2)
설명서 내용 10점	설명서에서 옛날과 오늘날의 차이점 설명을 통해 전통문화의 변화를 잘 나타내어 설명하였다. (10)	설명서에서 옛날과 오늘날의 전통문화의 변화 모습의 내용을 설명문에서 표현하고 있으나 내용의 논리성이 다소 부족하였다. (8)	설명서에서 옛날과 오늘날의 전통문화의 변화 모습의 내용을 설명문에서 포함하고 있으나 내용이 불충분하였다. (5)	설명서에서 옛날과 오늘날의 전통문화의 변화 모습의 내용을 설명문에 거의 포함시키지 못하였다. (1)
발표 5점	설명서 발표 준비가 되어 있고, 명확하게 열정적으로 의견을 전달하였다. (5)	설명서 발표 준비가 되어 있고, 명확하게 의견을 전달하였다. (4)	설명서 발표 준비가 다소 미흡하나, 의견을 명확하게 전달하고자 노력하였다. (2)	설명서 발표 준비가 거의 되어 있지 않았고, 관심과 열정이 없었다. (1)
소감문 작성 5점	한두 단락의 분량으로 상대방의 설명서에 대한 느낀 점을 구체적으로 쓸 수 있다. (5)	한 단락 분량으로 상대방의 설명서에 대한 느낀 점을 쓸 수 있다. (4)	한 단락 분량으로 상대방의 설명서에 대한 느낀 점을 썼으나 명확하지 않다. (2)	한 두 문장으로 짧게 작성했으며 의미를 파악하기 힘들다. (1)

그 밖의 평가

- 관찰 및 활동샘플 모으기
  : 단원 전체에 걸쳐서 학생 면담 및 관찰에 대한 기록물과 학생들이 수행한 학습결과물 수집
- 서술형 평가
  : 학습활동 후 새롭게 알게 된 점 및 궁금한 점 등에 대해 기술하는 글쓰기 활동 실시
- 객관식 퀴즈
  : 단원이 끝난 후 관련 용어 및 학습 내용에 대한 이해도 측정을 위해 골든벨 형식의 퀴즈 실시

자기평가 및 자기 반성

- 자신이 만들어 낸 수행의 결과물들에 대해 평가 준거에 따라 학생 자기 평가 실시
- 평가 준거에 따른 체크리스트를 통해 상호 평가하고 결과에 대한 상호 피드백
- 학습자로서 성장의 정도와 반성을 나타내는 짧은 글쓰기 실시

<3단계>

차시별 계획

1차시. 설문지, 워크시트, 체크리스트 등을 통해 준비도 파악하기 (W)
- 주제와 관련되어 관심 있는 분야, 좋아하는 표현 방법, 활동방법(개별 및 조별) 선호도 등

2차시. 문화의 개념 이해하기 및 학습 안내하기 (H, W, E)
- 일본 T소학교 친구들이 소개해 준 일본의 생활 모습을 통해 문화의 개념을 이해한다.
- 우리나라 생활 모습과의 유사점과 차이점에 대해 설명한다.
- 핵심질문을 소개하며 단원 학습내용에 궁금증과 관심을 갖도록 한다.

- 다양한 학습활동과 수행과제를 하는데 필요한 주요 용어를 소개하고 수집할 자료를 안내한다.

3차시. 시간의 흐름에 따른 문화의 변화 및 지속성 이해하기 (E, R)

- 사진, 동영상, 책, 역사 신문 등의 자료들을 통해 우리나라 전통문화가 어떻게 변화되었는지, 오늘날 우리 생활에서 어떻게 지속되고 있는지 찾아보도록 한다.
- 여러 가지의 자료들을 자신들의 기준에 따라서 분류하도록 한다. (시대별, 종류별 등)

4차시. 수행과제 이해하기 및 모둠학습활동 계획서 작성하기 (W, E, T, R)

- 수행과제 및 루브릭을 학생들에게 제시하고 이를 해결하기 위해 일련의 절차 등에 대해 논의한다.
- 교사가 제시한 우리나라 전통문화에 관한 그림(수행과제에서 제시된 6가지 주제에 대한 사진 1개씩)중에서 개별로 이 중 하나를 선택하고 이에 대해 교과서를 이용하여 살펴보고 간단히 내용 정리하도록 한다. (학습노트 활용)
- 같은 종류의 사진을 선택하거나 학습 프로파일 유형을 참고하여 모둠을 구성한다.
- 모둠별로 조사할 내용, 방법, 역할 등에 대해 토의하고 '모둠 학습활동 계획서'를 작성한다.

5차시. 자료 수집 및 분류, 내용 정리하기(1) (E, T, R)

- 정해진 모둠 주제에 따라 조사해 온 자료를 정리하여 옛날과 오늘날로 분류하도록 한다.
- 우리나라 전통문화의 변화 모습이 잘 드러나게, 각 자료(사진)마다 안내카드를 만들어 간단히 내용을 정리한다. 내용은 모둠 토의를 통해 정한다.

6~7차시. 자료 수집 및 분류, 내용 정리하기(2)

- '한국 민속촌' 현장견학을 실시한다. : 우리나라 전통문화의 탐색하기, 오늘날에도 지속되어 사용되는 옛날 물건 찾기 등 보다 실제적인 체험이 가능하도록 한다. (추가 보충 조사)

- '전통관' 에 전시할 자료(사진 또는 실물)와 안내카드 정리를 최종 마무리하도록 한다.
- 전시회 설명에 대한 발표연습을 한다.

8~9차시 수행과제 발표하기 (E-2, R)

- 수행과제에 대한 발표 및 전시회를 연다.
- 발표를 들으면서 청중들은 루브릭을 통해 평가 기준을 확인한 후 상호 평가한다.
- 전시회 및 발표의 소감문을 작성하도록 한 후, 서로 교환해서 읽도록 한다.
- 상호 피드백 한 후, 설명문을 수정 및 보완하여 설명문을 완성하도록 한다.
- 전시 작품과 설명서, 동영상 촬영 파일 등을 일본의 T소학교 '한국문화 전시회'를 위해 우편으로 발송한다.

10차시. 학습내용 정리하기 (E-2)

- 우리나라 전통 문화의 변화 모습과 발전에 대한 골든벨 형식의 간단한 객관식 퀴즈를 실시하며 학습내용을 총 정리한다.
- 학습활동을 통해 새롭게 알게 된 점, 깨달은 점, 느낀 점 등에 대해 짧은 글쓰기를 한다.

2. 교과 내 영역 간 통합의 사례[10)]

〈1단계〉

3학년 2학기 사회 교과 단원 -(1) 우리 지역, 다른 지역 (2) 달라지는 생활 모습 (3) 다양한 삶의 모습들- 통합적 재구성

10) 변영임(2015). 이해중심 교육과정에 기반한 맞춤형 수업이 학습자의 학업성취도와 학습태도에 미치는 영향. 석사학위논문. 경인교육대학교.

성취기준(관련 성취기준 4041∽4044/ 4051∽4054/ 4091∽4094에서 추출함)

- 문화의 다양한 사례를 수집·분석하고 시간이 흐름에 따라 문화가 변화·지속되는 원인을 설명할 수 있다.
- 자연환경과 인문 환경에 따른 문화의 다양한 사례를 수집하고 공통점과 차이점을 비교할 수 있다.
- 타문화에 대한 차별의 사례들을 분석하고 문화적 차이를 이해하고 존중하는 태도를 가질 수 있다.

일반화

- 문화는 시간의 흐름에 따라 변화되기도 하고 지속되기도 한다.
- 문화는 자연환경과 인문 환경에 따라 다양하게 나타난다.
- 문화는 교류를 통해 상호 작용한다.
- 타문화에 대한 문화적 편견은 차별을 야기할 수 있다.

개념

- 사실적 지식

: 시간의 흐름, 문화, 의식주 생활, 생활 도구, 의례, 관혼상제 명절, 축제, 전통문화

- 개념적 지식

: 변화, 지속(전달), 자연환경, 인문 환경, 지역, 교류, 상호 작용, 문화의 고유성, 문화의 보편성, 문화 다양성, 문화 상대주의, 편견, 차별

기능

- 다양한 자료원의 정보 수집하기
- 수집한 정보를 분류·조직 / 분석·종합하기
- 다양한 관점과 기준으로 비교·평가하기
- 현상의 원인 분석·추론하기
- 공통점과 차이점 비교하기

- 과거의 사실들을 현대의 상황과 연결 짓기
- 과거와 현재의 문화 변화 과정을 보고 미래의 변화 모습 예측하기
- 수집한 자료의 분석을 통한 문제를 도출하고 실천 방안 제시하기

핵심질문

- 문화는 시간의 흐름에 따라 어떻게 변화해 왔는가?
- 미래의 사람들의 생활 모습은 어떻게 변화할 것인가?
- 옛날 사람들과 오늘날 사람들의 생활 모습에서 차이점과 공통점은 무엇인가?
- 옛날 사람들과 오늘날 사람들의 생활 모습이 달라진 원인은 무엇인가?
- '문화'란 무엇을 의미하는가?
- 어떤 문화는 전해지고 지속되는가?
- 자랑할 만한 우리 전통 문화는 무엇인가?
- 지역마다 고유한 특성이 있는 이유는 무엇인가?
- 교류를 통한 상호작용으로 사람들의 생활 모습은 어떻게 변화하고 있는가?
- 자연환경과 인문 환경에 따라 사람들의 생활 모습은 어떻게 다른가?
- 사람들의 생활 모습에 따라 생각과 행동이 어떻게 다르게 나타나는가?
- 차이와 차별은 어떻게 다른가?
- 다름을 인정하고 상대를 존중하려면 어떻게 행동해야 하는가?

〈2단계〉

수행과제-나는 우리 고장 홍보 대사! (통합 단원명 : 문화의 다양성)

<table>
<tr><td>용인 신문</td><td>용인시 홍보대사를
모집합니다.</td><td>제 11호 만든 날 :
2014년 10월 17일</td></tr>
<tr><td colspan="3">용인시는 전국에서 부자 도시로 뽑힐 정도였으나, 경전철을 만들면서 많은 세금을 쏟아 부어 빚이 많이 생겼습니다. 경전철은 여러 문제로 운행되지 못하다가 이제 운행이 시작 되었지만, 예상했던 것과 달리 이용객이 늘지 않아 계속 적자</td></tr>
</table>

가 이어지고 있습니다. 고민 끝에 용인시의 전통과 문화를 널리 알려 전국의 많은 사람들이 찾아오는 관광도시를 만들어 경제를 살리려고 합니다. 용인시 역시 다양한 팸플릿과 관광지도를 가지고 있지만, 어린이를 위한 홍보물은 아직 없습니다. 여러분들이 초등학생들이 쉽게 이해할 수 있는 용인시의 홍보물을 만들어 주기를 희망합니다. 선정된 어린이는 용인시의 홍보대사로 임명됩니다. 어린이들의 많은 참여 바랍니다. -용인시장-

용인시의 문제를 해결하기 위해서 어린이들의 도움을 필요로 한다고 합니다. 그래서 우리 반은 우리 고장의 인문 환경과 자연환경을 배우고 우리시를 홍보할 수 있는 홍보물을 만들어 보는 프로젝트를 진행하려고 합니다. 용인시의 인문 환경과 자연환경을 공부할 예정이니 자신이 이해한 내용을 바탕으로 용인시를 돕기 위해 우리시의 브랜드를 만들고, 어린이들을 위한 홍보물을 만들어 보도록 하겠습니다.

단, 홍보물에는 반드시 브랜드와 자연환경, 인문 환경이 포함되어야 합니다. 그리고 홍보물과 설명서는 교실 내에 전시되고 발표의 시간을 가지게 될 것입니다. 발표가 끝난 후 상호 평가를 하여 각 부문별 최고의 작품을 뽑아서 용인시에 전달하도록 하겠습니다. 선정된 어린이들은 우리 고장 홍보 대사로 임명됩니다.

※ 선택 메뉴에서 자신이 원하는 것을 선택(체크✓)하고, 프로젝트 계약서를 작성해야 합니다.

핵심 질문(필수 요소)		내용(인문 환경 선택)		결과물(제출 형태)	
문화가 잘 드러난 우리 고장 브랜드(이름) 선정		①용인시의 축제(행사)		①지역 소개 콜라주	
브랜드 설명하기		②용인시의 문화재		②지역 홍보 책자	
		③용인시의 박물관			
우리 고장의 지도가 포함된 자연환경 1개		④용인시의 인물(위인)		③광고	
		⑤용인시의 옛이야기			
인문 환경 1개		⑥용인시의 특산물		④지역 홍보 달력	
		⑦용인시의 건축물		⑤신문	
		⑧용인시의 발달 산업		⑥지역 안내도	

그 밖의 평가

- 퀴즈 : 문화에 대한 퀴즈, 우리 고장 용인에 대한 퀴즈
- 서술형 평가
  : 우수 전통 문화선정, 우리 고장 자랑거리, 우리나라 문화와 다른 문화 비교
- 관찰 : 프로젝트 면담과 학생들의 수행과정에 대한 관찰
- 학습결과물 : 학습지, 교과서, 공책, 학습 일지, 프로젝트 소감문, 포트폴리오

자기평가 및 자기반성

- 자신이 만들어 낸 수행과 결과물들을 루브릭에 의해 스스로 평가한다.
- 자신의 성장의 정도를 가치수직선으로 나타내 보고 이에 대해 반성하는 짧은 글을 쓴다.
- 수업 시간에 대한 자신의 태도와 느낀 점 등을 중심으로 학습일기를 작성한다.
- 루브릭에 따른 체크리스트를 통해 반 학생들과 상호 평가하며 그 결과를 피드백 한다.

〈3단계〉

학습 경험과 수업 계획	WHERETO
<문화의 변화>문화의 개념 및 준비도 파악(1-2차시) 체크리스트와 KWL 차트 작성을 통해 학생들의 준비도를 파악한다.	W, T
프로젝트 안내(3-4차시) 프로젝트 과정에 대한 안내와 수행과제 및 루브릭을 제공하고 계약서를 작성한다. 흥미와 관심에 따라 전문가 집단을 구성한다.	H ,E, T
옛날과 오늘날의 명절(5-6차시) 준비도에 따라 자신에게 적합한 주제를 선택하여 해결한다. 전문가팀끼리 모여서 프로젝트 수행을 위한 시간을 갖고 학습일지를 작성한다.	E, R, T
옛날과 오늘날의 여가 생활1(7-8차시) 우리 반 아이들이 많이 하는 놀이를 조사하고 그래프로 그려본다. 주제에 맞는 학습센터를 방문하여 놀이방법을 익히고 간단히 체험을 한다.	E2, T

옛날과 오늘날의 여가 생활2(9-10차시) 새로 생긴 놀이와 사라져 가는 놀이, 변화하는 놀이를 중심으로 놀이가 변화하는 원인에 대해 토의한다.	E, R, T
옛날과 오늘날의 의생활(11-12차시) 옛날과 오늘날의 의생활을 그림조직자를 활용하여 정리해 본다. 다중지능에 따라 자신이 원하는 활동을 선택하여 활동한 후 모둠 내에서 함께 공유한다.	E2, R, T
옛날과 오늘날의 식생활(13-14차시) 옛날과 오늘날의 부엌의 사진을 보고 다른 점과, 비슷한 점을 많이 찾아본다. 옛날과 오늘날의 식생활의 차이가 생긴 원인을 생각해 본다.	E, R,
옛날과 오늘날의 주생활(15-16차시) 주생활에 관련된 4개의 학습센터 중 하나를 선택하여 학습을 한다. 자신의 모둠으로 돌아와 자신이 새롭게 알게 된 내용을 중심으로 공유한다. 전체가 함께 센터에서 학습한 필수영역에 대한 퀴즈를 풀고, 학습일지를 작성한다.	E2, R, T
옛날과 오늘날의 관혼상제(17-18차시) 사람이 태어나서 죽을 때까지의 인생그래프를 관혼상제와 연계하여 학습지를 완성한다. 관혼상제에서 옛날부터 지속되어오는 것들은 어떤 것들이 있는지 짝과 함께 이야기 나눈 후 정리해 본다.	E2, R, T
프로젝트 발표 준비(19-20차시) 프로젝트 계약서와 계획서를 참고하여 자신의 역할에 대해 점검 확인하고 발표 연습을 한다. 학생들은 수행과제의 결과를 발표하기 전에 학습의 과정과 결과에 대하여 다시 생각하고 수정할 기회를 갖는다.	E, R, T
우수한 전통문화(21-22차시) 자신의 강점지능에 따라 선택판에서 활동을 선택하고 계승해야 할 우수한 전통문화에 대한 결과물을 만든다. 각 모둠으로 돌아와서 모둠 내에서 서로 공유한 후 결과물들은 전시하여 반 전체가 함께 공유한다.	E, R, T
현장체험학습(23-24차시) 한국민속촌의 전시물과 구조물을 보면서 전문가팀의 자료 및 발표에 필요한 정보와 아이디어를 얻는다. 한국민속촌에서 볼 수 있는 생활도구, 주거 형태, 세시풍속, 놀이 등에 대해 자료를 수집한 후 각 전문가 팀별로 다섯 개의 퀴즈를 낸다.	H, E, T

프로젝트 발표(수행과제1)(25-26차시) 발표 모습은 동영상으로 촬영하여 이메일을 통해 보낸다. 학생들은 프로젝트 소감문을 작성한다.	E2, R, T
<문화의 다양성>프로젝트 안내 및 준비도 파악(27-28차시) 단원에 대한 핵심 질문 등을 소개하고, 프로젝트에 대한 관심을 갖도록 유도한다. 프로젝트 과정에 대한 안내와 수행과제 및 루브릭을 제공한다. 프로젝트 계약서를 작성하고, 수행과제 2를 안내한다.	H, E2, T
우리 고장의 인문 환경(29-30차시) 우리 고장에 대한 지역신문을 검색해보고 시장이 보낸 편지를 읽어본다. 자신의 읽기 능력에 따라 자료를 읽고 우리 고장을 대표할 수 있는 인문 환경 중에서 자신이 알고 싶은 분야를 선정하여 본다.	E, T
우리 고장의 인문 환경에 따른 특징 알기(31-32차시) 우리 고장의 인문 환경에 대해 배운 내용을 ppt슬라이드를 보면서 정리해본다 모둠 내에서 돌아가면서 우리 고장 인문 환경의 특징을 이야기 한다.	E, E2, T
우리 고장의 자연환경(33-34차시) 우리 고장의 자연환경의 특징을 함께 공부한다. 지형과 기후 관련하여 1학기 사회 학습 내용을 상기한다. 특산물, 지명, 옛이야기를 통해 우리 고장의 자연환경의 특징을 찾아낸다. 우리 고장에 대해 새로 알게 된 내용과 느낀 점을 배움 공책에 기록한다.	E, R, T
교류의 의미와 필요성(35-36차시) 좌표 읽는 법을 배운 후 백지도에 원산지의 지역을 색칠해 본다. 사례를 통해 교류의 의미와 필요성을 안다. 교류가 일어나는 이유를 생각하여 모둠끼리 토의하고 결과를 배움공책에 정리하고 포스트잇에 붙여서 칠판나누기로 공유한다.	E, R, T
우리 고장 자랑거리로 홍보물 만들기(37-38차시)-수행과제2 용인시의 이름으로 삼행시를 지어본다. 자연환경과 인문 환경을 선택하고 우리시의 브랜드를 만들어 자신이 표현양식과 학습유형에 맞는 활동을 통하여 결과물을 만들어 낸다.	E, R, E2,T
프로젝트 발표(수행과제2)(39-40차시) 학생들은 자신이 선택한 인문 환경 분야별로 집단을 구성하고 서로의 결과물을 공유한다. 수업이 끝난 후 모든 학생의 작품은 교실에 전시되고, 최고의 홍보물은 용인시로 보낸다.	R, E2, T

비슷한 문화, 다른 문화1(41-42차시) 자신의 관심사에 따라 분야를 선정하고 텍스트를 골라 과제를 해결한다. 각 문화의 비슷한 점과 다른 점을 최대한 많이 찾아 학습일지에 자신이 선호하는 필기유형으로 정리해 본다.	R, E, T
비슷한 문화, 다른 문화2(43-44차시) 여행의 경험을 떠올려 보고 비슷하거나 다른 점을 이야기해 본다. 이렇듯 사람들의 생활모습이 다른 이유를 찾아본다.	R, E, T
다른 문화 이해하기(45-46차시) 문화적 편견으로 생기는 차별의 문제를 인지하고 해결 방법을 찾아보고 학습양식에 따라 결과물을 선택하고 표현해본다.	R, E2, T

3. 교과 간 통합의 사례

〈1단계〉

- 관련 성취기준(사회과)
- 인간을 둘러싸고 있는 인문환경과 자연환경의 뜻을 알고, 그 특성에 대해 설명할 수 있다.
- 국토 개발의 사례를 찾아보고 그 특징과 필요성을 이해할 수 있다.
- 지속가능한 발전의 사례를 찾아 그 특징과 필요성을 이해할 수 있다.
- 우리나라 국토 수준에서 인간과 환경은 상호 보완적인 관계임을 이해하고 친환경적인 태도를 실천하기 위한 방안을 제시할 수 있다.
- 관련 성취기준(과학과)
- 생물이 환경에 적응하여 살아간다는 것을 사례를 들어 설명할 수 있다.
- 생태계 관련 놀이 활동을 통해 생태계가 생산자, 소비자, 분해자, 비생물적 환경 요인 등의 요소로 이루어져 있음을 설명할 수 있다.
- 생태계 구성 요소들이 서로 많은 영향을 주고받으며 살아가고 있음을 설명할 수 있다.
- 토양, 공기, 수질 등 환경오염의 원인을 알고 환경오염으로 인한 생태계 파

괴 사례를 설명할 수 있다.
- 인간 생활이 생태계에 미치는 영향을 설명할 수 있다.
- 생태계 보전의 필요성과 생태계 보전을 위한 인간의 노력을 설명할 수 있다.
- 생태계 보전 방안을 조사하여 설명할 수 있다.

개념

- 환경 • 상호작용 • 공존 • 조화 • 지속가능한 발전

일반화

- 인간과 환경은 공존을 위해 상호작용한다.
- 인간은 환경과 조화를 위해 지속가능한 발전을 추구한다.

기능

- 인간과 환경의 상호작용 사례 조사하기
- 수집한 자료 분류하기
- 수집한 자료 해석하기
- 자료를 통한 결과 예측하기

핵심질문(사회과)

- 지속 가능한 발전을 어떻게 실현해야 하는가?
- 지속 가능한 발전이란 무엇인가?
- 개발과 보전 중 무엇이 더 중요한가?
- 개발과 환경 보전을 위한 바람직한 방법은 무엇인가?
- 지속가능한 발전을 위해 내가 실천할 수 있는 일은 무엇인가?

핵심질문(과학과)

- 인간과 환경은 어떤 영향을 주고받는가?
- 생태계는 어떻게 구성되는가?

- 생물은 환경에 어떻게 적응하는가?
- 인간은 환경에게 어떤 영향을 미치는가?

〈2단계〉

수행과제 1: 탐험 일지

여러분은 2016년 방학을 맞이하여 제주도를 여행하기로 하였습니다. 제주도는 2007년 유네스코 세계자연유산으로 등재된 만큼 아름다운 환경을 볼 수 있을 거라 생각되었기 때문입니다. 제주공항에 도착한 후 한라산을 탐험하는 것이 주목적입니다. 한라산에 도착하자 역시 기대한 대로 물도 맑고 공기도 상쾌한 아름다운 풍경이 펼쳐졌습니다. 여러분은 생태계의 구성 요소들이 서로 영향을 주고받으며 조화를 이루고 살아간다는 것을 느낄 수 있었습니다. 눈으로만 보고 있기가 아쉬워 가지고 온 핸드폰으로 주변을 열심히 찍었습니다.

< 물 >

< 공기 >

< 나무 >

< 말 >

외 다양한 사진

여행을 마치고 돌아온 여러분은 핸드폰에 찍었던 사진들을 살펴보며 기준에 따라 분류합니다. (기준 : 비 생물적 환경 요인, 생산자, 소비자, 분해자 등) 분류를 마치고, 오늘 느낀 점을 토대로 생태계 구성 요소 간의 관련성을 밝히는 탐험 일지를 이야기로 꾸며 쓰려고 합니다. 탐험 일지에는 제주도에서 찍은 사진을 분류 기준에 따라 어떻게 분류하였는지 제시하고, 생태계 구성 요소들이 어떻게 상호작용을 하는지 드러나야 합니다.

루브릭(준거)

<table>
<tr><th colspan="2">영역</th><th>뛰어남</th><th>보통</th><th>노력 요함</th></tr>
<tr><td rowspan="2">탐험 일지 내용 (14점)</td><td>생태계 구성요소 분류하기 (7점)</td><td>비생물적 환경 요인, 생산자, 소비자, 분해자에 따라 사진을 정확하게 분류하였다. (7점)</td><td>비생물적 환경 요인, 생산자, 소비자, 분해자에 따라 사진을 분류하였다. (5점)</td><td>비생물적 환경 요인, 생산자, 소비자, 분해자에 따라 사진을 분류하는 것이 미흡하다. (3점)</td></tr>
<tr><td>생태계 구성요소 간의 상호작용 (7점)</td><td>생태계 구성 요소들이 서로 많은 영향을 주고받으며 살아가고 있음을 세 가지 예를 들어 설명할 수 있다. (7점)</td><td>생태계 구성 요소들이 서로 많은 영향을 주고받으며 살아가고 있음을 두 가지 예를 들어 설명할 수 있다. (5점)</td><td>생태계 구성 요소들이 서로 많은 영향을 주고받으며 살아가고 있음을 한 가지 이하의 예를 들어 설명할 수 있다. (3점)</td></tr>
<tr><td colspan="2">탐험일지 발표 (6점)</td><td>탐험일지가 준비되어 있고, 명확하게 열정적으로 발표하였다. (6점)</td><td>탐험일지가 준비 되어 있고, 명확하게 열정적으로 발표하려고 노력하였다. (4점)</td><td>탐험일지 준비가 부족하고 전달이 미흡하다. (2점)</td></tr>
</table>

수행과제 2: 친환경 도시를 위한 제안서 만들기

현재 제주도는 더 많은 관광객을 받아들이기 위해 보다 많은 개발이 필요하다는 개발업자들과 유네스코 문화유산으로 지정된 제주의 아름다운 자연을 지켜야 한다는 환경보호 단체들이 서로 대립하고 있습니다. 우리는 개발업자가 되거나, 환경보호 단체의 일원이 되어 각각의 입장을 나타내는 보고서를 작성한 후 제주도민들에게 설명을 해야 합니다.

(선택조건)

1. 제주도를 개발하는 입장-개발의 중요성 및 정당성, 필요성을 바탕으로 현재 제주도의 문제점을 해결하는 개발하는 보고서
2. 제주도의 자연을 보호하는 입장-보전의 중요성 및 정당성, 필요성을 바탕으로 현재 제주도 생태계의 문제점을 해결하고 보호하는 보고서

위 조건 중 한 가지 입장에서 보고서를 작성한다. 보고서를 작성한 후 자신의 의견을 발표합니다. 발표 모둠을 제외한 모둠은 청중이 되어 발표 내용을 듣고 자신의 생각과 비교하여 정리합니다.

루브릭(준거)

영역		뛰어남	보통	노력 요함
보고서 내용 (14점)	필요성 (7점)	지속가능한 발전의 필요성을 생태계 보전과 관련하여 논리적이고 구체적으로 설명하였다. (7점)	지속가능한 발전의 필요성을 생태계 보전과 관련하여 두 가지로 설명하였다. (5점)	지속가능한 발전의 필요성을 생태계 보전과 관련하여 한 가지 이하로 설명하였다. (3점)
	문제점 해결방안 (7점)	문제점이 명확하게 드러나 있고 해결 방안을 세 가지 이상 설명하였다. (7점)	토양, 공기, 수질 등의 환경오염의 원인을 알고, 환경오염의 원인에 따른 여러 가지 생태계 파괴 사례를 두 가지로 설명하였다. (5점)	토양, 공기, 수질 등의 환경오염의 원인을 알고, 환경오염의 원인에 따른 여러 가지 생태계 파괴 사례를 한 가지 이하로 설명하였다. (3점)
보고서 발표 (6점)		제안서 발표 준비가 되어 있고, 명확하게 열정적으로 의견을 전달하였다. (6점)	제안서 발표 준비가 되어 있고 명확하게 열정적으로 의견을 전달하고자 노력하였다.(4점)	제안서 발표 준비와 의견 전달이 미흡하다. (2점)

그 밖의 평가

- 관찰(토론) : 개발과 보전에 대한 자신의 입장을 정하고, 토론할 것이다.
- 활동 샘플 모으기 : 단원 전체에 걸쳐 학생들이 수행한 활동 결과물들을 수집할 것이다.

자기평가 및 자기반성

- 주어진 평가 준거들을 가지고 같은 반 학생들과 상호 평가를 할 것이다.
- 학생들은 자신이 만들어 낸 수행의 결과물들을 평가 준거에 따라 스스로 평가할 것이다.

<3단계>

차시별 계획

1차시. 동기 유발(H, W)

- 조각난 얼음 위에 있는 북극곰의 사진, 중국의 극심한 스모그현상 사진, 자연과 인문환경이 조화를 잘 이룬 사진을 보고 느낀 학생들의 다양한 의견을 함께 나눈다.

2차시. 우리가 사는 환경은 어떻게 구성되어 있는지 알아보기(E)

- 환경의 의미 이해하기
- 생태계의 의미와 생태계 구성 요소 알아보기
- 다양한 환경의 관계 알아보기
- 황사, 태화강, 보르네오 섬의 사례를 통해 환경의 특성 파악하기

3차시. 환경이 어떠한 특성을 가지고 있는지 파악하기

- 생태계 구성 요소 관련짓기 놀이를 통하여 자연환경(생태계)의 구성 요소가 어떤 관련이 있는지 알아본다.
- 먹이사슬, 먹이그물, 생태 피라미드, 생태계 평형 등을 통하여 자연환경 속 생물의 관련성 알아본다.

4차시. 환경 속에서 생물은 어떻게 적응하는 지 알아보기

- 환경 속 생물들의 적응 모습을 여러 가지 방법으로 발표하기

5차시. 환경은 어떻게 영향을 주고받는지 알아보기

- 콩나물 실험을 통하여 비생물적 환경 요인이 생물에게 주는 영향 알아보기
- 물과 햇빛이 인간에 미치는 영향 이야기 해 보기
- 환경이 인간의 삶에 영향을 준 사례 알아보기
- 인간이 환경을 개발하는 사례 알아보기
- 인간과 환경이 서로 영향을 주고받는 관계 알아보기

6차시. 수행과제 1 - 탐지 일지 작성하기

7차시. 국토개발의 필요성과 문제점에 대해 알아보기

- 국토개발의 사례 살펴보기
- 국토개발의 필요성 알아보기

- 무씨 실험을 통하여 국토개발과 인간의 생활이 환경에 끼치는 문제점에 대해 알아본다.
- 우리의 생활이 환경에 어떤 영향을 주는지 알아보기
- 국토개발로 인한 갈등 살펴보기
- 자연환경을 고려한 국토개발의 사례 살펴보기

8차시. 수행과제 2 - 친환경 도시를 위한 제안서 만들기

9차시. 지속가능한 발전의 의미와 사례 살펴보기
- 지속 가속한 발전의 의미 알아보기
- 지속 가능한 발전의 필요성 생각해보기
- 사례 조사 후 발표하기
- 환경과 지속 가능한 발전을 위한 사람들의 노력 알아보기

10차시. 친환경적인 태도 가지기
- 생태계 파괴 사례 알아보기
- 생태계 보전과 복원 사례 알아보기
- 자신의 친환경적 태도 점검하기

4. 교과 연계 프로그램 개발의 사례(진로탐색 프로그램)11)

〈1단계〉 기대하는 학습의 결과 확인하기

관련 성취기준
실6261-1.일과 직업의 의미와 중요성을 설명할 수 있다. 실6261-2.정보 매체를 활용하여 다양한 직업의 종류와 특성을 파악하여 일과 직업에 대한 긍정적인 태도를 가질 수 있다. 실6262-1.자기 자신과 직업에 대한 이해를 바탕으로 자신에게 적합한 진로를 탐색할 수 있다. 실6262-2.합리적인 의사결정 과정을 통하여 자신에게 적합한 진로를 설계할 수 있다. 도613. 자긍심의 의미와 중요성을 명확하게 알고, 올바른 자긍심을 바탕으로 자기 삶의 목표를 세우며 이를 성취하기 위해 노력하는 일관된 태도를 가질 수 있다. 도623. 함께 살아가는 주위 사람들에 대한 공감과 배려의 필요성과 의미를 종합적으로 이해하고, 봉사하는 삶을 실천하려는 일관된 태도를 지닐 수 있다. 국1612-2.면담 목적을 고려하여 효과적으로 면담할 수 있다. 국1616-2 알맞은 매체를 활용하여 발표할 수 있다. 국1618-3 자신의 말이 상대에게 미칠 영향이나 결과를 예상하여 적절한 표현 방식을 사용하여 말할 수 있다. 국1636-2 다양한 매체에서 조사한 내용을 인용과 출처를 밝혀 글을 쓸 수 있다. 국1657-2 자신의 성장과 삶에 영향을 미치는 작품을 찾아 읽을 수 있다.

11) 출처: 남상희(2014). 교과 통합을 통한 초등진로교육프로그램이 학업적 자기효능감과 자기관리능력에 미치는 영향. 석사학위논문. 경인교육대학교.

개념	일반화
• 일과 직업의 의미와 중요성 • 정보 매체의 활용 • 직업의 종류와 특성 • 일과 직업에 대한 긍정적인 태도 • 합리적인 의사결정 과정 • 진로 설계 • 자긍심의 의미와 중요성 • 공감과 배려의 의미와 필요성 • 면담의 목적과 효과 • 의사전달의 적절한 표현방식	• 세상에는 여러 일과 직업이 있다. • 상황과 상대방에 따라 의사소통 방법이 다양하다. • 일과 직업의 기능과 중요성을 알고 최선을 다하는 생활 태도와 건강한 직업의식 형성이 중요하다. • 주위의 직업을 탐색하고 수집하는 방법은 다양하다. • 자신의 진로를 다양하고 창의적으로 설계하기 위해서는 기초적인 의사결정과 계획 수립이 필요하다.

기능	핵심질문
• 합리적으로 의사결정하기 • 근거를 들어 설득하기 • 진로 탐색하기 • 진로 설계하기 • 효과적으로 면담하기 • 매체를 활용하여 발표하기 • 작품을 비판적으로 읽기	• 일과 직업은 필요한가? • 좋은 직업이란 어떤 직업인가? • 진로 설계가 필요한가? • 내 진로에 대해 생각을 하게 만드는 것은 어떤 것인가? • 어떻게 이야기를 해야 감동을 줄 수 있을까?

〈2단계〉 수행과제

꿈을 담은 강연 100℃ 진로프로젝트

여러분은 KBS방송국의 '강연100℃'라는 프로그램에서 초등학생 진로강연 멘토링 자원봉사자를 모집한다는 광고를 보고 지원하게 되었습니다.

「초등학생 진로멘토링 자원봉사자 모집」

활동내용

- 초등학생들에게 진로탐색 및 계획의 중요성과 일과 직업에 대한 다양한 경험을 할 수 있는 기회를 심어주도록 꿈을 담은 진로강연 100℃에 출연 요청
- 초등학생 5, 6학년 대상으로 진로 멘토링 진행이 되며 강연시간은 5분 내외.
- 본인이 관심 있는 직업인 면담자료 및 진로 준비에 대한 이야기 위주의 멘토링으로 구성

모집기간 : 2016.09.10.(수) ~ 10.1(수) 오후 6시

선정일자 : 2016.10.10(금)

신청자격 및 우대조건 : 책임감이 강하며 자신의 꿈에 대한 열정이 있는 6학년

모집인원 : 10명 내외

봉사자 특권 : 봉사활동 시간 인정 및 드림 토크콘서트 공연 관람

신청방법 : dreamfestival1234@hanmail.net를 통한 접수(문의: 234-5678)
진로강연계획서 및 강연자료(동영상 또는 PPT) 제출

선정기준 : 1. 진로강연계획서에 일과 직업의 중요성, 직업의 종류와 특성 제시
2. 강연 내용이 초등학교 5, 6학년 대상으로 적합하며 아이들에게 진로탐색과 진로 계획을 세우고 의사 결정하는 것이 중요하다는 내용 제시
3. 나의 진로 멘티에 대한 면담 내용이 포함
4. 동료 평가 점수 50% 반영

자신이 관심 있는 직업에 대해 알아보고 체험해 본 것을 친구들에게 어떻게 효과적으로 전달할지 계획을 세워서 실천한 내용이 포함되도록 자료를 제출하기 바랍니다.

평가준거

영역	뛰어남	보통임	노력 요함
창의적 설계	주제를 표현하기 위한 아이디어가 매우 창의적임	주제를 표현하기 위한 아이디어가 창의적임	주제를 표현하기 위한 아이디어가 창의적이지 못함.
직업인 면담	면담의 목적에 따라 면담의 절차와 방법을 알고 효과적으로 면담을 잘함	면담의 목적에 따라 면담의 절차와 방법을 알고 효과적으로 면담을 함	면담의 절차와 방법이 미숙하며 면담을 효과적으로 하는 것이 부족함
완성도	직업인에 대한 소개와 더불어 진로를 고민하고 있는 친구들에 대한 강연이 전반적으로 잘 이루어짐	직업인에 대한 소개와 더불어 진로를 고민하고 있는 친구들에 대한 강연이 양호하게 이루어짐	직업인에 대한 소개와 더불어 진로를 고민하고 있는 친구들에 대한 강연의 완성도가 미숙함

그 밖의 이해의 증거

객관식 평가 : 일과 직업에 대한 의미와 중요성에 대하여 선다형 문항으로 평가할 것이다.

글짓기 : 학생들은 “좋은 직업이란 어떤 것인가?”라는 주제로 짧은 글짓기를 할 것이다.

자서전 쓰기 : 65세 정년을 앞둔 상태에서의 자신의 자서전, 3대 뉴스 상상하여 써보기

자기평가 및 반성

학생들은 과제를 수행하는 과정을 체크리스트를 통해 스스로 평가할 것이다.

학습자로서 스스로 어떠한 사고 과정을 거쳤는지 토론할 것이다.

〈3단계〉 교수학습 계획

차시	학습활동	WHERE TO
1	▫ 프로젝트를 시작하기 전에 간단한 사전 검사를 한다. 사전 검사지에는 자신의 흥미, 적성, 성격에 대해 알아보는 다양한 진로적성검사를 포함한다. (내가 생각하는 것, 부모님이 생각하는 적성, 흥미, 특징 모둠 이야기)	W, H
2	▫ 진로적성검사에 따른 나의 직업 알아보기 - 다양한 직업의 종류 및 역할이 있음을 알게 되면서 자신의 특성을 직업과 연계시켜 직업을 탐색하기	E1
3	▫ 자긍심 갖기(나의 가치를 친구와 함께 알아보기) - 일과 직업에 대한 어떤 고정관념이 있는지 이야기 하고 남녀 성적 편견, 직업의 귀천, 사회적 편견보다 자신의 특성에 맞는 직업이 가치 있는 직업이라는 건전한 직업관을 가지도록 한다.	E1
4	▫ 나를 광고하는 디자인을 만들어서 발표하기 (나의 장점을 최대한 살려 광고 디자인하기-남도 나처럼 소중해요!)	E1, T
5	▫ 직업의 의미에 대하여 이야기 나누기 - 일과 직업의 의미 알아보기 - 일과 직업의 중요성 살펴보기	E1
6	▫ 사회의 변화에 따른 직업의 변화 알아보기 (1차, 2차, 3차 산업에 따른 직업 알아보기)-미디어로 바르게 탐색하기 ▫ 직업 분류해 보기 (www.work.go.kr에서 한국표준직업 조사활동)	E1, T
7	▫ 정보에서 찾은 내용을 바탕으로 분류・요약하는 글쓰기(우리나라의 직업 분류 요약하여 글쓰기-다양한 기준으로 분류) - 미디어를 활용하여 글쓰기 ▫ 행복한 미래를 위한 시간(15분)-또래에게 꿈의 감동을 전달할 수 있는 진로강연 프로젝트 발표 < 수행평가 제시 >	E1, E2 T
8	[다양한 직업 체험활동] ▫ 교내 지역사회 연계 직업체험 부스 활동 참여하기 ▫ 잡월드 직업체험계획 및 체험활동	E1, T
9	▫ 내가 관심 있는 직업에 대한 직업체험 활동계획 및 이야기 자료 탐색하기 ▫ 직업인 인터뷰 할 내용 적어 보기 (각각 인터뷰어가 되어 인터뷰 할 내용 적어 보기)	E1

10	▫우리 주변의 직업인과 인터뷰하기 (내가 인터뷰하고 싶은 직업인을 찾아서 직접 인터뷰 및 면담 실시 후 보고서 작성 및 발표하기)	E1, T
11	▫행복한 삶을 위한 여가 생활 알아보기 ▫둘레길 걷기 프로그램으로 나의 미래 고민하기(일과 휴식에 대한 내용) ▫진로강연 프로젝트 PPT 또는 영상 제작하기	E1, T E2
12	▫수행과제의 결과물 발표 및 상호 평가하기 ▫내 꿈을 위해 노력해야 할 점 말하기	E2, R
13	▫계획을 바탕으로 미래 자서전 써 보기 (65세 정년을 앞둔 상태에서의 자신의 자서전 상상하여 써 보기) ▫자서전 발표하기(3대 뉴스 만들기)	E1, R, E2

[부록 2] 지역사회 봉사학습

<사례1>

1. 학습영역	환경보호
2. 프로젝트주제	오천사(오산천을 사랑하는 사람)가 되어 주세요!
3. 프로젝트 개관	이 프로젝트는 빌라와 원룸, 개인주택이 모여 있는 학구의 특성상 놀이터나 공원 같이 학생들과 지역 주민들이 쉴 장소가 부족하여 걸어서 5분 거리에 있는 오산천 주변은 우리 학생들에게 주말에 가족과 함께 쉴 수 있는 중요한 장소이다. 하지만 일부에서 보이는 쓰레기와 악취는 학생들에게 불쾌감을 주고 오산천의 아름다운 자연환경을 훼손하고 있다. 학생들은 우리 지역의 오산천을 아름답게 가꾸고 지역의 자랑거리고 만들고 싶어 한다. 이를 위해 교육과정과 연계하여 학생들과 오산천의 생태 환경을 관찰함으로써 다양한 동물과 식물의 모습을 살펴보고 환경오염의 문제점 해결하기 위해 수행과제를 중심으로 다양한 활동을 진행한다. 학생들은 이러한 활동을 통해 필요한 자료를 조사하고 알맞게 구성하여 표현할 수 있는 기술을 익히며, 환경의 소중함을 알고 사람들이 환경의 일부분으로서 환경을 보호하기 위해 할 수 있는 일을 찾아 실천하는 기회를 갖는다.
4. 연결된 교과 및 성취기준	이 프로젝트는 4학년 과학, 사회, 도덕과 교육과정을 재구성하여 실시할 수 있으며 교육과정과 연결된 교과 및 성취기준은 다음과 같다.

교과	2009 개정교육과정 3-4학년 성취기준
과학	• 여러 가지 식물의 생김새와 특징을 안다
	• 여러 가지 식물을 공통점과 차이점에 따라 나눌 수 있다.

	• 식물이 사는 곳에 따라 생김새와 생활 방식이 다름을 이해한다.
사회	• 우리 지역의 문제에는 어떤 것이 있는 찾아내며, 정치, 경제, 사회, 문화의 측면에서 그 문제의 원인을 파악하고 대책을 제안할 수 있다.
	• 주민 참여와 자원봉사의 사례를 찾고, 그 것의 중요성을 설명할 수 있다.
	• 미래 우리 지역이 발전한 모습을 상상하여 다양한 방식(글, 그림, 노래, 만화, 캐릭터 등)으로 표현하고, 그것을 실현할 수 있는 방법을 제시할 수 있다.
도덕	• 나와 자연관의 관계에 대한 올바른 이해를 바탕으로 환경보호와 녹색성장을 위한 활동을 생활화하려는 태도를 지닌다.
	• 환경오염 등 환경문제에 대해 조사하고 발표한 것을 바탕으로 일상생활에서 자연친화적인 삶과 녹색 성장을 위해 노력하는 자세를 가진다.

5. 기대되는 학습 결과

학생들은 이 프로젝트를 마친 후 다음과 같은 학습 결과를 얻을 수 있다.

K
- 우리 주변의 식물의 생김새와 특징을 안다.
- 우리 주변의 식물이 사는 곳에 따라 생김새와 생활방식이 다름을 이해한다.
- 지역의 문제를 해결하기 위해 주민참여의 중요성을 알고 설명할 수 있다.

D
- 우리 주변의 식물에 관심을 가지고 주의 깊게 관찰한다.
- 조사를 통하여 자료를 수집하고 종합적으로 활용할 수 있다.
- 주변의 문제에 관심을 기울이며 문제를 해결하기 위해 노력한다.

B
- 우리 주변 식물을 사랑하고 생명을 소중히 여기는 태도를 지닌다.
- 우리 생활에서 일어나는 문제에 관심을 찾고 적극적으로 참여하고 해결하려는 태도를 지닌다.
- 환경의 소중함을 알고 자연친화적인 삶의 자세를 갖는다.

6. 학생평가

수행과제 1) 2주후에 여러분이 도우미 선생님이 되어 우리 학교 병설 유치원 학생들과 오산천으로 현장학습을 갑니다. 오산천에 가서 그곳에 살고 있는 식물에 대해 설명해 주어야 합니다. 먼저 오산천 식물 지도를 그리고 어린 동생들이 이해하기 쉽게 자료를 준비하고 현장학습을 가기 전에 교실에서 발표하는 자리를 갖게 될 것입니다.

수행과제 2) 오산시 축제날에 오산천을 이용하는 사람들에게 오산천의 아름다움을 알리고 환경을 보호하고 깨끗하게 사용하도록 알리는 안내판을 만들어 전시할 것입니다.

7. 활동 개요

이 CSL 기반 프로젝트에서는 주제 정하기, 프로젝트 실행 절차 계획하기, 활동하기, 학습경험 반성하기, 기념하고 공유하기의 5단계로 이루어진다.

학생들은 봄이 되면 바깥 활동이 많아지면서 오산천의 여러 가지 꽃과 식물들에 대해 관심을 가지게 되고 오산천에서 방과 후나 주말에 친구나 가족들과 시간을 보내게 된다. 하지만 깨끗한 환경이 보전되지 않고 있음을 알고 불편함이나 불만을 표시한다.

이는 학생들이 우리 주변 환경에 관심을 갖고 문제를 해결하고자 하는 의지의 표현이라고 할 수 있다. 이러한 관심을 실천적으로 풀어내기 위해 이 프로젝트는 다음과 같이 이루어진다.

구체적인 실천 활동은 학생들과 프로젝트를 실행해 가면서 변경되어 질 수 있으나, 주요 활동은 생태전문가와 오산천 탐방하기, 오산천 식물지도 그리기, 오산시민학교-하수처리장 견학하기, 오산천의 아름다움을 알리는 안내판 만들어 전시하기 등이다.

[프로젝트 주제 정하기 및 계획하기]

사회과 수업과 연계하여 우리 지역의 문제를 찾아보고 발표하는 시간을 이용해 학생들이 평소에 가지고 있었던 오산천 환경오염 문제에 대해 이야기하는 시간을 통해 프로젝트를 계획한다.

이러한 우리 지역의 문제를 찾고 해결하려는 노력이 의미 있음을 안내하고 우리 학생들이 할 수 있는 활동이 무엇이 있는지 논의한다.

[활동하기]

- 우리 주변의 식물 조사하기(사전조사 및 관찰 방법 안내)
  - 학교 주변, 오산천에 살고 있는 식물의 이름과 생김새 조사하여 발표하기
  - 학교 주변, 오산천에 사는 식물들이 들과 숲에 사는 식물들과 어떠한 차이점이 있는지 이야기하기
  - 연못, 강가, 바닷가, 사막에 사는 식물의 생김새와 특징 알아보기
  - 교사는 사전 조사를 통해 우리 주변의 식물들의 특징을 알아보고 오산천에 나가서 직접 식물의 생김새와 특징을 관찰할 때 주의할 점에 대해 안내하고 식물지도를 만드는 방법에 대해 이야기 나누기
- 생태 전문가와 함께 하는 오산천 탐방
  - 학생들이 사전 조사를 통해 오산천의 식물에 대해 대략적으로 알고 있으나 자세하게 관찰하고 직접 체험하기 위해 생태 전문가를 초청하여 함께 오산천을 탐방한다.
  - 오산천 식물지도를 만들기 위해 학생들은 사전에 모둠별로 역할을 나누고 역할에 맞는 준비물 (사진기와 필기도구, 색연필 등)을 가져가야 한다. 탐방을 하는 동안 학생들은 사진을 찍거나 설명을 녹음하거나 기록하기, 간단한 그림 그리기 등의 활동을 할 것이다. 교사는 자원봉사로 전문가를 모실 수 있는지 예산이 필요한지

사전에 계획하여야 하며, 날씨를 고려하여 체험일자를 정해야 한다.

- 오산천 식물지도 만들기
  - 오산천 탐방을 한 후 모둠별로 모여서 식물지도 만들기를 시작한다. 교사는 수행과제를 다시 한 번 설명하고 유치원 아이들이 이해하기 쉽게 간단하고 명료하게 식물 지도를 만들 수 있는 방법에 대해 토의하게 한다. 교사는 학생들이 만들어진 식물지도를 바탕으로 교실에서 발표하는 시간을 갖게 하고 제작한 자료를 다듬는 것을 돕고 알아듣기 쉽게 발표하는 방법을 안내한다.
- 오산시민학교 프로그램 참여
  - 오산천은 오산시민들이 사용하는 물이 흘러가는 곳이다. 우리가 사용하는 가정의 오수가 어떠한 과정을 거쳐 오산천으로 흘러가는지 알아보기 위해 오산시민학교 프로그램과 연계하여 하수처리장을 견학한다. 교사는 학기 초에 오산시민학교프로그램에 신청을 해야 한다.
  - 학생들은 하수처리장을 견학하면서 물의 소중함을 느끼고 물을 깨끗이 하고 아껴 쓸 수 있는 다양한 방법에 대해 생각해 본다.
- 오산천 안내판 만들기
  - 오산천 탐방과 하수처리장 견학을 통해 아름다운 오산천을 만들기 위해 우리가 할 수 있는 일에 대해 생각해 본다. 오산천의 아름다움과 깨끗한 오산천을 만들기를 주제로 안내판을 제작한다. 안내판은 글, 그림, 포스터, 표어, 사진자료 활용 등 다양한 방법으로 모둠별로 정한다.

[학습 경험 반성 및 기념하고 공유하기]

프로젝트의 세부 활동을 실행하면서 학생들의 생각을 정리해 봄으로써 자신들의 산출물 결과와 생각의 변화를 확인함으로써 자긍심과 성취감을 맛보게 한다.

- 오천사(오산천을 사랑하는 사람들)가 되어주세요!
  - 오산시 축제 주간에 오산천을 이용하는 사람들을 대상으로 오산천의 아름다음을 알리고 환경을 보호하면서 사용해야 함을 알리는 안내판을 만들어 전시한다. 안내판은 포스터, 표어, 사진자료 등 다양한 방법으로 제작할 수 있다. 또한 수행과제에서 제작한 오산천 식물지도를 전시함으로써 자신들의 프로젝트를 다른 사람과 공유한다.

8. 시간 구성

이 프로젝트는 4주에 걸쳐서 진행된다.

3월	4월				5월
	1주	2주	3주	4주	
▪ 오산시민학교 신청하기 ▪ 생태전문가 섭외하기 ▪ 병설유치원과 현장학습	▪ 우리 주변과 오산천 주변의 식물에 대해 인터넷과 책을 이용하여 조사한다.	▪ 생태전문가와 오산천을 탐방하고 식물지도 만들기 ▪ 하수처리장 견학하고 오산	▪ 수행과제1 유치원생들과 현장학습에서 도우미 선생님 역할하기 ▪ 국어 시간과	▪ 수행과제2 오산시 축제 주간에 활용할 오산천 안내판 만들기 ▪ 국어 시간과	오산시 축제 주간을 이용하여 프로젝트 기념 및 공유하기

계획 맞추기	▪ 식물을 관찰하고 기록하는 방법에 대해 사전준비학습을 한다	천을 깨끗이 할 수 있는 방법 토의하기	미술 시간을 활용하여 안내판을 만들고 간단하고 명료하게 글쓰는 방법 안내	미술 시간을 활용하여 안내판을 만들고 간단하고 명료하게 글쓰는 방법 안내	

〈4주간 프로젝트 운영 계획〉

9. 그 밖의 학습의 증거

작업샘플	학생들이 수행과제를 수행하면서 제작한 식물지도와 안내판을 체크리스트로 평가할 것이다.
서술형 시험	우리 주변의 식물의 생김새와 특징을 구별하고 환경에 따라 생김새가 달라짐을 서술형 문제로 평가할 것이다.
관찰	학생들이 모둠별 활동에 적극적으로 참여하고 지역의 문제를 해결하고 실천하고자 하는 의지가 있는지 관찰할 것이다.
자기반성 학습 일지	학생들은 과정마다 자신들이 알게 된 것과 생각한 것, 느낀 것과 궁금한 것 등을 학습일지의 형태로 기록하게 되며 이러한 학습일지를 통하여 학생이 이해했는지를 확인할 수 있다.

10. 운영 평가

본 프로젝트 운영의 평가는 교사는 프로그램 운영 계획 단계부터 작성한 교사일지를 중심으로 자기평가의 시간을 가지며, 프로그램 전반에 대해 학생과 학부모를 대상으로 설문을 실시하여 평가하고 다음 프로젝트 운영 시 반영한다.

평가항목	학생 평가			학부모 평가		
	그렇다	보통	미흡	그렇다	보통	미흡
- 프로젝트의 주제가 각 활동과 연계되어 이루어졌다고 생각하나요?						
- 프로젝트가 학습에 도움이 되었다고 생각하나요?						
- 프로젝트 운영 시 교사의 도움은 적절하였다고 생각하나요?						
- 프로젝트의 운영하면서 가장 좋았던 점은 무엇입니까?						
- 프로젝트의 운영하면서 가장 힘들었던 점은 무엇입니까?						

<사례2>

학습영역	인도주의적 활동
주제	전통문화의 계승과 발전
주제 개관	본교는 안산시 변두리 지역에 위치한 도농 복합 지역의 소규모 학교로서 교육환경이 열악하다. 맞벌이가정(78%)과 한부모 가정 및 조손가정이 많은 편으로 학생들이 문화적 혜택을 누리기가 쉽지 않은 문화적 요소를 지니고 있다. 따라서 문화체험 시설의 이용 및 공연 체험 기회가 부족하여 문화적으로 소외받고 있는 실정이다. 시대가 빠르게 변화하면서 '전통'에 대한 관심이 낮아지고 있는 현실과 학교 환경을 연계하고자 한다. 전통문화에 대한 학습을 통해 우리나라 고유의 문화를 살펴보고 우수성을 깨닫고 관심 분야의 재능을 체험한 뒤, 지역사회에 학생들의 재능을 기부 및 전통문화 홍보를 하고자 한다. 이 프로젝트에서는 1년 단위로 이루어지며, 전문 문화예술 단체(안산시립 국악단) 및 민속공예 장인과 협력하고 경기도 소재 중학교 내 국악오케스트라와 1:1 결연을 맺어 국악교육 및 민속공예 체험, 예절교육 등 다양한 전통문화를 체험을 하고 전통문화를 홍보하는 학교신문을 작성한다. 그리고 전통문화의 우수성을 깨닫고 홍보캠페인 활동(재능 기부 음악회 및 작은 박물관)을 한다.

연결된 교과영역

교과	영역	성 취 기 준
사회	달라지는 생활 모습	사4041. 조상들의 옛날 생활 모습을 알 수 있는 자료(예: 사진, 그림, 책, 지도 등)를 찾아 오늘날 생활 모습과의 차이점을 비교하여 이해할 수 있다.
		사4042. 옛날과 오늘날 생활 도구의 모양과 쓰임이 변화하였음을 이해하고, 생활 도구가 오늘날까지 계승되고 발전된 모습을 설명할 수 있다.
		사4043. 김치, 한복, 온돌 등에 담긴 조상들의 멋과 슬기를 찾아 오늘날의 의식주와 비교해 설명할 수 있다.
		사4044. 옛날과 오늘날의 놀이를 비교하여 그 변화 모습을 살펴보고, 달라진 놀이 문화를 이해할 수 있다.
	다양한 삶의 모습들	사4093. 문화가 시간의 흐름에 따라 변화하거나 지속한다는 것을 사례를 들어 설명할 수 있다.

교과	영역	성 취 기 준
음악	표현	음4124-1. 동요나 민요를 듣고 부를 수 있다.
		음4124-2. 동요나 민요를 보고 부를 수 있다.
	감상	음4222. 노동요, 놀이요, 춤곡, 행진곡 등을 듣고 음악의 쓰임에 대해 이야기할 수 있다.
	생활화	음4321. 전통적으로 계승되어 온 국악을 생활 속에서 찾을 수 있다.
미술	감상	미4311. 미술 작품의 시대적, 지역적 배경에 관심을 가진다.
		미4312. 주변의 전통 미술 문화에 관심을 가지고 찾을 수 있다.
		미4321. 미술 용어를 사용하여 미술 작품의 특징을 설명할 수 있다.
		미4322. 미술 작품에 대한 자신의 느낌과 생각을 설명할 수 있다.
		미4323. 올바른 태도로 미술 작품을 감상한다.
체육	여가활동	체4521. 놀이와 여가와의 관계 및 전통 놀이의 의미와 특성을 제시할 수 있다.
		체4522. 전통 놀이의 유형별 특징과 방법을 이해하고, 창의적으로 계획할 수 있다.
		체4523. 다양한 전통 놀이를 규칙이나 방법을 바꾸어 적용할 수 있다.
		체4524. 전통 놀이를 체험하면서 느낀 우리 조상이 남긴 전통문화의 소중함과 우수성을 제시할 수 있다.

학습결과

- 학생들은 이 프로젝트를 마친 후 다음과 같은 결과를 얻을 수 있다.
- 다양한 전통문화(전통놀이, 국악, 민속공예, 예절교육)를 체험하며 문화가 어떠한 방식으로 표현되어 왔는가를 알게 된다.
- 학교 신문기사를 쓰기 위한 준비 과정에 대하여 알게 된다.(브레인스토밍을 통해 필요한 자료를 생각하고, 어떠한 방법으로 자료를 얻을지 탐색하기 등)
- 학교 신문기사를 작성하는 방법을 알게 된다.(필요한 자료를 수집하는 방법을 배우고, 여러 분야의 정보를 수집하고 종합적으로 활용하는 법 알기 등)
- '작은 박물관 큐레이터 활동'을 통해 문화는 시대에 따라 변화하고 발전한다는 것을 알 수 있다.
- 청중 앞에서 자신의 프로젝트 결과물이나 생각에 대해 말하는 방법을 알게 된다.
- '전통문화 연주회 홍보하기'를 통해 지역주민들과 상호작용하는 방법을 알게 된다.
- 전통문화에 대해 더 잘 이해하게 되고, 전통문화에 담긴 조상들의 멋과 슬기를 알고, 우리의 삶에 적용할 수 있다.

학생평가

- 학교 신문기사를 쓰기 위해 브레인스토밍 과정을 거쳐 인터넷, 책, 인터뷰, 직접 방문하기 등의 다양한 방법을 활용하였는지 확인할 것이다.
- 전통놀이를 체험하며 알게 된 내용을 바탕으로 전통놀이를 홍보하는 학교 신문기사를 작성하였는지 확인할 것이다.
- '작은 박물관 큐레이터 활동'에서 학부모, 선·후배들을 대상으로 자신이 소개하고자 하는 전통문화를 명확하게 의견을 전달하는지 확인할 것이다.
- '전통문화 연주회 홍보하기'를 통해 지역주민에게 전통문화의 우수성을 알리면서 상호작용하는 지를 관찰할 것이다.
- '전통문화 연주회'를 통해 전통문화에 담긴 조상들의 멋을 지역주민에게 표현할 수 있는지를 확인할 것이다.

개요

학생들은 1년 단위 프로젝트를 통하여 전문 문화예술 단체(안산시립 국악단) 및 민속공예 장인과 협력하고 경기도 소재 중학교 내 국악오케스트라와 1:1 결연을 맺어 국악교육 및 민속공예 체험, 예절교육 등 다양한 전통문화를 체험을 하고 전통문화를 홍보하는 학교신문을 작성할 수 있다. 이를 통해 면담과 조사를 통하여 자료를 수집하는 법, 여러 분야의 정보를 수집하고 종합적으로 활용하는 방법, 홍보 신문기사 작성하는 법 등을 학습한다.

그리고 전통문화의 우수성을 깨닫고 홍보캠페인 활동(재능 기부 음악회 및 작은 박물관)을 하며 대중 앞에서 발표하는 법, 지역주민들과 상호작용하는 방법 등을 학습할 수 있다. 홍보캠페인 활동으로 첫째, 학생들의 재능 기부를 통해 열리는 음악회(부채춤, 사물놀이, 국악 오케스트라, 태권무 등)를 통해 지역주민들을 대상으로 전통문화의 우수성을 알리는 활동을 한다. 둘째, 학생들이 큐레이터가 되고 소개하고 싶은 전통문화(전통공예, 전통놀이, 의식주 등)를 선정하여 홍보하는 작은 박물관을 연다.

크게 프로젝트 주제 정하기, 프로젝트 실행 절차 계획하기, 활동하기, 학습 경험 반성하기, 기념하고 공유하기의 5단계로 진행된다. 교사는 프로젝트의 주제와 대강의 실행 절차를 사전에 계획하되, '프로젝트 계획하기' 단계에서 학생들과 함께 토의를 통하여 세부 사항을 정한다. 또한 활동에 흥미를 가질 수 있게 '프로젝트 계획하기' 단계에서 충분히 동기가 유발되도록 한다. 학습 경험을 반성하고 기념 및 공유하는 활동은 중복되는 면이 있어 한 단계에서 이루어질 수 있게 계획되었다.

[활동하기] 학교 신문쓰기 및 작은 박물관 열기

▣ 전통문화 만나기
- 국악교육(전통음악 감상하기, 국악, 태권무, 부채춤 배우기), 민속 공예체험(한지를 이용한 생활용품 만들기, 목공예, 도자기 만들기), 예절교육(인사법, 다도, 전통 관·혼·상·제·효)을 통해 전통문화를 만나면서 친숙해진다.
- 전통문화에 대해 알고 있는 점, 알고 싶은 점을 생각해보고 포트폴리오에 작성한다.

▣ 전통문화를 홍보하는 학교신문쓰기

- 교사는 유네스코 세계문화에 '김장문화'가 등재된 이야기로 프로젝트를 시작한다. '김장문화'의 사례를 통해 학생들은 우리나라 전통문화에 대한 생각을 정리한다. 학생들은 '전통문화'에 대해 이미 알고 있는 것들과 자신들이 알고 싶은 것을 포트폴리오에 적는다.
- 교사는 김홍도의 '타작', '씨름', '춤추는 아이'와 같은 풍속화 속의 인물이 되어 보기 활동을 한다. 이때 교사는 '안산 시립국악단'을 초청하여 풍속화와 관련된 음악을 감상하고 함께 노래를 불러 보는 활동을 한다.
- 이러한 활동들은 학생들이 실제 전통악기를 만나고 전통문화와 친숙해지는 기회를 제공한다. 국악을 감상하며 '어떠한 소리를 내는가?', '옛날 음악과 오늘날의 음악은 어떠한 차이가 있는가?', '그 시대의 문화는 어떠한 특성을 가지고 있는가?' 등에 이야기하며 전통문화에 대해 생각해보도록 한다.
- 음력 5월 5일 '단오'날을 맞이하여 전통놀이 코너를 마련한다. 5월 운동회와 연계하여 제기차기, 씨름, 굴렁쇠 굴리기, 투호 등의 놀이를 준비하고 학생들이 직접 체험한다. 코너학습을 통해서 조상들의 삶의 모습에 대해 알게 된 점을 자신만의 방법으로 포트폴리오에 정리한다. 이를 통해 문화는 그 시대의 생활양식을 담고 있음을 알게 된다.
- 학생들은 체험해 본 전통놀이 중 더 알고 싶은 것을 선택한다. 인터넷, 책, 직접 방문하기, 어른들께 여쭤 보기 등의 방법을 이용하여 자세히 조사하여 중요한 내용을 정리한다.
- 학생들은 같은 주제를 선택한 친구들과 한 모둠이 되어 자신이 조사해온 자료를 서로 보완한다.
- 학생들이 직접 전통놀이를 체험하는 사진 등도 첨부할 수 있도록 한다.
- 학생들은 정리한 자료를 바탕으로 UCC, 만화, 시, 설명글 등의 다양한 방식으로 학교신문 기사를 작성하고 이를 학교홈페이지에 게시하고 홍보한다.

▣ 작은 박물관 활동하기(어린이 큐레이터)

- 학생들은 한국 민속촌을 방문하여 조상들의 의식주 및 예절 등의 문화를 탐색한다. '세계 여러 나라' 특별 전시관을 관람하면서 다른 나라와 다르게 우리나라가 가지고 있는 특색도 생각해보는 시간을 가진다. 이를 통해 문화는 특정 집단의 정체성을 형성하는데 영향을 미친다는 것을 느껴 본다.
- 체험학습을 통해 배웠던 조상들의 문화를 창의적 체험활동 중 '예절교육' 시간을 통해서 우리나라의 대표적인 '한복'을 입는 방법과 절하는 방법 익히기 등을 몸소 체험해 본다.
- 학생들은 '한국 전통 문화의 변화와 발전'을 주제로 의식주, 생활도구, 전통예절, 민속 공예 중에서 주제를 선택한다. 그동안 체험하고 배운 내용을 정리하여 사진, 포스터, 그림, 동영상 등의 방식으로 전통문화를 홍보하는 작은 박물관 활동을 준비한다.
- 완성한 자료를 특별실(미술실)에 자유롭게 배치하고 부모님과 선·후배들에게 '작은 박물관'을 관람하도록 안내한다.
- 학생들은 정해진 시간동안 작은 박물관의 큐레이터가 되어 자신의 자료를 관람하

는 청중들에게 전통문화의 의미와 우수성, 과거와 오늘날 달라진 생활 모습의 차이점, 발전된 모습 등을 설명한다.

[학습 경험 반성 및 기념하고 공유하기] 전통문화 음악회 열기

▣ 전통문화 음악회 열기
- 전통문화 만나기, 학교신문 쓰기, 작은 박물관 활동을 통해서 전통문화에 대해 새롭게 알게 된 점을 포트폴리오에 정리한다. 완성된 포트폴리오는 교실 게시판에 게시한다.
- 학교장 및 교사, 학부모, 안산 시립국악단, 국악오케스트라, 민속 공예 장인 등 지역사회 인사들이 모두 모인 자리에서 학생들은 무대에 올라 자신이 익힌 재능을 발표한다.(부채춤, 사물놀이, 국악 오케스트라, 태권무)

강좌의 시간 구성

이 프로젝트는 1년에 걸쳐서 진행된다.

<table>
<tr><th>3월</th><th>4월</th><th>5월</th><th>6월</th><th>7월</th></tr>
<tr><td rowspan="2">★학부모, 전문 문화예술 단체 및 관련 장인들, 지역사회 네트워크 구축
★경기도 소재 중학교 국악오케스트라 1:1 결연</td><td colspan="4">★전통문화 체험
- 국악교육(전통음악 감상 및 악기 배우기, 태권무, 부채춤)
- 전통놀이 체험하기(씨름, 윷놀이, 투호 등) → 설날, 단오, 추석 연계한 활동하기</td></tr>
<tr><td>★전통문화 만나기</td><td colspan="2">★수행과제 1 개시
- 학교신문 기사쓰기 활동을 통해 전통놀이 홍보하기(UCC, 만화 제작 가능)
- 면담, 자료조사</td><td>★국제교류
- 일본 나루하마 소학교에 방문하여 전통문화 홍보하기</td></tr>
<tr><th>9월</th><th>10월</th><th>11월</th><th>12월</th><th>1월</th></tr>
<tr><td colspan="4">★전통문화 체험
- 민속 공예체험(한지를 이용한 생활용품 만들기, 목공예, 도자기 만들기)
- 예절교육(인사법, 다도, 전통 관·혼·상·제 예법, 효)</td><td rowspan="2">★연간 활동 평가 및 반성</td></tr>
<tr><td colspan="2">★수행과제 2 개시
- 팀 프로젝트를 통해 학생의 흥미와 관심사, 수준 고려하여 전통예절이나 민속 공예, 의식주 등을 홍보하는 작은 박물관 활동(큐레이터 역할)</td><td colspan="2">★수행과제 3 개시
- 재능 기부 음악회 열기(지역주민을 대상으로 학생들이 1년 동안 익힌 재능을 지역사회에 기부하는 음악회 실시. 부채춤, 사물놀이, 국악 오케스트라, 태권무 중 선택 가능)</td></tr>
</table>

그 밖의 증거

- 관찰 : 단원 전체에 걸쳐서 학생들의 활동 모습을 관찰할 것이다.
- 퀴즈 : 전통문화의 유형과 시대적 배경에 대하여 자신들의 말로 표현할 것이다.
- 작품샘플 : 그 외에 그림, 글쓰기, 홍보자료, 조사보고서 등 수업활동을 수행하고 난 후 학생들은 학습 결과물들을 모아 놓을 것이다.

평가	1년 동안 학생들이 작성한 포트폴리오를 바탕으로 이 프로젝트를 평가할 것이다. 포트폴리오의 형식은 자유이며, 프로젝트를 단계별로 수행해 나가는 과정이 들어 있는 학습 모음집의 역할을 한다. 프로젝트와 관련된 안산시립 국악단, 전문문화예술단체 및 관련 장인들, 학부모, 국악 오케스트라, 동료교사를 대상으로 이 프로젝트에 대한 설문조사를 실시한다. 이를 통해 우수한 점과 보완할 점을 찾고 내년 프로젝트에 반영한다.

〈사례 3〉

학습영역	환경
프로젝트 주 제	제주 유네스코 세계유산 4학년 어린이 서포터즈
프로젝트 개 관	제주도는 지구 화산 생성과정 연구와 관련하여 학술학적 가치를 인정받아 유네스코 자연분야 3관왕을 획득하였으며 2011년에는 아름다운 자연경관을 인정받아 세계 7대 자연경관으로 선정되었다. 이런 타이틀을 획득하기 전까지는 열심히 제주를 알리려고 노력하고, 획득하기 위해 많은 홍보활동을 펼쳐왔으나 획득된 뒤에는 홍보활동이 계속적으로 실천되어 있지 않은 실정이다. 여러 차례 이에 대한 뉴스 보도가 지속적으로 나오고 있는 요즘에, 학생들이 어린이 서포터즈가 되어 제주 유네스코 세계유산을 방문하여 그 지역의 아름다운 점, 유네스코로 지정된 학술학적 가치 등을 조사하고, 사람들로 인해 발생하는 문제점 및 해결 방안을 찾아 블로그 및 기사, 가정통신문 등을 작성하여 다른 사람들에게 홍보활동을 하는 것이 이 프로젝트의 핵심이다.

관련 교과 및 성취기준

이 프로젝트를 통해 학생들은 화산 활동, 화성암의 생성과정, 인터뷰하는 법, 기사 및 블로그를 작성하는 법, 자료를 정리하여 그래프로 나타내는 법에 대하여 학습할 수 있도록 한다. 그리고 자연을 직접 탐방해 보며 공공장소에서의 질서와 규칙을 실천하고, 나와 자연과의 관계에 대한 올바른 이해를 바탕으로 환경 보호의 중요성을 깨달으며, 환경 보호를 생활화하려는 태도를 지니도록 한다.

교과	영역	성취기준
국어	듣기 말하기	• 중요하거나 인상 깊은 내용을 메모하며 듣는다. • 말차례를 지키면서 바른 태도로 대화를 나눈다.
	읽기 쓰기	• 읽기 과정에서 지식과 경험을 적극적으로 활용하며 글을 읽는다.

		• 맞춤법에 맞게 문장을 쓴다. • 중심 문장과 뒷받침 문장을 갖추어 문단을 짜임새 있게 쓴다. • 알맞은 낱말을 사용하여 설명하는 글을 쓴다. • 다양한 매체를 활용하여 생각과 느낌을 효과적으로 표현한다.
	문법	• 문장을 끝내는 다양한 방식을 알고 자신의 의도에 맞게 문장을 사용할 수 있다. • 높임법을 알고 언어 예절에 맞게 사용한다.
도덕	공공장소에서의 질서와 규칙	• 공중도덕의 의미와 중요성을 알고 공공장소에서 지켜야 할 질서와 규칙을 실천하려는 태도와 능력을 지닌다. 이를 위해 공중도덕이 잘 지켜지는 경우와 그렇지 않은 경우의 사례 및 원인을 찾아보고 생활 속에서 공중도덕을 잘 실천하기 위한 방법을 탐구해 본다.
	자연 사랑과 환경 보호	• 나와 자연과의 관계에 대한 올바른 이해를 바탕으로 환경 보호와 녹색 성장의 중요성을 깨닫고 환경 보호 및 녹색 성장을 위한 활동을 생활화하려는 태도를 지닌다. 이를 위해 인간과 자연의 바람직한 관계에 대한 자신의 의견을 발표하고, 환경오염, 에너지 위기, 지구 온난화 등 우리 주변의 환경 문제에 대한 조사를 바탕으로 일상생활에서 환경 보호 및 녹색 성장을 위해 실천할 수 있는 일들을 찾아본다.
수학	자료의 정리	• 실생활 자료를 수집, 분류, 정리하여 간단한 그림그래프로 나타내고, 여러 가지 사실을 찾을 수 있다. • 자료의 특성을 알아보기에 표와 그래프가 편리함을 알고 설명할 수 있다.
	막대그래프와 꺾은선 그래프	• 실생활 자료를 수집하여 막대그래프로 나타낼 수 있다. • 연속적인 변량에 대한 자료를 수집하여 꺾은선그래프로 나타낼 수 있다. • 여러 가지 자료를 찾아 목적에 맞는 그래프로 나타낼 수 있다.
과학	화산과 지진	• 화산 활동으로 여러 가지 물질이 나온다는 것을 안다. • 화성암의 생성 과정을 알고, 화강암과 현무암의 특징을 이해한다. • 화산 활동이 우리 생활에 미치는 영향을 이해한다.

기대되는 학습결과

이 프로젝트를 마친 후 학생들이 얻을 수 있는 학습결과는 다음과 같다.

K	• 화산활동으로 인하여 다양한 물질이 생성되고, 자연의 모습이 다양한 모습으로 변화됨을 이해할 수 있다. • 인간과 환경이 서로 상호작용함을 알고, 인간과 자연의 바람직한 관계를 위한 방안에 대해 자신의 의견을 말할 수 있다.
D	• 면담 및 조사활동을 할 때에 원활하게 의사소통에 참여할 수 있다. • 인터뷰, 체험학습 등을 통해 얻은 자료를 보기 좋게 표나 그래프로 정리할 수 있다. • 다양한 매체를 활용하여 기사, 블로그를 작성할 수 있다.
B	• 우리 주변에서 일어나는 환경 문제에 관심을 갖고 환경 보호 및 녹색성장을 위한 활동을 생활화하려는 태도를 지닌다. • 공공장소에서 지켜야 할 규칙을 알고 이를 생활 속에서 실천할 수 있다.

수행과제

지금 제주도는 유네스코 자연과학분야 3관왕, 세계 제7대 자연경관이라는 타이틀을 가지고 있습니다. 하지만 많은 사람들이 이에 대해 어떻게 선정되었는지 어떤 곳이 유네스코 자연유산인지 어떠한 점이 아름다운지에 대해 잘 모르고 있습니다. 당신은 제주 유네스코 세계유산 4학년 어린이 서포터즈로서 유네스코 세계유산으로 선정된 곳에 직접 가서 면담 및 조사 활동을 통해 어떠한 이유로 선정되었으며 어떠한 점이 아름다운 지에 대해 지역사회의 사람들에게 홍보하여야 합니다.

이를 홍보하기 위해서 당신은 신문 기사 및 블로그를 작성하여야 합니다. 기사 및 블로그에는 선정된 원인, 세계유산의 아름다운 점, 사람들로 하여금 그 곳에서 발생하는 환경문제 및 이를 해결하기 위한 방안이 포함되어야 하며 한 달에 한 번씩 총 6번의 기사 및 블로그를 작성해야 합니다.

CSL 활동개요

이 프로젝트에서는 주제 정하기, 프로젝트 실행 절차 계획하기, 활동하기, 학습경험 반성하기, 기념하고 공유하기의 5단계로 이루어진다. 주제 정하기에서는 학생들은 제주도의 유네스코 세계유산의 타이틀 획득 이후 잘 이루어지지 않는 홍보에 대해 뉴스 기사를 접하고, 자신조차도 제주도민으로서 잘 모르는 선정된 곳, 선정 이유에 대해 반성함으로써 이를 홍보하기 위한 절차를 계획하여 본다. 절차는 학생들의 주도적인 의지로 정해지는 것이지만 예상되는 활동으로는 찾아가 봐야 할 목적지 결정하기, 현장체험학습, 관리자 및 해설사와의 면담, 기사 및 블로그 작성하기 등이 있다.

학습경험을 반성하는 단계는 활동하기와 중복되는 측면이 있어서 함께 이루어지게 된다. 기념하고 공유하기의 단계에서는 관련된 지역인사 및 학부모를 초대하고 이제까지 발행한 기사 및 블로그를 전시 및 발표하는 시간을 가지게 된다.

[활동하기 및 학습경험 반성하기]

▣ 현장체험학습 준비하기

- 유네스코 세계자연유산에 대해서 아는 것에 대해 브레인스토밍을 하는 시간을 갖는

다. 브레인스토밍을 통해 모둠끼리 유네스코 세계자연유산 KWL차트를 작성해 보게 한다.

- 제주도의 특징적인 부분인 화산활동에 대해 학습하는 시간을 갖는다. 화성암의 생성 과정 및 화산 활동이 우리 생활에 미치는 영향에 대해 조사하고 발표하는 시간을 갖는다.
- 세계 유네스코 자연과학분야 3관왕이 이러한 화산활동과 관련되어 선정되어 있다는 것에 대해 얘기를 하고 더 자세하게 알아보기 위해 현장체험을 계획해 보자고 제안한다.
- 세계 유네스코 자연유산 3곳 및 세계지질공원 7곳 중 학생들이 원하는 곳 중 가보고 싶어 하는 곳 6곳을 선정하도록 한다.
- 우리가 가는 곳이 공공장소이며 자연환경이라는 점을 상기시키며 이러한 곳에 갈 때 주의해야 할 점은 무엇이 있는지를 물어보며 지켜야 할 규칙에 대해서 스스로 생각해 보고 실천할 수 있도록 깨닫게 한다. 그리고 면담할 때의 적절한 말(높임법, 맞춤법 등)과 현장체험학습을 할 때의 적절한 복장에 대해서도 논의하도록 한다.
- 학생들은 최종 질문 목록 학급 친구들과 교사와의 토의를 통해 작성하고 공책의 각 페이지마다 하나의 질문을 적는다. 학생들은 준비한 질문 중 적절히 판단해서 물을 수 있고 다른 것들에 대해 덧붙여 질문할 수도 있다.

▣ 유네스코 자연유산 및 세계지질공원 방문하여 인터뷰하기

- 학생들은 유네스코 자연유산 및 세계지질공원 방문하여 해설사 및 관리자를 만나고 준비한 질문으로 인터뷰를 진행하고 노트에 인터뷰 내용을 적는다.
- 학술학적 가치가 잘 드러나는 곳, 자신이 느끼기에 아름다운 곳, 현장체험을 통해 발견한 환경 문제 등의 사진을 찍어 이를 기사 및 블로그 작성할 때에 활용하도록 한다.

▣ 기사 및 블로그 작성하기

- 수집한 자료를 분석, 활용하여 기사 및 블로그를 작성하기 이전에 컴퓨터로 기사를 작성하는 방법(사진 삽입하기, 그래프 작성하기), 블로그를 개설하여 기사를 올리는 방법 등에 대해 학습한다.
- 학생들이 기사 및 블로그를 작성한 후 자신이 한 활동에 대해 KWL차트를 작성하고 반성하는 글쓰기를 하는 시간을 갖는다.

[기념하고 공유하기]

이 프로젝트를 진행하면서 알게 된 지역 인사 및 학부모들을 초청한 후 자신이 이제까지 작성한 블로그 및 기사들을 전시하고 느꼈던 점들에 대해 발표하는 시간을 가짐으로써 스스로 지역사회를 위해 무언가를 해냈다는 자긍심 및 성취감을 느끼게 한다.

시간 구성	이 프로젝트는 1년에 걸쳐서 진행된다. 유네스코로 지정된 곳을 한 달에 한 번씩 총 6번씩(5, 6, 7, 9, 10, 11월) 방문하고 기사 및 블로그를 작성하는 활동이므로 교사가 미리 현장체험학습 시수를 확보해야 한다. 3, 4월에는 유네스코 세계유산 홍보에 대한 문제점 및 원인을 찾아보고, 성공적인 프로젝트를 위해 지역사회 인프라를 구축하며

	화산활동에 대해 학습하는 시간을 갖게 된다. 11월까지는 현장체험학습을 통해 면담을 진행하고 수집한 자료를 활용하여 기사 및 블로그를 작성하고, 12월에는 이제까지 학생들이 발행한 기사 및 블로그를 전시하고 기념하며 축하하는 시간을 갖도록 한다.

그 밖의 증거들		
	포트폴리오	학생들이 매 회 현장체험학습을 갔다 온 뒤에는 기사 및 블로그를 작성하고, KWL차트, 또한 자신의 활동에 대한 반성의 글짓기를 쓰게 되는데 이를 모아 평가함으로써 학습의 증거 및 학생의 진보된 점을 평가할 수 있을 것이다.
	객관식 시험	현장체험학습을 가기 전에 학습한 화산 활동에 관한 지식을 골든벨 퀴즈 형식으로 평가할 수 있을 것이다.
	관찰	현장체험학습에서 면담에 적극적으로 참여하여 자료를 수집하는지, 공공장소에서의 규칙을 알고 이를 생활 속에서 잘 실천하는지에 대하여 관찰할 것이다.

평가		
	교사	전반적으로 프로젝트의 진행이 어떠했는지, 지역 사회와의 연계는 잘 이루어졌는지에 대해 미흡한 점, 보완해야 할 점에 대해 동학년 교사를 대상으로 질문지를 통해 평가한다.
	학생	프로젝트의 흥미로운 점, 프로젝트를 통해 자신이 알게 된 점, 진행하면서 힘들었던 점, 내년에 다시 하게 된다면 보완해야 할 점에 대해 질문지를 통해 평가한다.
	지역인사	프로젝트가 지역사회에 긍정적인 영향을 미쳤는지, 지역사회의 중요한 문제들과 필요를 인식하고 해결하고자 했는지, 의미 있는 주제였는지에 대해 질문지를 통해 평가한다.

참고자료	
	* 제주 유네스코 세계자연유산센터 http://wnhcenter.jeju.go.kr/ 이 홈페이지에서는 제주 유네스코 세계자연유산, 세계지질공원, 생물권 보전지역에 대해 선정된 원인, 탐방안내 등에 관해 자세히 나와 있어 학생들이 프로젝트를 진행하는 데에 유용하게 쓰일 것이다.

참고문헌

강경종·김찬중(2002). 농업계 고등학교 보통교과와 전문교과의 통합운영 방안. 한국농·산업교육학회 학술대회 발표자료집(pp. 35-59). 한국농·산업교육학회.

곽병선 외(2001). 국민 기본교육 단계 인적 자원의 기초소양 증진 방안. 교육인적자원정책위원회.

교육부(2015). 과학과 교육과정. 교육부. 교육부 고시 제2015-74호 [별책 9].

교육혁신위원회(2007). 학습사회 실현을 위한 미래교육 비전과 전략(안) 공청회 자료집. 교육혁신위원회.

국가교육과정포럼운영위원회(2007). 국가 교육과정 포럼 제5차 패널 토론회. "미래사회를 살아갈 학생들은 어떤 역량을 갖추어야 하는가?"

김광민(2009). 역량기반(competency-based) 교육의 매력과 한계. 도덕교육연구, 20(2), 171-197.

김경자·조경원·임현식·양은주·이미숙·허희옥(2003). 창조적 지식기반사회를 위한 학교교육과정론. 교육과학사.

김경자·온정덕(2011). 이해중심 교육과정. 교육아카데미.

김경자·곽상훈·백남진·송호현·온정덕·이승미·한혜정·허병훈·홍은숙(2015). 2015 개정 교육과정 총론 시안[최종안] 개발 연구. 교육부·국가교육과정개정연구위원회.

김도기·이정화(2008). 싱가포르 교사양성제도의 특성과 시사점. 초등교육연구, 21(3), 313-337.

김동일·송영숙·오헌석(2009). "대학생 핵심 역량 탐색: 서울대학교 사례를 중심으로". 아시아교육연구 10(2). 195-214.

김두정·김대현·김평국·백남진(2015). 2015 국가교육과정 전문가 포럼 운영 종합 보고서. 한국교육과정학회·교육부·서울특별시교육청.

김영채(1999). 사고력: 이론, 개발과 수업. 교육과학사.

김종서·이영덕·황정규·이홍우(1998). 교육과정과 교육평가. 교육과학사.

김창환·김본영·문성빈·김이경·김진숙·박종효·박현정·이광현·채재은(2015). 한국의 교육지표·지수 개발 연구(Ⅳ): 교원역량지수 개발 연구. 연구보고 RR 2015-28. 한국교육개발원.
김판욱·이규욱·김희필·손주민·임완성(2010). 능력중심 교육과정의 이해와 개발. 양서원.
김희경·박종임·박은아·서민희·한경택(2013). 창의인성 교육의 실현을 위한 평가 방법 개선 종합방안. 연구보고 RRE 2013-20. 한국교육과정평가원.
남상희(2014). 교과 통합을 통한 초등진로교육프로그램이 학업적 자기효능감과 자기관리능력에 미치는 영향. 석사학위논문. 경인교육대학교.
박도영·가은아·민용성·이양락·이은경·임찬빈·정은주·조보경(2016). 역량 중심 교육환경에 따른 교사 임용시험 체제의 개선 방향. KICE Position Paper, 8(3), 통권 제50호. 한국교육과정평가원.
박동열 외(2003). 수원여자대학의 직업기초능력 관련 교양교과목 개발 활용 방안. 수원여자대학교.
박동열·최동선·이용순(2008). 전문계 고등학생의 직업기초능력진단 도구 개발, 한국직업능력개발원.
박민정(2009). 역량기반 교육과정의 특징과 비판적 쟁점 분석: 내재된 가능성과 딜레마를 중심으로. 교육과정연구, 27(4), 71-94.
박순경 외(2014). 국가교육과정 총론 개선을 위한 기초 연구(연구보고 CRC 2014-1). 한국교육과정평가원.
박제윤(2013). 인성 교육 정책의 기본 방향. 교과교육을 통한 인성 교육 지원 정책 탐색(pp. 3-8). 연구자료 ORM 2013-74. 한국교육과정평가원.
백남진(2014). 교과 특수 역량에 기반한 성취기준 개발의 방향 탐색: 호주, 캐나다, 싱가포르 사회과 교육과정을 중심으로. 교육과정연구. 32(4). 163-194.
백남진(2015). 과학적 소양에 기반한 과학과 성취기준의 개발 방향 탐색: 캐나다, 호주, 싱가포르 과학 기준을 중심으로. 교육과학연구, 46(2), 1-29.
백남진·온정덕(2015). 일반교육과 직업교육의 연계를 위한 전문교과 교육과정의 개발 방향 탐색: 미국 캘리포니아 주 직업기술교육 기준을 중심으로. 교육과정연구, 33(4), 173-200.
백남진·온정덕(2017a). 싱가포르의 교사핵심역량 틀 탐구: 역량 기반 교사양성 교육과정 설계에 주는 시사점. 초등교육연구, 30(3), 43-70.
백남진·온정덕(2017b). 미국 InTASC 핵심교사기준의 교사역량 탐구: 교사역량 기반 교사양성 교육과정 설계에 주는 시사점. 교육과정연구, 35(3), 29- 57.

변영임(2015). 이해중심 교육과정에 기반한 맞춤형 수업이 학습자의 학업성취도와 학습태도에 미치는 영향. 석사학위논문. 경인교육대학교.

소경희(2007). 학교교육의 맥락에서 본 ‘역량(competency)’의 의미와 교육과정적 함의. 교육과정연구, 25(3), 1-21.

소경희(2008). 고등학교 교육과정에서 인문교육과 직업교육 통합의 필요성과 가능성 탐색: 영국의 사례를 중심으로. 교육과정연구, 26(3), 47-68.

소경희(2009). 역량기반 교육의 교육과정사적 기반 및 자유교육적 성격 탐색. 교육과정연구, 27(1), 1-20.

소경희·이상은·박정열(2007). 캐나다 퀘벡주 교육과정 개혁 사례 고찰: 역량기반(competency-based) 교육과정의 가능성과 한계. 비교교육연구, 17(4), 105-128.

소경희·이상은·이정희·허효인(2010). 뉴질랜드 교육과정 개혁 동향: 핵심역량 중심 교육과정의 실천사례. 비교교육 연구, 20(2), 27-50.

소경희·강지영·한지희(2013). 교과교육과정 개발을 위한 역량 모델의 가능성 탐색-영국, 독일, 캐나다 교육과정 고찰을 중심으로-. 비교교육 연구, 23(3), 153-175.

소경희·홍원표·송주현(2013). 주요국의 핵심역량 중심 교육과정 운영 실태 조사 연구. 발간등록번호 11-1342000-00020-1. 교육부.

양정실·조난심·박소영·장근주·은지용(2013). 교과교육을 통한 인성교육 구현 방안. 연구보고 RRC 2013-6. 한국교육과정평가원.

온정덕·김경자·박희경·홍은숙·황규호(2015). 2015 개정 교육과정 총론 해설서(초등학교) 개발 연구. 교육부.

유현숙·김안나·김태준·김남희·이만희·장수명(2002). 국가수준 생애능력 표준설정 및 학습체제 질관리 연구(Ⅰ). 한국교육개발원.

윤정일·김민성·윤순경·박민정(2007). 인간 능력으로서의 역량에 대한 고찰: 역량의 특성과 차원. 교육학연구, 45(3), 233-260.

윤현진·김영준·이광우·전제철(2007). 미래 한국인의 핵심역량 증진을 위한 초·중등학교 교육과정 비전 연구(I): 핵심역량 준거와 영역 설정을 중심으로. 한국교육과정평가원.

윤현진·박선화·이근호(2008). 교육과정에서의 성취기준 연구. 연구보고 RRC 2008-2. 한국교육과정평가원.

이경진·최진영·장신호(2009). 초등교사의 핵심역량 수준 및 교직경력별 핵심역량 수준 차이 분석. 한국교원교육연구, 26(3), 219-240.

이광우·민용성·전제철·김미영(2008). 미래 한국인의 핵심역량 증진을 위한 초·중등학교 교육과정 비전 연구(II). 한국교육과정평가원.

이광우·온정덕·백남진(2014). 교과 교육과정 내용 구성 및 성취기준 진술 방안 탐색. 제2차 국가교육과정 전문가 포럼(pp. 31-78). 한국교육과정학회.

이광우·정영근(2015). 2015 개정 교육과정에서 총론과 각론, 교과 간 연계 방안은 무엇인가?. 2015 국가 교육과정 전문가 포럼(2차) 자료집(pp. 3-15). 한국교육과정학회·교육부·서울특별시교육청.

이광우 외(2015). 2015 개정 교과 교육과정 시안 개발 연구 II 국가교육과정 각론 조정 연구. 한국교육과정평가원.

이근호·곽영순·이승미·최정순(2012). 미래 사회 대비 핵심역량 함양을 위한 국가 교육과정 구상 연구보고 RRC 2012-4. 한국교육과정평가원.

이근호·김기철·김사훈·김현미·이명진·이상하·이인제(2013). 미래 핵심역량 계발을 위한 교과 교육과정 탐색: 교육과정, 교수·학습 및 교육평가 연계를 중심으로. 연구보고 RRC 2013-2. 한국교육과정평가원.

이승미(2012). 독일 헤센 주의 역량 기반 교육과정 편성 사례 연구. 교육과정연구, 30(1), 151-174.

이미미(2014). 호주와 미국의 역사 교육과정에 나타난 핵심역량 분석. 비교교육연구, 24(1), 155-180.

이종범 외(2008). 직업기초능력 수준별 성취기준 개발, 한국직업능력개발원.

이화은(2015). 탈학문적 통합에 따른 국제이해교육프로그램 개발 및 적용에 대한 질적 연구. 석사학위논문. 경인교육대학교.

임언 외(2004). 성인의 직업기초능력 조사연구-OECD ALL Project를 중심으로. 한국직업능력개발원.

장명희·이용순·김선태·옥준필·박동열·최동선(2014). NCS 기반 고교 직업교육과정 총론 개발 연구. 수탁연구 2013-43. 한국직업능력개발원.

전제상(2010). 미국의 교사자격 기준관리 사례 분석과 정책적 시사점. 비교교육연구, 20(4), 53-75.

정미경·김정원·류성창·박인심(2011a). 교사 선발방식 개선 방안 연구. 연구보고 RR 2011-05. 한국교육개발원.

정미경·김갑성·류성창·김병찬·박상완(2011b). 교원양성 교육과정에 대한 초·중등 교원의 요구 분석. 한국교원교육연구, 28(3), 287-306.

정제영·강태훈·김갑성·류성창·윤홍주(2013). 미래 교육환경 변화에 따른 교원정책의 시사점 탐색 연구. CR 2013-43. 한국교육개발원.
정진곤·황규호·조동섭(2004). 교원양성체제 개편 종합방안 연구. 교육인적자원부.
조영환·박나실·박유진·우한솔·장도현(2016). 교원의 핵심직무 역량강화 연수 운영을 위한 원격연수 교육과정 설계(4과제: 직무공통 및 자기계발). 연구보고 RR 2016-1. 한국교육학술정보원.
조재식(2005). 백워드(backward) 교육과정 설계 모형의 고찰. 교육과정 연구, 23(1), 63-94.
주영주·김경자·박은혜·봉미미·서경혜·성효현·이은주·임현식·황규호(2005). 교원양성체제 개편 후속조치 정책연구. 교육인적자원부.
주인중·김덕기·김영생(2009). 기업체 근로자 역량진단 운영실태 분석, 한국직업능력개발원.
주인중·박동열·진미석(2010). 직업기초능력 영역 및 성취기준 연구. 기본연구 2010-13. 한국직업능력개발원.
진미석 외(2009). 대학생 직업기초능력 진단평가: (의사소통, 자원·정보기술의 처리 및 활용, 종합적 사고력)평가 문항 개발, 교육과학기술부.
제18대 대통령직인수위원회(2013). 박근혜정부 국정과제.
최상덕·김진영·반상진·이강주·이수정·최현영(2011). 21세기 창의적 인재 양성을 위한 교육의 미래전략 연구. 연구보고 RR 2011-01. 한국교육개발원.
최상덕·이상은·고장완·김경숙·김기헌(2015). 미래 인재 양성을 위한 핵심역량 교육 및 혁신적 학습생태계 구축(Ⅲ): 고등교육을 중심으로. 연구보고 RR 2015-23. 한국교육개발원.
최수진·이재덕·김은영·김혜진·백남진·김정민(2017). OECD 교육 2030 참여 연구: 역량 개념틀 타당성 분석 및 역량 개발을 위한 교육체제 탐색. 연구보고 RR 2017-18. 한국교육개발원.
최진영·이경진·장신호·김경자(2009). 초등학교 교사의 핵심역량 탐색. 한국교육학연구, 15(3), 103-130.
한혜정(2009). 직업교육의 관점에서 고등학교 교육과정 개선방향 모색: 호주의 사례를 중심으로. 교육과정연구, 27(2), 137-154.
홍아정·조윤성·박치경(2015). 대학생 NCS 직업기초능력 특성 및 유형 탐색. 교육학연구, 53(2), 389-417.
홍원표·이근호(2010). 외국의 역량기반 교육과정 현장 적용 사례 연구. 연구보고

RRC 2010-2. 한국교육과정평가원.
홍은숙(1999). 지식과 교육. 교육과학사.
황규호·박소영·윤건영·이성균·최의창(2014). 교원양성 교육과정 및 무시험검정 기준 개정 연구. 교육부·인천광역시교육청.

Achieve(2004). The America diploma project, ready or not, creating a high school diploma that counts. Retrieved from http://www.achieve.org/files/ADPsummary_5.pdf
Alberta Education(2011). Framework for student learning: Competencies for engaged thinkers and ethical citizens with an entrepreneurial spirit. Retrieved from http://education.alberta.ca/media/6581166/framework.pdf
Ananiadou, K., & Claro, M.(2009). 21st century skills and competences for new millennium learners in OECD countries. OECD Education Working Papers, No. 41. Retrieved from http://www.oecd-ilibrary.org/education/21st-century-skills-and-competences-for-new-millennium-learners-in-oecd-countries_218525261154
Australian Curriculum Assessment and Reporting Authority(2013). General capabilities in the Australian curriculum. Retrieved from http://www.australiancurriculum.edu.au/Download/F10
Australian Curriculum, Assessment and Reporting Authority(2015a). The Australian curriculum Science. version 7.4. Retrieved from http://www.australiancurriculum.edu.au/Download/F10
Australian Curriculum Assessment and Reporting Authority(2015b). The Australian curriculum Humanities and Social Sciences-History. Retrieved from http://www.australiancurriculum.edu.au/Download/F10
Australian Department of Education(2015). Australian Curriculum. Retrieved from http://det.wa.edu.au/schoolsandyou/detcms/navigation/your-childs-education/australian-curriculum
Australian Education Union(2006). Educational leadership and teaching for the twenty-first century, Australian Education Union, Melbourne.
Australian Institute for Teaching and School Leadership(2014). Australian Professional Standards for Teachers, Retrieved from https://www.aitsl.

edu.au/australian-professionalstandards-for-teachers/standards/list

Bell, S.(2010). Project-based learning for the 21st century: Skills for the future. The Clearing House. 83, 39-43.

Bender, W.(2012). Project-based learning: Differentiating instruction for the 21st century. CA: Corwin Press.

Bengtsson, J.(1993). Labour markets of the future: the challenge to education policy makers. European Journal of Education, 28(2), 135-157.

Bode, B. H.(1938). Progressive Education at the Crossroads. New York: Newson and Co.

Boyatzis, R. E.(1982). The competent manager: A model for effective performance. New York: Wiley.

Bransford, J., Berliner, D. S., Hammerness, D. K., & Beckett, K. L.(2005). Theories of learning and their roles in teaching. In L. Darling-Hammond & J. Bransford(Eds.), Preparing teachers for a changing world: what teachers should learn and be able to do(pp. 40-87). San Francisco, CA: Jossey-Bass.

Bransford, J., Darling-Hammond, L., & LePage, P.(2005). Introduction. In L. Darling-Hammond & J. Bransford(Eds.), Preparing teachers for a changing world: what teachers should learn and be able to do(pp. 1-39). San Francisco, CA: Jossey-Bass.

Burke, K.(1999). How to Assess Authentic Learning. Arlington Heights, IL: Skylight Professional Development.

Bybee, R. W.(2013). The Next generation science standards and the life sciences. Science Scope, February, 13-20.

CAEP(2015). The CAEP standards. Retrieved from http://caepnet.org/standards/introduction.

California Department of Education(2004). Science framework for California Public Schools, Kindergarten Through Grade Twelve. Sacramento, CA: California Department of Education.

California Department of Education(2013a). California career technical education model curriculum standards. Retrieved from http://www.cde.ca.gov/ci/ct/sf/documents/ctestdfrontpages.pdf

California Department of Education(2013b). Agriculture and Natural Resources.

Retrieved from http://www.cde.ca.gov/ci/ct/sf/documents/agnatural.pdf

Common Core State Standards Initiative(2010a). Common Core State Standards for English Language Arts & Literacy in History/Social Studies, Science, and Technical Subjects. Retrieved from http://www.corestandards.org/wp-content/uploads/ELA_Standards.pdf

Common Core State Standards Initiative(2010b). Common Core State Standards for Mathematics. Retrieved from http://www.corestandards.org/Math/

Common Core State Standards Initiative(2014). About the standards. Retrieved from http://www.corestandards.org/about-the-standards/.

Common Core State Standards Initiative(2015). About the Standards. Retrieved from http://www.corestandards.org/about-the-standards/

Council of Chief State School Office(2010). The Model Core Teaching Standards: A Resource for State Dialogue(Draft for Public Comment). Frequently asked questions. Retrieved from http://www.ccsso.org/Documents/2010/InTASC_FAQ_2010.pdf

Council of Chief State School Office(2013). InTASC model core teaching standards and learning progressions for teachers 1.0. Retrieved http://www.ccsso.org/Documents/2013/2013_INTASC_Learning_Progressions_for_Teachers.pdf

Curriculum Planning and Development Division(2013a). Primary social studies syllabus 2012. Retrieved from http://www.moe.gov.sg/education/syllabuses/humanities/files/social-studies- syllabus-2012.pdf

Curriculum Planning & Development Division(2013b). Science syllabus primary 2014. Retrieved from http://www.moe.gov.sg/education/syllabuses/sciences/files/science-primary-2014.pdf

Darling-Hammond, L.(1996). What matters most: A competent teacher for every child. Phi Delta Kappan, 78(3), 193-200.

Darling-Hammond, L.(2010). New policies for 21century demands, 33-50, In J. Bellanca & R. Brandt(Eds), 21 century skills: Rethinking how students learn. Solution Tree Press.

Darling-Hammond, L.(2012). Teacher preparation and development in the U. S.. In L. Darling-Hammond & A. Lieberman(Eds.), Teacher education around the world: changing policies and practices(pp. 130-150). London; New York: Routledge.

Darling-Hammond, L.(2014). One piece of the whole teacher evaluation as part of a comprehensive system for teaching and learning. American Educator, spring, 4-14.

Darling-Hammond, L., Hammerness, K., Grossman, P., Rust, F., & Shulman, L. (2005). The design of teacher education programs. In L. Darling-Hammond & J. Bransford(Eds.), Preparing teachers for a changing world: what teachers should learn and be able to do(pp. 390-441). San Francisco, CA: Jossey-Bass.

Darling-Hammond, L., Jaquith., C. A., & Hamilton, M.(2012). Creating a comprehensive system for evaluating and supporting effective teaching. Stanford Center for Opportunity Policy in Education.

Darling-Hammond, L., Wise, A. E., & Klein, S. P.(1999). A license to teach: raising standards for teaching. San Francisco: Jossey-Bass Publishers.

DeBoer, G. E.(2000). Scientific literacy: another look at its historical and contemporary meanings and its relationship to science education reform. Journal of Research in Science Teaching, 37(6), 582-602.

Department for Education(2011). Teachers' Standards: Guidance for school leaders, school staff and governing bodies, Retrieved from https://www.gov.uk/government/uploads/system/uploads/attachment_data/file/301107/Teachers__Standards.pdf

Drake, S.(2012). Creating Standards-Based Integrated Curriculum: The Common Core State Standards Edition. Corwin Press.

Dubois, D. D.(1993). Competency-based performance improvement: a strategy for organizational change. Amherst, MA: HRD Press, Inc.

Earl, L. M.(2013). Assessment as Learning. (2nd ed.). CA: Corwin Press.

Ennis, M. R.(2008). Competency models: a review of the literature and the role of the employment and training administration(ETA). Pilots and Demonstration Team Division of Research and Evaluation Office of Policy Development and Research Employment and Training Administration U. S. Department of Labor.

Fadel, C(2015). Redesigning the Curriculum for a 21st Century Education. The CCR Foundational White Paper. Retrieved from https://curricul-umredesign.org/wp-content/uploads/CCR-FoundationalPaper-Updated-Jan2016.pdf

Foriska, T. J.(1998). Restructuring around standards: a practitioner's guide to design and implementation. Thousand Oaks, CA: Corwin Press, Inc. A Sage Publications Company.

Fullan, M. & Quinn, J.(2016). Coherence: the right drivers in action for schools, districts, and systems. Thousand Oaks, CA: Corwin.

Gamoran, A.(2001). Beyond Curriculum Wars: Content and Understanding in Mathematics. In The Great Curriculum Debate: How Should We Teach Reading And Math?, edited by T. Loveless, 134-162. Washington, D. C.: Brookings Institution Press.

Goodwin, A.. L.(2012). Quality teachers, Singapore style. In L. Darling-Hammond & A. Lieberman(Eds.), Teacher education around the world: changing policies and practices(pp. 22-43). London; New York: Routledge.

Grant, G.(1979). Implications of Competence-Based Education. In Grant, G. Elbow, P., Ewens, T. Camson, Z. Kohli, W Neumann, W Olesen, V Riesman D. (Eds) On Competence: A Critical analysis of competence-based reforms in higher education. San Francisco, CA: Jossey-Bass, Inc.

Gray, K.(1991). Vocational education in high school: a modern phoenix?. Phi Delta Kappan, 72(6), 437-445.

Griffin, P. & Care, E.(2015). The ATC21S Method. In P. Griffin & E. Care (Eds), Assessment and Teaching of 21st Century Skills: Methods and Approach. Springer.

Grubb, W. N.(1996). The new vocationalism: What it is, what it could be. Phi Delta Kappan, 77(8), 535-546.

Haste, H.(2008). Good thinking: The creative and competent mind. In A. Craft, H. Gardner & G. Claxton (Eds.), Creativity, wisdom, and trusteeship: Exploring the role of education(pp. 96-104). Thousand Oaks, CA: Corwin Press.

Hirsch, E. D. Jr.(2001). The Roots of the Education Wars. In The Great Curriculum Debate: How Should We Teach Reading And Math?, edited by

T. Loveless, 13-24. Washington, D. C.: Brookings Institution Press.

Hlebowitsh, P. S.(2005). Designing the school curriculum. Boston, MA Pearson Education, Inc.

Hurd, P. D.(1958). Science literacy: its meaning for American schools. Educational Leadership, 16(1), 13-16.

Kerka, S.(1998). Competency-based education and training: Myths and realities. Retrieved from http://www.calpro-online.org/eric/textonly/docgen.asp?tbl=mr&ID=65

King, J. A. and Evans, K. M.(1991). Can We Achieve Outcome-Based Education?. Educational Leadership, 49(2), 73-75.

Klieme, E., Avenarius, H., Blum, W., DoBrich, P., Gruber, H., Prenzel, M., Reiss, K., Riquarts, K., Rost, J., Tenorth, H., Vollmer, H.(Eds.)(2004). The development of national educational standards, Berlin: BMBF.

Kuhn, D.(1999). A developmental model of critical thinking. Educational Researcher, 28(2). 16-26.

Lewis, P.(1994). Outcome-based education: reframing the debate. ERIC: ED 381 496.

Lewis, T.(1998). Vocational education as general education. Curriculum Inquiry, 28(3), 283-309.

Lucia, A. D., & Lepsinger, R.(1999). The art and science of competency models: Pinpointing critical success factors in organizations. New York: Pfeiffer.

Marzano, R. J.(2007). The Art and science of teaching: A comprehensive framework for effective instruction. Alexandria, VA: ASCD.

Marzano, R. J., & Kendall, J. S.(1995). The McREL database: a tool for constructing local standards. Educational Leadership, 52(6), 42-47.

Mathis, W.(2010). The "Common core" standards initiative: an effective reform tool?. Boulder and Tempe: Education and the Public Interest Center & Education Policy Research Unit. Retrieved from http://epicpolicy.org/publication/common-core-standards

McAshan, H. H.(1979). Competency-based education and behavioral objectives. Englewood Cliffs, NJ: Educational Technology.

McDiarmid, G. W. & Clevenger-Bright, M.(2008). Rethinking teacher capacity. In M. Cochran-Smith, S. Feiman-Nemser, D. J. McIntyre, & K. E. Demers (Eds.), Handbook of research on teacher education: enduring questions in changing contexts(3rd ed.)(pp. 134-156). New York: Routledge.

McTighe, J. & Sief, E.(2010). An implementation framework to support 21st century skills. 149-175, In J. Bellanca & R. Brandt(Eds), 21 century skills: Rethinking how students learn. Solution Tree Press.

Ministere de I'Education(2001). Quebec Education Program: Preschool education, Elementary education.

National Association of State Directors of Career Technical Education Consortium(2014a). Introduction to The Common Career Technical Core. Retrieved from http://www.careertech.org/sites/default/files/ CCTC_Standards_Formatted_2014.pdf

National Association of State Directors of Career Technical Education Consortium(2014b). Setting a New Standard for Career Technical Education: The Common Career Technical Core. Retrieved from http://www.careertech.org/sites/default/files/CCTCSettingNewStandardFINAL.pdf

National Commission on Teaching and America's Future(1996). What matters most: teaching for America's future. Washington, D.C.: NCTAF.

National Governors Association, Council of Chief State School Officers, & Achieve(2008). Benchmarking for Success: ensuring U.S. Students Receive a world-class education. Washington, D.C.: National Governors Association.

National Institute of Education(2009). A teacher education model for the 21st century. Singapore: National Institute of Education.

National Institute of Education(2010a). A Teacher Education Model for the 21st Century(TE21): A Report by the National Institute of Education, Singapore, Retrieved from http://www.nie.edu.sg/docs/default-source/te21_docs/te21_executive-summary_14052010---updated.pdf?sfvrsn=2

National Institute of Education(2010b). A Teacher Education Model for the 21st Century: A Report by the National Institute of Education, Singapore, Retrieved from http://www.nie.edu.sg/docs/default-source/te21_docs/te21-online-version---updated.pdf?sfvrsn=2

National Institute of Education(2012). A Teacher Education Model for the 21st Century(TE21): NIE's journey from concept to realisation An Implementation Report, Retrieved from http://www.nie.edu.sg/docs/default-source/nie-files/booklet_web.pdf?sfvrsn=2

National Research Council(2012a). A framework for K-12 science education: practices, crosscutting concepts, and core ideas. Washington, D.C.: The National Academies Press.

National Research Council(2012b). Education for life and work: developing transferable knowledge and skills in the 21s century. Washington, D.C.: The National Academies Press.

New Zealand Ministry of Education(2007). The New Zealand curriculum.

New Zealand Educational Institute & Flockton, L.(2009). The New Zealand curriculum, dimension 4: Key competencies. Retrieved from http://www.nzei.org.nz/connectedcurriculum

NGSS Lead States(2013). Next generation science standards for states, by states. Washington, D.C.: The National Academies Press.

Ontario Ministry of Education(2007). The Ontario curriculum 1-8 science and technology. revised. Retrieved from http://www.edu.gov.on.ca/eng/curriculum/elementary/scientec18currb.pdf

Ontario Ministry of Education(2013). The Ontario curriculum, social studies grades 1 to 6: History and Geography 7 and 8. Retrieved from http://www.edu.gov.on.ca/eng/ curriculum/elementary/sshg18curr2013.pdf

Ontario Ministry of Education(2015). The Ontario curriculum 1-8 Health and Physical Education. revised.

Organisation for Economic Co-operation and Development(2005a). The definition and selection of key competencies: executive summary, published online, Retrieved from http://www.deseco.admin.ch/bfs/deseco/en/index/02.parsys.43469.downloadList.2296.DownloadFile.tmp/2005.dskcexecutivesummary.en.pdf

Organisation for Economic Co-operation and Development(2005b). Teachers matter: attracting, developing and retaining effective teachers. OECD.

Organisation for Economic Co-operation and Development(2006). The PISA

2006 Assessment Framework for Science, Reading and Mathematics. Paris: OECD.

Organisation for Economic Co-operation and Development(2012). Preparing teachers and developing school leaders for the 21st century: lessons from around the world. A. Schleicher(Ed). OECD.

Organisation for Economic Co-operation and Development(2013a). PISA 2012 Assessment and Analytical Framework Mathematics, Reading, Science, Problem Solving and Financial Literacy.

Organisation for Economic Co-operation and Development(2013b). PISA 2015 draft science framework, Retrieved from http://www.oecd.orgcallsfortendersannex%20ia_%20pisa%202015%20science%20framework%20.pdf/

Organisation for Economic Co-operation and Development(2013c). Pisa 2015 draft collaborative problem solving framework, Retrieved from http://www.oecd.org/pisa/pisaproducts/Draft%20PISA%202015%20Collaborative%20Problem%20Solving%20Framework%20.pdf

Organisation for Economic Co-operation and Development(2017). Education 2030: Curriculum analysis: Content Curriculum Mapping (CCM) part 1 pilot exercise–preliminary findings. (제6차 비공식 작업반 회의자료: EDU/EDPC(2017)29).

Organisation for Economic Co-operation and Development(2018). The future of education and skills Education 2030. Retrieved from http://www.oecd.org/education/2030/E2030%20Position%20Paper%20(05.04.2018).pdf

Parsons, J. & Beauchamp, L.(2012). From knowledge to action: shaping the future of curriculum development in Alberta. Edmonton, AB: Alberta Education.

Partnership for 21st Century Learning(2015). Framework for 21st Century Learning. Retrieved from http://www.p21.org/our-work/p21-framework

Raizen, S. A.(1998). Standards for science education. Teachers College Record, 100(1), 66-121.

Ravitch, D(1983). The Troubled Crusade: American Education 1945~1980. New York: Basic Books.

Remy, C.(1978). Handbook of basic citizenship competencies: guidelines for

comparing materials, assessing instruction and setting goals. Alexandria, VA: ASCD.
Rensulli, J. S.(1986). The three-ring conception of giftedness: a developmental model for creative productivity. In R. J. Sternberg & J. E. Davidson(Eds.), Conceptions of Giftedness(pp. 53-92). Cambridge University Press.
Resnick, L. B.(2010). Nested learning systems for the thinking curriculum. Educational Researcher, 39(3), 183-197.
Resnick, L. B. & Klopfer, L. E.(1989). Toward the thinking curriculum: an overview. In L. B. Resnick & L. E. Klopfer(Eds.), Toward the thinking curriculum: current cognitive research(pp. 1-18). Alexandria, VA: ASCD.
Rothman, R.(2012). A common core of readiness. Educational Leadership, 69(7). 10-15.
Rychen, D. S.(2003). A frame of reference for defining and selecting key competencies in an international context. In D. S. Rychen, L. H. Salganik, & M. E. McLaughlin(Eds.), Definition and selection of key competencies: contributions to the second DeSeCo symposium, Geneva, Switzerland, February 2002(pp. 109-116). Neuchatel, Switzerland.
Rychen, D. S., & Salganik, L. H.(Eds.)(2003). Definition and Selection of Key competencies: Executive Summary. Göttingen, Germany: Hogrefe.
Ryle, G.(1949). The concept of mind. New York: Barnes & Noble.
Schön, D. A.(1983). The reflective practitioner. New York: Basic Books.
Shulman, L. S.(1987). Knowledge and teaching: foundations of the new reform. Harvard Educational Review, 57(1), 1-22.
Silberman, H.(1982). The challenge to vocational education. In H. Silberman(Ed.). Education and work, Eighty-first yearbook of the National Society for the Study of Education(pp. 306-326). Chicago: University of Chicago Press. Solomon, P. G.(2009). The curriculum bridge: from standards to actual classroom practice(3rd ed.). Thousand Oaks, CA: Corwin Press.
Singapore Ministry of Education(2014a). Primary School Education, Preparing Your Child for Tomorrow.
Singapore Ministry of Education(2014b). 21st Century Competency, Retrieved

from http://www.moe.gov.sg/education/21cc

Singapore Ministry of Education(2014c). 2014 Lower Secondary Geography Teaching Syllabuses.

Smarter Balanced Assessment Consortium(2014) ELA/Literacy Smarter Balanced Preliminary Summative Assessment Blueprint. Retrieved from http://www.smarterbalanced.org/wordpress/wp-content/uploads/2014/05/ELA_Preliminary_-Blueprint-2014_04-30Final.pdf

Spady, W. G.(1978a). The competency crisis and the high school diploma. In D. E. Drew(Ed.), Competency, careers, and college(pp. 35-46). San Francisco, CA: Jossey-Bass.

Spady, W. G.(1978b). The concept and implications of competency-based education. Educational Leadership, October, 16-22.

Spady, W. G., & Marshall, K. J.(1991). Beyond traditional outcome-based education. Educational Leadership, October, 67-72.

Spady, W. G.(1994a). Choosing outcomes with significance. Educational Leadership, March, 18-22.

Spady, W. G.(1994b). Outcome-Based Education: Critical Issues and Answers. Arlington, VA: American Association of School Administrators.

Spady, W. G.(1995). Outcome-Based Education: From Instructional Reform to Paradigm Restructuring. In School Improvement Programs, edited by J. H. Block, S. T. Everson, and T. R. Guskey, 367-398. New York: Scholastic.

Tomlison, C. A.(1999). The differentiated classroom: Responding to the needs of all learners. Alexandria, VA: ASCD.

Tomlinson, C, A., McTighe, J.(2006). Integrating differentiated instruction and understanding by design: Connecting content and kids. Alexandria, VA: ASCD.

Trilling, B., & Fadel, C.(2009). 21st century skills: learning for life in our times. San Francisco, CA: Jossey-Bass.

Trilling, B., & Fadel, C.(2012). 21세기 핵심역량: 이 시대가 요구하는 핵심 스킬[21st century skills: learning for life in our times]. (한국교육개발원 역). 학지사.

Tyack, D. B.(1974). The one best system: A history of American urban education. Cambridge, Mass: Harvard University Press.

UNESCO(1996). Learning, the treasure within: Report to UNESCO of the International Commission on Education for the Twenty-first Century. Paris: Unesco Pub.

U. S. Department of Education(2005). Helping Your Child Become a Responsible Citizen.

Weddel, K. S.(2006). Competency based education and content standards: Definitions, components, characteristics, integrating competencies and content standards, mapping competencies, resources. Retrieved from http://www.cde.state.co.us/cdeadult/download/pdf/CompetencyBasedEducation.pdf

Wiggins, G., & McTighe, J.(1998). Understanding by design. Alexandria, VA: ASCD.

Wiles, J., & Bondi, J.(2014). Curriculum development(9th ed.). Boston, MA: Pearson.

Wiske, M. S.(1998). Teaching for understanding: linking research with practice. San Francisco, CA: Jossey-Bass.

Yates, L. & Collins, C.(2010). The absence of knowledge in Australian curriculum reforms. European Journal of Education, 45(1), 89-102.

Zeichner, K.(1993). Reflections on the career-long preparation of teachers in Wisconsin. Madison: University of Wisconsin.

Zeichner, K.(2005). Learning from experience with performance-based teacher education. In F. P. Peterman(Ed), Designing performance assessment systems for urban teacher preparation(pp. 3-19). Mahwah, NJ: Lawrence Erlbaum Associates.

저/자/약/력

▸ **백 남 진**

현, 이화여자대학교 교육학과 초빙교수
현, 한국교육과정학회 이사(연구윤리규정 위원)
서울대학교 의과대학 의학교육실 BK조교수 역임
이화여자대학교 대학원(교육과정/교육학, Ph.D.)
paiknj@ewha.ac.kr

▸ **온 정 덕**

현, 경인교육대학교 교육학과 부교수
한국초등교육학회 학술이사 역임
미국 James Madison University 조교수 역임
University of Iowa(교육과정/초등교육, Ph.D.)
jdohn@ginue.ac.kr

개정판

역량 기반 교육과정의 이해와 설계

-Understanding and Designing of Competency-Based Curriculum-

개정판 2쇄 인쇄-2024년 9월 20일
개정판 2쇄 발행-2024년 9월 30일

저 자 - 백 남 진·온 정 덕
발행인 - 김 의 용
발행처 — 교육아카데미
주소 — 서울시 성북구 석관동 77-37
전화 — (02) 967-9947(代), (02) 3142-9924
팩스 — (02) 967－9948
E－mail : educa9937@naver.com
등록 — 1996년 9월 6일 No.2－2243

정가 18,000원